名师名校名校长

凝聚名师共识
回应名师关怀
打造名师品牌
培育名师群体

　　　　张明远题

笃学示范　守正兴华

——教师跨学科多维互动交流教学的策略与实施

张正华　著

辽宁大学出版社

图书在版编目（CIP）数据

笃学示范　守正兴华：教师跨学科多维互动交流教
学的策略与实施/张正华著. —沈阳：辽宁大学出版
社，2022.11
（名师名校名校长书系）
ISBN 978-7-5698-1010-3

Ⅰ.①笃…　Ⅱ.①张…　Ⅲ.①教学研究　Ⅳ.
①G420

中国版本图书馆 CIP 数据核字（2022）第 220458 号

笃学示范　守正兴华：教师跨学科多维互动交流教学的策略与实施
DUXUE SHIFAN　SHOUZHENG XINGHUA: JIAOSHI KUA XUEKE DUOWEI HUDONG JIAOLIU JIAOXUE DE CELÜE YU SHISHI

出 版 者：辽宁大学出版社有限责任公司
　　　　　　（地址：沈阳市皇姑区崇山中路 66 号　　邮政编码：110036）
印 刷 者：沈阳海世达印务有限公司
发 行 者：辽宁大学出版社有限责任公司
幅面尺寸：170mm×240mm
印　　张：15.75
字　　数：300 千字
出版时间：2022 年 11 月第 1 版
印刷时间：2022 年 11 月第 1 次印刷
责任编辑：李珊珊
封面设计：高梦琦
责任校对：王　健

书　　号：ISBN 978-7-5698-1010-3
定　　价：58.00 元

联系电话：024-86864613
邮购热线：024-86830665
网　　址：http://press.lnu.edu.cn
电子邮件：lnupress@vip.163.com

张正华是从芜湖走出去的杰出数学教育工作者，带着丰富的数学教育积淀在深圳这片热土成长为广东省劳模和工匠人才创新工作室主持人、深圳市名师工作室主持人。

当年风华正茂的张老师，凭借对基础教育的满腔热情和无私奉献地精神，投入到提升学生的学习热情、培养他们的数学核心素养的工作之中，所获成绩斐然。在芜湖市期间先后获得"市优秀园丁"、首届"江城十大杰出青年""跨世纪园丁工程中小学骨干教师国家级培训优秀学员"、全国初等数学学会常务理事、全国华罗庚金杯赛优秀教练员和"全国优秀教师"等荣誉称号。

"笃学示范、守正兴华"较好地体现了张正华谦虚好学、引领示范的劳模精神，他通过兢兢业业为国育才的拳拳之心，不断引领其他教师高水平地成长。

张正华虽远在深圳，但不忘与家乡教育同人交流，得知我在芜湖进行"片区联动、微赛异构"推进城乡青年教师"团队奋进"的教研探索并在省内外推广时，他提出引进该研究成果应用于他的劳模工作室去引领团队教师成长。在实现中国教育梦的愿景指引下，张正华劳模工作室已建立了以市、区、校"三位一体"的团队教科研组织形式，定期开展数学学科互动交流活动，将数学劳模工作室的教研活动落实到基层，以提升团队青年教师的业务素质为目标，不仅要在"点上出精品，还要在线上有亮点，更要在面上大丰收"，这样才能有效地发挥点、线、面"三位一体"的教研特色，尽可能地展示该教科研方法和策略的优越和高效。

在劳模工作室的团队教研中，张老师以身示范，带头钻研现代教育思想，以教育理论为依据，用教育科学方法对数学教育领域的实践和理论创新进行探索。通过总结教学经验、发现教学问题、研究教学方法、提升教学效果等措施夯实教研基本功。他利用劳模工作室的平台，率领团队成员不断深入教研，促进成员之间成果的传播、整合与提升。

优秀教研队伍需要好的引领者，张正华通过建立多层次名师小组，定期在其"教头"的率领下展开切磋，通过"夯实基础、城乡互动、以赛促训"的实践，扩大"片区联动，微赛异构"活动的辐射面，提升了教研效果，较好地解决了教师团队发展的瓶颈问题，形成有传承的高水平、高素质的教师梯队并取得了丰硕的成果。

建设好团队的前提是必须把团队成员团结在一起。"团队奋进"的教研策略可以让团队成员齐心协力。从张正华团队一次又一次教研活动取得良好的业绩来看，我由衷感慨："劳模工作室主持人的责任就是把优秀的教师团结起来，创造良好的环境，然后制订出共同奋进的方案，让他们更加优秀。"当然，在方案实施过程中，这个责任说起来容易，做起来难。

目前张正华劳模创新团队有成员 22 名，专家顾问 10 名。工作室以"笃学示范、守正兴华"为引领，以数学学科为纽带，以团队发展为宗旨，以先进的教育思想为指导，以跨学科多维互动交流为形式，搭建促进中青年教师专业成长以及名师自我提升的发展平台，以打造一支在全市乃至全省、全国学校教育领域中有成就、有影响的高层次劳模团队。

安徽师范大学数学与统计学院　董建功

（特级教师、正高级教师、省政府特殊津贴专家）

2022 年 8 月 10 日于文津花园

目 录

CONTENTS

第一章

工作室与"愿景"

第一节 工作室的申报

一、申报人的条件

2015 年 10 月，深圳市翠园中学东晓校区"张正华劳模创新工作室"在翠园中学东晓校区挂牌成立，先后由罗湖区总工会命名授牌、深圳市总工会命名授牌。工作室是由一名在技术、业务方面有专长，有一定创新能力和创新成果的省部级劳动模范作为领军人物并吸纳相关人员共同组成的创新团队。经过三年的努力，2018 年 1 月，工作室被深圳市总工会授予深圳市示范劳模（职工）创新工作室称号。2020 年 12 月，广东省总工会将其命名为工作室广东省劳模和工匠人才创新工作室。

深圳市总工会办公室文件

深工办〔2018〕4 号

关于命名 2017 年度深圳市示范性劳模
（职工）创新工作室的通知

各区（新区）总工会、市各产业工会：

2013 年以来，一大批有理论水平、有实践经验、有创新能力的劳动模范和技术骨干，在各级工会支持下，立足岗位，创建了劳模（职工）创新工作室，围绕生产经营的重点、难点进行攻关，取得并广泛应用了大量成果，通过各种形式的传帮带培养了大批青年骨干。为树立典型，引领推进劳模创新工作室创建活动和职工技术创新活动广泛深入开展，根据《深圳市劳模创新工作室管理办法（试行）》的有关规定，深圳市总工会决定命名"张战劳模创新工作室"等 7 个劳模（职

— 1 —

图 1-1-1

工作室的领军人物是张正华，他是一名中学数学高级教师，曾获全国优秀教师、省部级劳动模范、2017 年大国良师突出贡献奖、2018 年广东省特级教师、深圳市名师及深圳市名师工作室主持人。2018 年，工作室主持人带领初三学生参加第四届中国教育创新成果公益博览会（简称全国第四届教博会）获三等奖，获"指导教师奖"，市优秀园丁、首届"江城杰出青年"。"跨世纪园丁工程中小学骨干教师国家级培训优秀学员"，全国初等数学学会常务理事，全国"华罗庚金杯"赛优秀教练员，深圳市首批教科研专家工作室成员，深圳市城市学院、深圳市中小学幼继续教育网特聘专家，2021 年罗湖区总工

会特聘"罗湖区劳模讲师团"专家，深圳市总工会示范劳模创新工作室、深圳市技能大赛专家评委。2004年作为深圳人才引进调入深圳市螺岭外国语实验学校任数学教师。2009年8月调入深圳市翠园中学东晓校区任初中数学教师。辅导学生30多人次参加全国"华罗庚金杯"决赛，获全国及省、市数学竞赛获一、二等奖。辅导学生参加全国奥林匹克总决赛获团体总分第六名（在人民大会堂颁奖），获"中国数学奥林匹克一级教练员"。多年来从事数学教学的研究，多次参加教材、教参编写工作，参与编写六部专著。2020年，《快乐学数学》专著由光明日报出版社发行。撰写的论文多次获全国一、二等奖，多篇文章发表于国家、省、市级杂志。参与的课题获广东省"十二五"成果特等奖。主持并完成罗湖区教育科学规划重点课题2项，区第一期、第三期小课题2项。主持并完成广东省2018年"强师工程"教育科研"十三五"规划课题，1项成果鉴定良好等级。主持并完成2018年市级课题1项。指导深圳市2017年、2018年中小学生探究性小课题3项立项资助并结题，成果获全国第四届教博会三等奖，获深圳市教育局微课视频"优秀奖"2项。

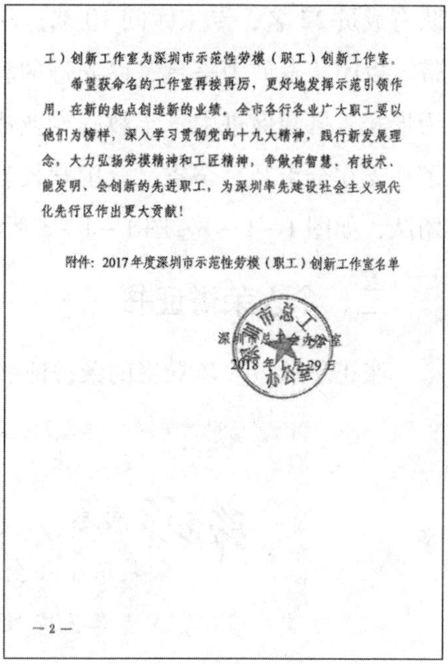

翠园东晓中学张正华劳模创新团

工）创新工作室为深圳市示范性劳模（职工）创新工作室。

希望获命名的工作室再接再厉，更好地发挥示范引领作用，在新的起点创造新的业绩，全市各行各业广大职工要以他们为榜样，深入学习贯彻党的十九大精神，践行新发展理念，大力弘扬劳模精神和工匠精神，争做有智慧、有技术、能发明、会创新的先进职工，为深圳率先建设社会主义现代化先行区作出更大贡献！

附件：2017年度深圳市示范性劳模（职工）创新工作室名单

— 2 —

图1-1-2

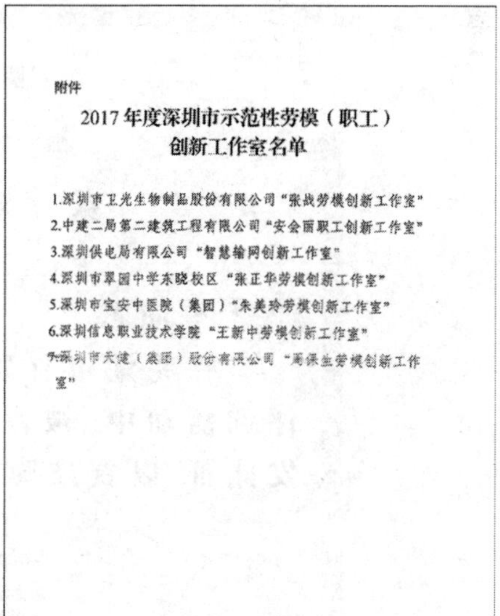

附件

2017年度深圳市示范性劳模（职工）
创新工作室名单

1.深圳市卫光生物制品股份有限公司"蔡战劳模创新工作室"
2.中建二局第二建筑工程有限公司"安会丽职工创新工作室"
3.深圳供电局有限公司"智慧输配网创新工作室"
4.深圳市翠园中学东晓校区"张正华劳模创新工作室"
5.深圳市宝安中医院（集团）"朱美岭劳模创新工作室"
6.深圳信息职业技术学院"王新中劳模创新工作室"
7.深圳市天健（集团）股份有限公司"高课生劳模创新工作室"

— 3 —

图1-1-3

队有成员 22 名，专家顾问 10 名。工作室以主持人为引领，以数学学科为纽带，以团队发展为宗旨，以先进的教育思想为指导，以跨学科多维互动交流为形式，搭建促进中青年教师专业成长以及名师自我提升的发展平台，打造了一支在全市乃至全省、全国学校教育领域中有成就、有影响的高层次劳模团队，如图 1-1-1~图 1-1-3 所示。

二、个人荣誉证书

张正华从教多年获得的荣誉证书如图 1-1-4~图 1-1-16 所示。

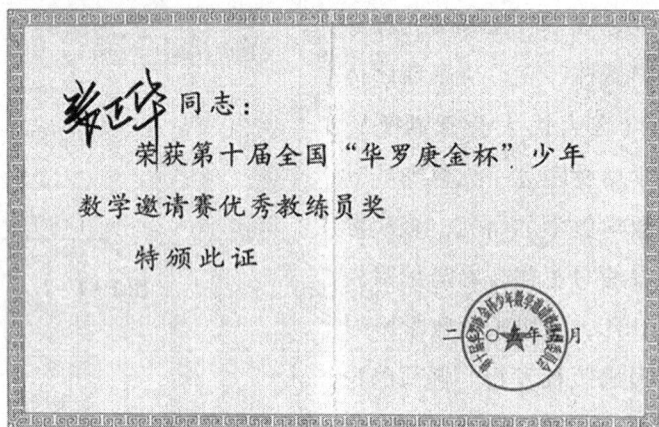

图 1-1-4

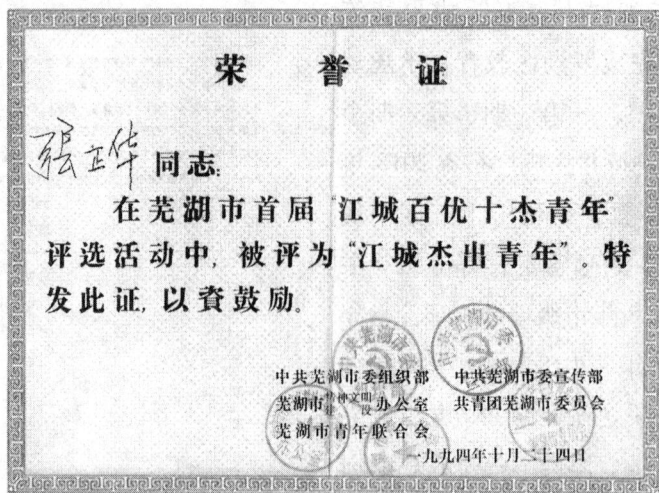

图 1-1-5

劳动模范登记表

姓名	张正华	性别	男	民族	汉	籍贯	安徽	
政治面目	党员	文化程度	大学本科	出生年月	1965.12			
参加工作时间	1984年8月		退休时间					
现在工作单位	深圳市翠园中学东晓分校			职务	教师			
身份证号码	340203196512120213							
通信地址	深圳市罗湖区太白路碧岭华庭清园28栋							
电子邮箱	zhzhh8910@sina.com		邮编	518019				
移动电话	15889772997		办公电话	22256734				
何年何地获何种荣誉称号	1993年全国优秀教师并授予全国优秀教师奖章 第3422号型			授予荣誉称号机关	中华人民共和国国家 中华人民共和国人事部			
生活、健康状况	良好							
本人签名	张正华 2012年11月26日		所在单位（居委会）意见（盖章）	2012年11月26日				
区总工会（市产业工会）审查意见（盖章）	2012年12月6日		市总工会审查意见（盖章）	2013年2月26日				

图 1 – 1 – 6

授 予

张正华同志优秀

园丁光荣称号

芜湖市人民政府

1993年9月

第 93064 号

图 1 – 1 – 7

图 1 – 1 – 8

图 1 – 1 – 9

图 1 – 1 – 10

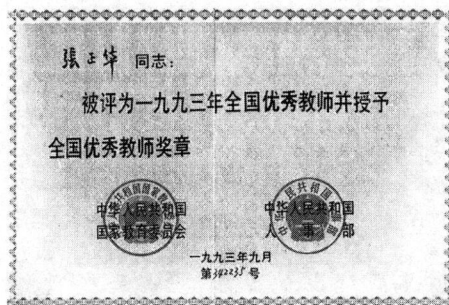

图 1 – 1 – 11

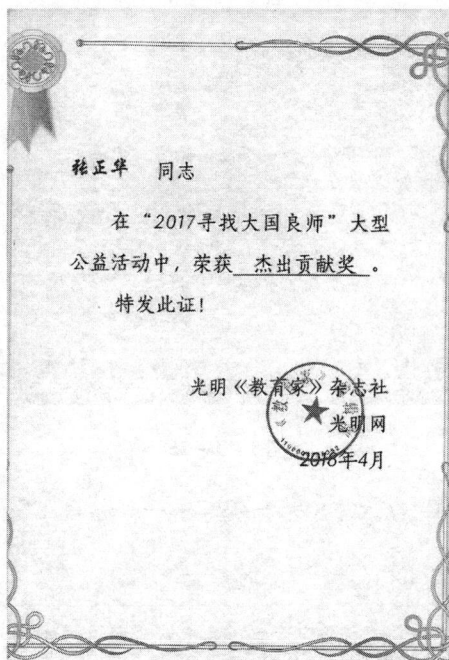

图 1 – 1 – 12

图 1 – 1 – 13

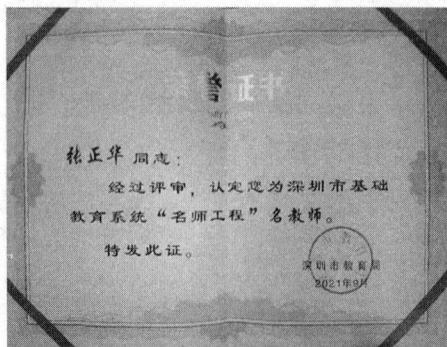

图 1 – 1 – 14

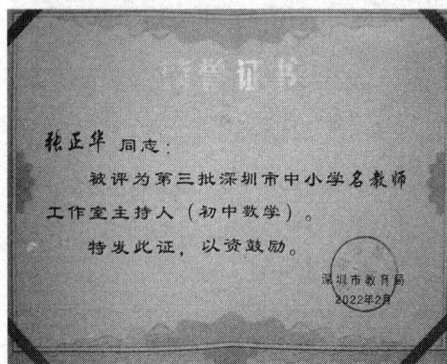

图 1 – 1 – 15

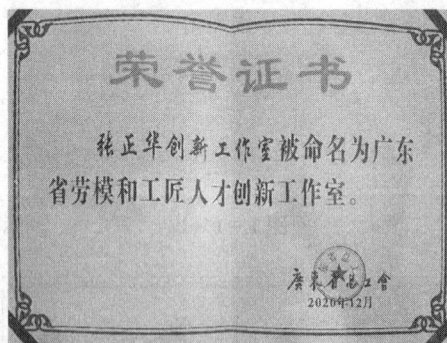

图 1 – 1 – 16

三、课题证书

所参与课题的相关文件等如图 1 – 1 – 17 ～ 图 1 – 1 – 27 所示。

广东省教育科学规划领导小组办公室

立项通知

张正华同志：

经广东省教育科学规划领导小组批准，你申报的课题"初中数学'综合与实践'与数学校园文化建设的实践研究"被批准为广东省教育科研"十三五"规划 2018 年度研究，课题批准号 2018YQJK074，立项课题研究起始时间以下达通知之日为准。

根据《广东省教育科研管理办法（试行）》要求，接受立项后的《广东省教育科学规划课题申请书》即为有效约束力的协议，你及所在单位必须承担相应责任并执行以下决定：

接通知后，请尽快在三个月内组织开题，制订具体的实施方案，并按照研究周期将开题报告、中期报告、研究成果等及时报送我办。

课题总经费 0 万元，课题经费省财政厅已一次全部下拨至你所在的市（市、县、区）财政局。立项经费须严格按照《广东省强师工程专项资金管理办法》使用。课题研究成果发表须独家注明"广东省教育科学规划课题+课题名称（课题批准号）。

若对以上规定持有异议可以不接受，并请来函说明，立项协议自行废止。

成果形式：专著、论文、研究报告

完成时间：二年

广东省教育科学规划领导小组办公室
办公室5月

图 1 - 1 - 17

结 项 证 书

项目类别：广东省教育科学"十三五"规划项目
批 准 号：2018YQJK074
项目名称：初中数学"综合与实践"与数学校园文化建设的实践研究
负 责 人：张正华
课题组成员：陈沙沙 韩雪玲 解玉龙 巫国辉 郑志雄 屈文驰 伍法正 曾泳聪
　　　　　　吴剑辉 沈平
证 书 号：202018WT103
鉴定等级：良好

该项目经审核准予结项，特发此证。

广东省教育科学规划领导小组办公室
二〇二〇年五月

图 1 - 1 - 18

图 1 - 1 - 19

图 1 - 1 - 20

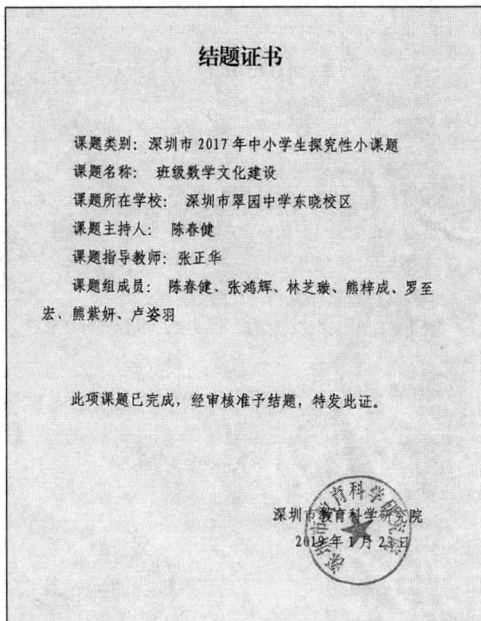

结题证书

课题类别：深圳市 2017 年中小学生探究性小课题

课题名称：**班级数学文化建设**

课题所在学校：　深圳市翠园中学东晓校区

课题主持人：陈春健

课题指导教师：张正华

课题组成员：　陈春健、张鸿辉、林芝璇、熊梓成、罗至宏、熊紫妍、卢姿羽

此项课题已完成，经审核准予结题，特发此证。

深圳市教育科学研究院
2019 年 月 23 日

图 1 - 1 - 21

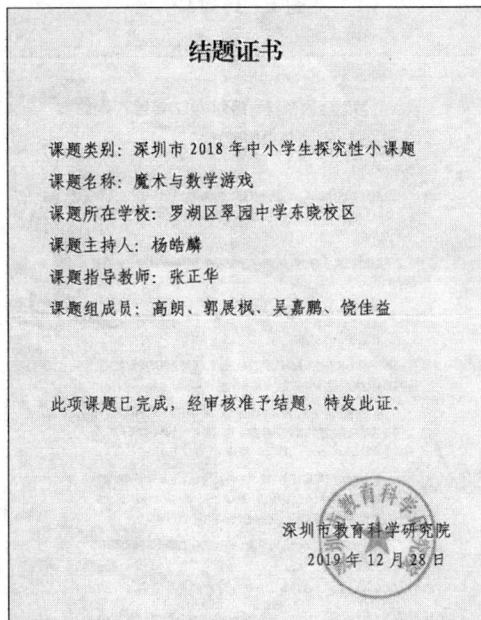

结题证书

课题类别：深圳市 2018 年中小学生探究性小课题

课题名称：**魔术与数学游戏**

课题所在学校：罗湖区翠园中学东晓校区

课题主持人：杨皓麟

课题指导教师：张正华

课题组成员：高朗、郭展枫、吴嘉鹏、饶佳益

此项课题已完成，经审核准予结题，特发此证。

深圳市教育科学研究院
2019 年 12 月 28 日

图 1 - 1 - 22

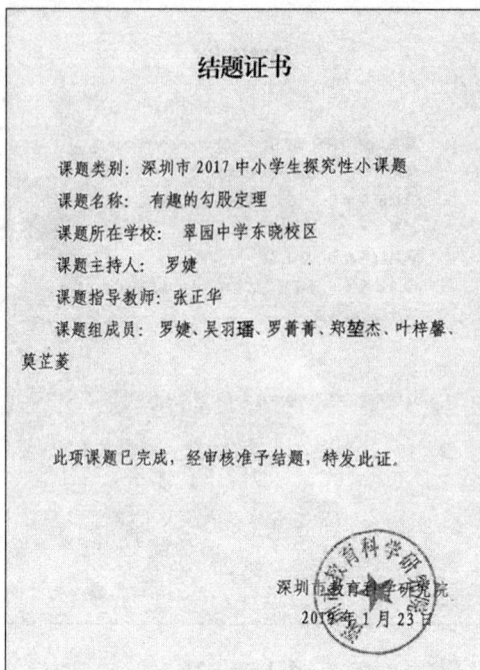

结题证书

课题类别：深圳市 2017 中小学生探究性小课题

课题名称：有趣的勾股定理

课题所在学校：翠园中学东晓校区

课题主持人：罗婕

课题指导教师：张正华

课题组成员：罗婕、吴羽瑶、罗菁菁、郑堃杰、叶梓馨、莫芷菱

此项课题已完成，经审核准予结题，特发此证.

深圳市教育科学研究院

2019 年 1 月 23 日

图 1 - 1 - 23

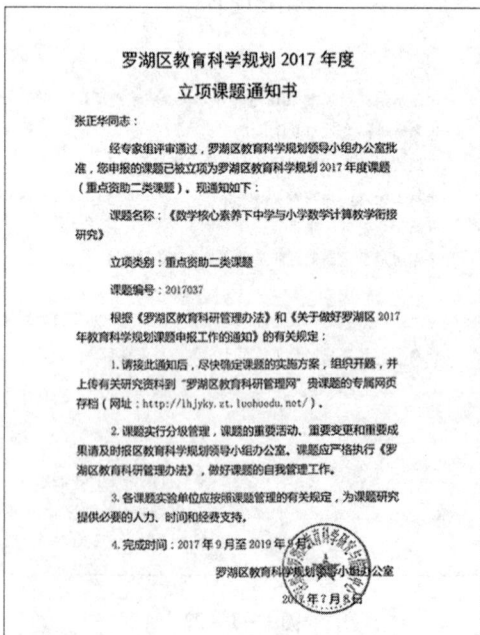

罗湖区教育科学规划 2017 年度
立项课题通知书

张正华同志：

经专家组评审通过，罗湖区教育科学规划领导小组办公室批准，您申报的课题已被立项为罗湖区教育科学规划 2017 年度课题（重点资助二类课题）。现通知如下：

课题名称：《数学核心素养下中学与小学数学计算教学衔接研究》

立项类别：重点资助二类课题

课题编号：2017037

根据《罗湖区教育科研管理办法》和《关于做好罗湖区 2017 年教育科学规划课题申报工作的通知》的有关规定：

1. 请接此通知后，尽快确定课题的实施方案，组织开题，并上传有关研究资料到"罗湖区教育科研管理网"贵课题的专属网页存档（网址：http://lhjyky.zt.luohuodu.net/）。

2. 课题实行分级管理，课题的重要活动、重要变更和重要成果请及时报区教育科学规划领导小组办公室。课题应严格执行《罗湖区教育科研管理办法》，做好课题的自我管理工作。

3. 各课题实验单位应按照课题管理的有关规定，为课题研究提供必要的人力、时间和经费支持。

4. 完成时间：2017 年 9 月至 2019 年 8 月。

罗湖区教育科学规划领导小组办公室

2017 年 7 月 8 日

图 1 - 1 - 24

结题证书

课题类别：罗湖区教育科学规划2017年度重点资助课题
课题名称：《数学核心素养下中学与小学数学计算教学衔接研究》
课题主持人：张正华　承担学校：深圳市翠园中学东晓校区
课题研究成员：陈沙沙、韩雪玲、巫国辉、解玉龙、郑志雄、屈文驰
　　　　　　　伍法正、曾泳聪、沈平

此项课题已完成，经审核准予结题，特发此证。
证书编号：2017037

深圳市罗湖区教育科学研究院
二○一九年九月

图 1 – 1 – 25

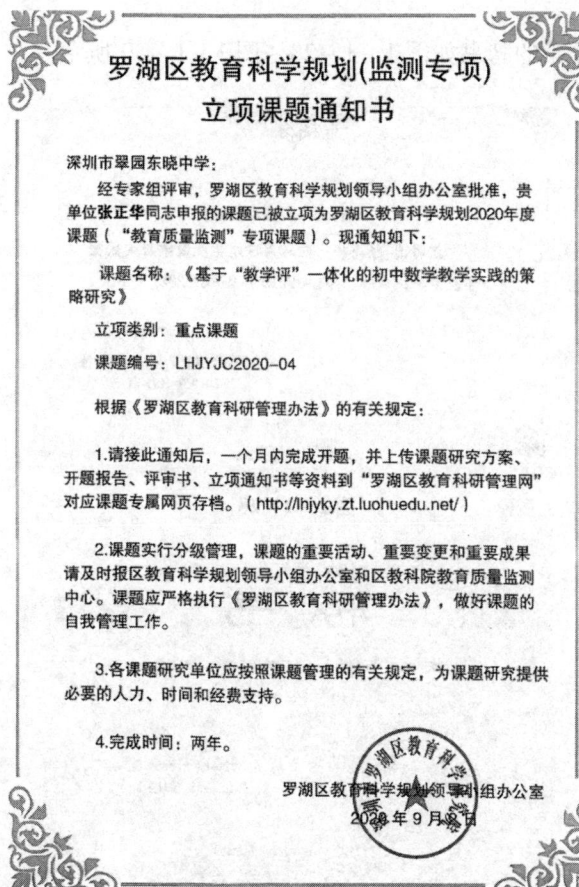

罗湖区教育科学规划(监测专项)立项课题通知书

深圳市翠园东晓中学：

经专家组评审，罗湖区教育科学规划领导小组办公室批准，贵单位**张正华**同志申报的课题已被立项为罗湖区教育科学规划2020年度课题（"教育质量监测"专项课题）。现通知如下：

课题名称：《基于"教学评"一体化的初中数学教学实践的策略研究》

立项类别：重点课题

课题编号：LHJYJC2020–04

根据《罗湖区教育科研管理办法》的有关规定：

1.请接此通知后，一个月内完成开题，并上传课题研究方案、开题报告、评审书、立项通知书等资料到"罗湖区教育科研管理网"对应课题专属网页存档。（http://lhjyky.zt.luohuedu.net/）

2.课题实行分级管理，课题的重要活动、重要变更和重要成果请及时报区教育科学规划领导小组办公室和区教科院教育质量监测中心。课题应严格执行《罗湖区教育科研管理办法》，做好课题的自我管理工作。

3.各课题研究单位应按照课题管理的有关规定，为课题研究提供必要的人力、时间和经费支持。

4.完成时间：两年。

罗湖区教育科学规划领导小组办公室
2020年9月2日

图 1 – 1 – 26

图 1 - 2 - 27

四、聘书

张正华被授予的聘书如图 1 - 1 - 28 ~ 图 1 - 1 - 30 所示。

图 1 - 1 - 28

图 1 - 1 - 29

聘 书

LETTER OF APPOINTMENT

洪玉华老师：

在我校 2020-2022 学年"师徒结对"之
"翠园东晓@星"计划实施过程中，诚聘您担任
新教师 程俊锋 的指导教师。

深圳市翠园东晓中学

2020 年 9 月 日

图 1 - 1 - 30

第二节 工作室的定位

一、工作室创新团队情况

张正华劳模创新工作室 2015 年 10 月在学校工会成立，2016 年 10 月被罗湖区总工会、2016 年 12 月被深圳市总工会分别命名授牌。工作室发展至今有团队成员 41 名，专家顾问 9 名。平均年龄 31 岁。（名单见附 2）

团队学历：硕士 15 人、本科 26 人。

专业技术：高级教师 3 人，一级教师 22 人，二级教师 5 人。

专家顾问：正高级 4 人，特级 3 人。

（一）专家顾问

郭玉竹 深圳市罗湖区教科院院长、翠园集团总校长、翠园文锦中学校长、正高级数学教师、特级教师

何 翔 深圳市翠园文锦中学执行校长、正高级化学教师

李 均 教育学博士，深圳大学师范学院副院长、教授、博士生导师，教育部中小学教师"国培计划"专家

杨祥明 深圳市第三高级中学校长助理、广东省名师工作室主持人、正高级语文教师、特级教师

荆志强 罗湖区教科院副院长、正高级数学教师

丁光辉 罗湖区教科院办公室主任、深圳市教科研专家主持人

张海洋 罗湖区教科院质量监测中心主任、正高级化学教师

洪 飞 罗湖区教科院初中数学教研员、深圳市名师及工作室主持人、正高级数学教师

穆传慧 罗湖区教科院小学数学教研员、正高级数学教师、特级教师

（二）工作室成员名单

表 1 - 2 - 1　工作室成员列表

姓名	性别	出生年月	学历	职称/技术等级	工作岗位及职务
解玉龙	男	1981 年 10 月	研究生	高级教师	翠园东晓数学教师、办公室主任
巫国辉	男	1981 年 4 月	本科	高级教师	翠园东晓数学教师、总务处主任
吴舒科	男	1988 年 9 月	本科	一级教师	翠园东晓物理教师、教务副主任
赵岳	女	1986 年 8 月	本科	一级教师	翠园东晓语文教师、团委书记
陈沙沙	女	1982 年 3 月	本科	一级教师	翠园东晓初中数学教师、科组长
郑志雄	男	1978 年 6 月	研究生	一级教师	翠园东晓初中数学教师
曾泳聪	男	1989 年 9 月	本科	一级教师	翠园东晓初中数学教师
韩雪玲	女	1982 年 10 月	本科	一级教师	翠园东晓初中数学教师
屈文驰	男	1992 年 3 月	本科	一级教师	翠园东晓初中数学教师、校辅导员
吴剑辉	男	1989 年 9 月	本科	一级教师	翠园东晓数学教师、总务处副主任
程俊锋	男	1986 年 6 月	研究生	一级教师	翠园东晓初中数学教师
杨紫韵	女	1990 年 11 月	本科	一级教师	翠园东晓初中数学教师
陈云	女	1988 年 6 月	本科	一级教师	翠园东晓初中心理教师
裴贝贝	女	1982 年 10 月	本科	一级教师	翠园东晓初中化学教师
何睿晖	女	1988 年 11 月	研究生	一级教师	翠园东晓初中语文教师
翁纯音	女	1984 年 8 月	本科	一级教师	翠园东晓初中英语教师
姜宜发	男	1991 年 10 月	本科	二级教师	翠园东晓初中数学教师
张方	女	1995 年 11 月	研究生	初级教师	翠园东晓初中数学教师
王春雪	女	1984 年 2 月	本科	初级教师	翠园东晓初中数学教师
徐国雄	男	1994 年 8 月	研究生	初级教师	翠园东晓初中数学教师
王军彩	男	1986 年 8 月	研究生	初级教师	翠园东晓初中数学教师
黄湘升	男	1981 年 5 月	本科	初级教师	翠园东晓初中数学教师
徐敏毅	男	1968 年 12 月	本科	中学高级教师	深圳市翠园文锦中学地理教师
王超	女	1982 年 4 月	研究生	中学一级教师	深圳市翠园文锦中学英语教师
仲茗	女	1996 年 8 月	本科	中学二级教师	深圳市翠园文锦中学数学教师

姓名	性别	出生年月	学历	职称/技术等级	工作岗位及职务
龚怡涵	女	1994 年 11 月	研究生	未评聘	深圳市翠园文锦中学道德与法治教师
肖汉珊	女	1985 年 9 月	研究生	中学一级教师	深圳市翠园文锦中学生物教师
佘勉军	女	1984 年 1 月	本科	中学一级教师	深圳市翠园文锦中学语文教师
李欣然	男	1995 年 3 月	研究生	未评聘	深圳市翠园文锦中学体育教师
汤子弘	男	1996 年 2 月	研究生	未评聘	深圳市翠园文锦中学数学教师
张文皓	男	1993 年 6 月	研究生	未评聘	深圳市翠园文锦中学数学教师
周成裕	女	1997 年 8 月	本科	未评聘	深圳市翠园文锦中学物理教师
彭梦梦	女	1990 年 11 月	本科	未评聘	深圳市翠园文锦中学英语教师
肖 红	女	1983 年 7 月	研究生	中学一级教师	深圳市翠园文锦中学化学教师
徐怡玲	女	1995 年 10 月	本科	中学二级教师	深圳市翠园文锦中学心理健康教师
申妮娜	女	1980 年 5 月	本科	中学二级教师	深圳市翠园文锦中学物理教师
张思缘	女	1993 年 9 月	研究生	中学二级教师	深圳市翠园文锦中学语文教师
高镜雅	女	1983 年 4 月	本科	中学一级教师	深圳市翠园文锦中学数学教师
刘丽婷	女	1986 年 12 月	本科	中学一级教师	深圳市翠园文锦中学生物教师
赵 星	女	1982 年 3 月	本科	中学一级教师	深圳市翠园文锦中学数学教师
辜靖晶	女	1984 年 9 月	本科	中学一级教师	深圳市翠园文锦中学数学教师

二、攻关项目情况

2016 年 10 月工作室成立至今，工作室主要完成的攻关项目如下：

专题一：数学核心素养下中学与小学数学计算教学衔接研究（区规划重点课题 结题）

专题二：初中数学"综合与实践"与数学校园文化建设的实践研究（省规划课题 结题）

专题三：中小学数学思维能力培养公益培训研究（专著《快乐学数学》 已出版）

专题四：深圳市中小学生探究性小课题的研究（3 项立项资助 结题）

专题五：教学评一体化初中数学教学实践与研究（区教学质量监测专项）

专题六：悦纳思乐课堂 构建高质量教学评共同体

专题七：基于核心素养下的学科教学设计研究的策略

三、工作室场地情况

创新工作室设在学校文德楼 503；面积 45m²（办公室 15m²、培训室 30m²）。

（一）工作室功能

工作室功能为培训、教科研等。

（二）工作室资金

工作室建设资金 55 万元，具体为：①区总工会创建补贴 2 万元。②市总工会创建补贴 2 万元。③学校工会支持 2 万元。④区重点课题经费 3 万元。⑤省课题经费 2 万元。⑥市小课题经费 4 万元。⑦广东省总工会创建补贴 10 万元。⑧市名师工作室 30 万元。

（三）工作室设备配置

工作室配置：办公学习电脑、成员每人 1 台电脑、1 台多媒体教学平台、1 台相机、1 台打印机、1 台笔记本电脑、办公和会议桌椅、图书 200 册、全套办公设备等。

四、传帮带培训

（一）培训学员

工作室在三年的研究学习时间里，至少举办了十几场大型培训活动，每年培训 150 课时，通过培训学习，提高学校年轻骨干教师的业务水平。组织工作室成员到广东省示范劳模工作室参观学习。

（二）培训创新模式

进行有针对性的专题培训，请专家给成员们做"教师职业生涯规划""怎样撰写教科研论文""如何做幸福教师"等培训，进一步提升教师专业化水平，提高了教师的教育科研能力。

（三）教学改革创新

推行"让学生想出来、说出来、写出来、做出来、改出来"的教学策略，使课堂面貌焕然一新、学生健康成长、教师专业发展。

（四）德育创新

制定德育工作制度，具体包括四条工作线：一是以班级工作为中心的班主任德育工作线，二是以课堂教学为中心的教师德育工作线，三是以团委学生会为中心的学生德育工作线，四是以家长为中心的家长社会德育工作线。

第三节 工作室的管理制度

一、总则

（一）名称

张正华劳模创新工作室。

（二）目标

以工作室主持人为引领，以数学学科为纽带，以团队发展为宗旨，以先进的教育思想为指导，以多维互动交流为形式，搭建促进中青年教师专业成长以及名师自我提升的发展平台，打造一支在全市乃至全省、全国学校教育领域中有成就、有影响的高层次教师团队。

工作室成员必须承担教学、教研、科研任务，以研训一体化的方式开展活动，每位工作室成员都要朝着学者型、研究型、专家型、智慧型的教师迈进，努力成为学生潜能的唤醒者、教师成长的引领者、教学内容的研究者、教学艺术的探索者，让工作室成为"研究的平台、成长的阶梯、辐射的中心、师生的益友"。

（三）校训

晓理、晓我、晓天下

（四）精神

乐于学习、勤于实践、善于思考、团结奉献

（五）口号

学生快乐、教师幸福

二、工作室机构与职责

（一）组织管理机构

工作室设室长 1 名、秘书长 1 名、联络员 1 名、资料管理员 1 名、以及成员，特聘专家 9 名。

工作室在市、区总工会指导下，在罗湖区教育科学院以及学校行政、工会直接领导下，实行室长负责制，成员相互监督。

委员会由室长、秘书长、联络员、资料员及成员管理组成。

（二）职责分工

1. 室长

全面主持工作室工作，并及时向学校部门汇报；对工作室成员有监督权、指导权和建议权。

建立健全劳模创新工作室的各项规章制度，负责劳模创新工作室的日常管理工作。

负责劳模创新工作室年度创新项目的立项申报，承接上级下达的创新项目，组织工作室团队成员开展课题攻关。在工会和教育部门的指导下对项目进行申报、验收和成果管理。

负责劳模创新工作室团队成员的培养和指导，对先进职工实施传、帮、带。

完成上级工会交办的与劳模创新工作室有关的其他工作，对工作室成员工作情况进行考核、评价，管理成员科研课题研究。

2. 秘书长

协助配合室长开展工作，进行劳模创新工作室专题内容研究，进行工作室活动的相关报道。

3. 联络员

协助室长、秘书长相关工作的开展，负责工作室活动、教育教学、课题研究的落实，负责外出培训及学校交流。

4. 资料员

负责工作室内部资料的管理，负责会议记录、考勤、总结、文件整理、档案保管。

三、工作室成员管理

（一）入室程序

提出入室申请，进行审核登记，大会讨论。

（二）权利和义务

1. 权利

拥有本工作室的选举权、被选举权和表决权，拥有参加工作室的培训与活动的权利，有人室自愿、退室自由的权利。

树立良好的师德，倡导无私奉献精神；善于向名师学习。

2. 义务

遵守工作室章程或管理条例；制定个人三年发展规划；当学科教学（德育工作或学校管理）的示范者；不断钻研教育教学或教育管理理论，树立先进教学理念，坚持教育教学改革实验；人人有课题，人人有示范课。

四、工作室活动管理

（一）劳模创新工作室研究的专题及内容

研究专题一：数学核心素养下中学与小学数学计算衔接教学研究（计算教学）

研究专题二：中小学生数学思维能力培养公益培训研究

研究专题三：初中数学"综合与实践"与数学校园文化建设的实践研究

研究专题四：深圳市中小学生探究性小课题的研究

内容：

（1）数学课程标准及各年级教材研读。

（2）数学各板块教学方法研讨。

（3）数学重点板块教学模式的建构。

（4）当下数学教学热点、难点问题的解决。

（5）各成员教学风格的凝练和提升。

（二）工作室的活动形式

（1）集体研修与个人自学相结合。

（2）集体观课研讨和个人实践反思相结合。

（3）学术沙龙与专题讲座相结合。

（4）本区域互动和外出观摩相结合。

（5）本工作室内部活动和本区、市及其他区地市名师工作室联动相结合。

（6）"张正华劳模创新工作室"专题网站资源共享及 QQ 群、微信群、网上交流、互动相结合。

（7）以课题研究为抓手，推动工作室各项工作。

五、经费管理及使用制度

（1）工作室每年向学校申请立项资金作为经费来源，教育工会投入的经费做到专款专用。

（2）工作室成员个人开展与工作室相关活动需要使用经费的须书面向工作室负责人提出申请，并报相关领导审核。

（3）建立经费活动台账。

（4）本工作室的资产，任何单位、个人不得侵占和挪用。

（5）经费管理实施细则。

① 按照罗湖区教育科学规划课题《经费管理和使用说明》：

第一，由于教师参加课题研究均未计入学校日常工作量，而完成课题需要投入大量的时间和精力开展学习、调研、分析及撰写研究报告，所以，除课题资助经费的 50% 可用于完成课题所需要的调查研究、外出学习、邀请专家、购置书籍设备等项目外，另外的 50% 按如下的原则分配：课题通过专家鉴定后，作为课题实际业务主持人和该课题组其他成员的科研工作量补贴。课题未完成的，获得的课题资助经费由区教育科学院上报区财政收回。

第二，课题主持人负责课题资助经费的合理使用和登记，保障课题研究各项活动的顺利开展。所在单位法定代表人对课题资助经费财务票据的真实性、合理性、合法性负有法律责任。

第三，上述条文中的外出学习须进行外出审批，购置书籍、设备等达到学校内部招标标准的应进行内部招标采购，达到政府采购相关规定的必须进行政府采购，达到固定资产管理标准的按规定登记入库管理。

② 市中小学学生小课题经费管理依据《深圳市中小学生探究性小课题经费管理办法》。

③ 成员的差旅费、培训费、会议费、劳务费、专家咨询费等管理依据《翠园中学财务制度管理办法》。

六、工作室制度管理

本劳模创新工作室直接受区教科培中心领导，由本校数学骨干，外校数学金牌教练、数学名师组成。工作室日常管理由工作室主持人和所有成员协同进行。工作室地点暂设在翠园文锦中学文德楼 503。工作室管理周期为三年，实行日常管理、年度考核、期满总结评估的动态管理制度。单位领导小组负责工作室开展日常管理、年度考核和期满评估工作。

为了确保工作室各项工作有序开展，真正发挥工作室成员的积极作用，达成创设工作室的总体目标，特制定如下工作制度。

（一）学习制度

（1）工作室成员要不断学习教育理论，研究新课标、新课程、新教法，不断改进教学方法，总结交流教研活动经验，不断探索教育教学规律。围绕教科研课题、课堂教学每学期进行3次以上集体学习、交流活动，坚持自觉学习和自觉反思，并做好学习活动记录。

（2）工作室成员必须制定自我发展规划，明确学习内容和近期要达成的发展目标，根据目前及今后教育教学改革趋势在教育教学理论等方面有选择性地学习。

（二）研讨制度

（1）工作室成员积极参加各级各类教学研讨活动。

（2）工作室建立"学术沙龙"研讨制度。由工作室主持人和导师根据研究方向确定主题，每次"学术沙龙"均要有明确的研讨主题。

（三）交流制度

（1）工作室不定期进行学术研讨交流活动。

（2）建立工作室网页，实现优质资源共享。开辟名师对话、优秀案例选登、名师风采等栏目，提高工作室知名度和辐射效应。

（3）工作室成员不断发挥工作室中名师的示范、引领作用，带头出研究课、观摩课、示范课。

（4）认真做好"传帮带"活动，积极承担培养青年教师的任务，定向结对培养青年教师，要培养过程规范，培养效果明显。

（四）课题管理制度

（1）工作室成员要积极开展课题研究工作。根据课题研究方案，在每一阶段制订具体的研究实施计划，及时做出阶段总结。

（2）课题必须做到有方案、有措施、有活动记录、有阶段小结、有结果分析、有实验报告和实验鉴定。

（3）每个成员必须以严谨的态度和科学的方法从事课题研究工作，多出科研成果。

（4）带动更多的青年教师进行扎实有效的课题研究。

（五）档案制度

工作室将建立成员专业发展档案，所有过程性资料皆集中保管，专人负责。

对工作室成员进行年度目标化管理，即对每位成员的专业发展目标量化指标进行科学评价，评定相应等级。评定结果工作室留档，并通报所在学校。

七、奖惩

（1）工作室设立"工作室优秀成员""工作室学习积极分子"等奖项并每期评出，以奖为主。

（2）根据工作方案制定工作室成员考核标准，考核结果可作为教师评优评先依据。

（3）对于不求进取，不能按时完成工作室布置任务的成员进行劝退。

八、章程修改程序

本工作室章程修改程序由工作室成员联名提出，并交经本工作室大会审议。

本工作室章程修改须经工作室大会通过，七日后报上级部门核准后生效。

本章程最终解释权归翠园文锦中学广东省张正华劳模创新工作室。

第二章

工作室与
"研修教师"

第一节 "研修教师"的由来

"人民教育家"国家荣誉称号获得者于漪老师说过:"一辈子做教师,一辈子学做教师。"教育就是教书育人,教书是手段,育人才是目的。如何在平凡的教学工作中传授知识、培育人才呢?作为一名普通教师,我有这样的体会:在教学中研修,在研修中提升,在提升中教学。

当前,国家对教师的专业要求是"以德为先、专业为根、能力为重、服务为本、终身学习"。因此,日常教学中,我们不能只局限于教书本上的知识,还要聚焦教育理论、知识体系、教学规律、专业发展、立德树人。每一名教师都应为自己制订研修计划或目标,在工作中不断发展进步,为了更好地完善自己,加速提高自己的教学水平,在不断的实践总结中逐步形成自己的教学风格,成为名副其实的学习型教师。

我国教师培训得益于改革开放的"红利",取得了光辉的业绩。如果以具有代表性的"光辉节点"来分析归纳教师培训40年的发展成就和经验,可以作这样的判断:教师培训兼顾教材教法"过关"和学历补偿教育补救历史"欠账";培训使教师权利的价值理念得到确立与落实;"跨世纪园丁工程"推动骨干教师培训;"五年一培训周期"成为中小学教师全员常态的培训制度;"国培计划"成为引领中国特色教师培训的伟大实践;乡村教师成为教师培训的重中之"重";用信息化手段培训教师信息化能力;基于"标准"探索的专业化教师培训体系建立;教师教育学科建设将为教师培训提供学术、学理和学科支撑;教师培训的"新时代"具有独特的新任务与新使命。以此为基础,教师培训将更加清晰地表现出专业化、系统性、高质量的发展趋向。

教育部《关于深化中小学教师培训模式改革全面提升培训质量的指导意见》(教师〔2013〕6号)内容如下:

根据教育规划纲要提出的对教师实行每五年一周期的全员培训要求,近年来中央和地方不断加大培训力度,教师培训工作取得明显进展,但也存在着针对性不强、内容泛化、方式单一、质量监控薄弱等突出问题。为主动适应深化基础教育课程改革、全面实施素质教育的现实需求，着力解决存在的突出问题，现就深化中小学教师培训模式改革，全面提升培训质量提出如下指导意见。

一、增强培训针对性，确保按需施训

中小学教师培训要以实施好基础教育新课程为主要内容，以满足教师专业发展个性化需求为工作目标，引领教师专业成长。各地要将上述要求贯穿于培训规划、项目设计、组织实施、质量监控全过程。根据新任教师岗前培训、在职教师提高培训和骨干教师高级研修等教师发展不同阶段的实际需求，开展针对性培训。实行教师培训需求调研分析制度，建立与中小学校共同确定培训项目的新机制。

二、改进培训内容，贴近一线教师教育教学实际

各地要将提高教师教育教学技能作为培训的主要内容，以典型教学案例为载体，创设真实课堂教学环境，紧密结合学校教育教学一线实际，开展主题鲜明的技能培训。实践性课程应不少于教师培训课程的 50%。要将中小学教师专业标准、师德教育和信息技术作为通识课程，列入培训必修模块。遵循立德树人的根本要求，增强教师教书育人的责任感和使命感。国家制定教师培训课程标准，建立资源共享平台，促进资源共建共享。各地要加强优质课程资源建设，重点建设典型案例和网络课程资源，积极开发微课程。

三、转变培训方式，提升教师参训实效

各地要针对教师学习特点，强化基于教学现场、走进真实课堂的培训环节。通过现场诊断和案例教学解决实际问题，采取跟岗培训和情境体验改进教学行为，利用行动研究和反思实践提升教育经验，确保培训实效。改革传统讲授方式，强化学员互动参与，增强培训吸引力、感染力。省级教育行政部门要大力推动置换脱产研修，将院校集中培训、优质中小学"影子教师"实践和师范生（城镇教师）顶岗实习支教相结合，为农村学校培养骨干教师。要采取多种培训方式，加大体育、音乐、美术等师资紧缺学科专、兼职教师和民族地区双语教师的培训力度。

四、强化培训自主性，激发教师参训动力

省级教育行政部门要探索建立教师自主选学机制，建设菜单式、自主性、开放式的选学服务平台，为教师创造自主选择培训内容、时间、途径和机构的机会，满足教师个性化需求。建立培训学分认证制度，学时学分合理转化。建立教师培训学分银行，实现教师非学历培训与学历教育学分互认。将培训学分作为教师资格定期注册、教师考核和职务（职称）聘任的必备条件，激发教师参训积极性。

五、营造网络学习环境，推动教师终身学习

各地要积极推进教师网络研修社区建设，推动教师网上和网下研修结合、虚拟学习和教学实践结合的混合学习；开展区域间教师网上协同研修，促进教师同行交流；培养网络研修骨干队伍，打造教师学习共同体，实现教师培训常态化。要推动网络研修与校本研修整合，推进高等学校、培训机构与中小学结对帮扶，引进优质培训资源，建立校本研修良性运行机制。丰富研修主题，通过集体备课、观课磨课、课题研究等方式，促进教研与培训有机结合，切实发挥校本研修的基础作用。鼓励各地建设教师培训创新实验区，推动培训模式综合改革。

六、加强培训者队伍建设，增强为教师提供优质培训的能力

各级教育行政部门要统筹建设培训专家库，并实行动态调整，建立一支专、兼职结合的优秀培训者队伍。要注重遴选一线优秀教师作为兼职培训者，将其承担的教育行政部门组织或认定的培训任务计入教学工作量，并建立工作绩效考核机制。高等学校兼职培训者要积极把握基础教育课程改革内容和中小学一线教师培训需求。专职培训者要切实深入中小学校开展实践与研究，原则上每年不少于 2 个月。国家建立培训专家库信息管理平台，实现各地培训者的信息共享和培训成效评估。培训者团队主要从培训专家库中遴选，一线优秀教师所占比例不少于 50%。各地要为专兼职培训者的发展创造良好条件，国培计划和省培计划加大专兼职培训者培训力度，专职培训者每年研修不少于 100 学时。

七、建设培训公共服务平台，为教师提供多样化服务

培训机构要将为教师提供多样化优质服务作为培训工作的出发点和落脚

点，建立灵活、开放、专业的培训公共服务平台。师范院校要大力推进内部教师教育资源整合，建立与中小学合作机制，促进培养、培训、研究、服务一体化，发挥示范引领作用。各地要依托现有资源，加快推进县级教师培训机构与教研、科研和电教等部门的整合，建设县级教师发展中心，发挥其在全员培训的规划设计、组织实施和服务指导等方面的功能。

八、规范培训管理，为教师获得高质量培训提供有力保障

国家建设全国教师培训管理信息系统，加强对国家级培训和各地培训的动态监测。各地要充分利用信息化管理平台，登记教师参训学时学分，加强学员选派管理，建立培训项目招投标机制，对培训经费使用等进行全程监控，确保各项工作落实到位。教师培训食宿安排要厉行节约，不得安排与培训无关的参观考察活动。培训机构要建立学员培训档案制度，及时将学员培训情况反馈所属教育行政部门和学校。

国家制定培训质量标准，定期开展培训质量评估，发布年度监测报告。地方教育行政部门要采取专家评估、网络匿名评估和第三方评估等方式，监测培训质量，公布评估结果，并将其作为培训资质认定、项目承办、经费奖补的重要依据。培训机构要作好培训绩效评价，跟踪教师参训后实践应用效果，不断改进培训工作。

国家将教师培训作为对各地教育督导的重要内容。省级教育督导部门要加强对市县教师培训的专项督导，定期公布检查结果。县级教育行政部门要将教师培训列入中小学办学水平评估和校长考评的指标体系。各地要将落实培训经费作为教育督导的重要内容，确保培训经费列入同级财政预算，中小学按照年度公用经费预算总额的5%安排培训经费，保障经费投入。

教师应积极主动地参加教育管理部门或学校组织的培训、讲座。因为素质教育的实施、学生核心素养的养成，对学校提出了优化校园文化、提升办学理念、改进学校管理、创新课程开发等诸多发展要求，而满足这些要求最直接、最有效的手段就是教师培训以及教师的自主研修。这几年国家加大了对教育的投入，不同层级、不同主题的研讨和培训已很普遍，一线教师要积极参加各类培训。培训不应是教师被动接受，而是受训者带着对问题的预设、培训成果的转化等思考参与培训。每一次培训，受训者都要有一个标杆，明确了解了什么，理解了什么，感悟了什么，提高了什么，把自己参加培训的收获及时形成文字，并在教学中有所践行。

　　教学看似简单，但优秀教师的成长离不开培训、实践、学习这块沃土。通过学习，教师可以树立正确的教育观、人才观、质量观、人文观、幸福观等，还可以拓宽教学资源的广度、教学内容的深度，提高驾驭课堂的能力，促使学生从要听、爱听、想听转变为爱思、求思、深思。

　　每位成员乐于参加培训，更乐于参加助推教师发展的培训；爱听讲座，更爱听理论联系实际的讲座；喜欢研修，更喜欢进课堂、接地气的研修。通过培训、研修可以提升自己，提升后的自己可以以新的姿态投入教学，在教学中又会发现新的问题，进而带着问题再培训、研修。所以说，教学、培训、研修是一个循环往复的过程，我们一线教师应以参加培训和研修修炼自身的心态，投身教育工作，担负起为国家培养人才之重任。

第二节 "研修教师" 的特点

一、校本研修与教师专业

"校本研修"是我们一线教师最熟悉，也是最陌生的字眼。

什么是"校本研修"呢？校本研修就是以学校为中心的教师在职学习和进修模式。校本研修是指为了满足学校和教师的发展目标和要求，在上级主管部门的统筹和教师教育机构的专业引领下，由教师任职学校组织和管理，以学校为基地，以解决教育实际问题、提高教师教育教学能力、促进教师专业发展和学校发展为目的的一种教师学习模式。"校本研修"不仅是学校发展的一种教师学习模式，更是教师专业成长最可行的捷径。教师专业成长的路径和方法是有章可循的。作为普通老师，当你站上讲台，心中就要有规则；当你站稳讲台，教学就会有效果；当你站好讲台，脑中一定有理论。唱完教师专业成长的"三部曲"，你便成了真正的名师。

名师和名家虽只有一字之差，实质上却差之千里。教育名家在教育教学中达到了以下境界：在名家眼里，教育工作不仅仅是养家糊口、安身立命的职业，而是心甘情愿为其付出一切的教育事业。他们深知教育不是立竿见影的事情，教书育人需要一代代教育人长期不懈的坚持和陶行知先生"捧着一颗心来，不带半根草去"的奉献精神。在教育名家的眼里：教育，不能没有虔诚之心，否则最多只是一种劝学的态度。对终极价值和绝对真理的虔诚是一切教育的本质。教育的境界需要信仰，没有信仰的教师就会失去职业荣誉感，而有教育信仰的教师有着自己的幸福。

二、"研修教师"的特点

（一）构筑愿景

仰望星空，有梦想就有激情，就会充满成功的希望。梦在哪里，心就在哪里，成功就在哪里。我们要带着梦想出发。追逐梦想需要坚持。人生需要坚持自己的梦想，因为漫漫人生路，会遇到无数的困难。怨天尤人无济于事，长吁短叹于事无补。只有在与困难抗衡的过程中，才能不断地超越自我、积极进取，才能在人生的道路上走得更远，绽放出绚丽多姿的人生之花。

（二）勤于学习

首先，向书本学。怎么向书本学呢？做到"一个勤"和"四个一"。"一个勤"指的是：三更有梦，书当枕；半床明月，半床书。"四个一"指的是：读烂一本专著；追逐一个名人；研究一个专题；塑造一个品牌。

其次，向生活学习。将生活中的小事情和教育教学联系起来进行思考：我是谁？我是干什么的？我是不是做得最好的？我的教育形象是否深深地嵌入到学生与家长的心中了？

通过生活中的品牌效应去思考自己的教育品牌。无论是打造班级品牌，还是创建课堂品牌，抑或是成就个人品牌，所谓品牌就是当"顾客"产生"消费意愿"时，能不能首先"想到你"。

还要学会放弃！把自己的优势发挥得淋漓尽致！坚定、彻底、执着地把自己想做、该做、能做的事情做到最好！

（三）向专家、名师学习

从一楼到三楼，没有台阶谁都上不来。专业教师的成长需要专家、名师的引领，我们要跟着专家、名师学习快速领悟成长秘诀。抓住一切机遇，走进专家、名师的视野，学习专家、名师的理念，将其迁移到自己的教育教学中去。

（四）同伴学习

同伴——校业务和教学理念先进、经验丰富的教师是我们学习的最好榜样。因为专家的教育思想理论属于高大上一类，而我们身边这些教师，他们的教育教学经验比较接地气，容易现学现用。

（五）向网络学习

首先，关注网络中考信息，把握中考脉搏，时时关注最新消息，搜集网上新题，与时俱进。我们在网络学习的同时，可以利用博客、美篇、QQ空间日志等。其次，建好三个储存室：一是教育博文摘要；而是教学实录；三是教育类文章。在网络学习中遇到理念先进的教育博文和优秀的教学实录或者教育类文章都可以分别建立储藏室，每天翻看，内化成自己的东西。再次，就是多参与网络论坛，如QQ群、微信群、网上沙龙、教师工作坊。社群化学习已经成为当今个人发展的模式。独行快，众行远，抱团学习，共同成长。我们除了有梦想和勤于学习以外，还要抓住机遇、勇于实践、勇于创新、寻求突破、锦上添花、平中见奇，创建属于自己的品牌。

（六）向老教师学习

青年教师精力充沛，但经验不足，所以一定要多听老教师的课，不仅要听题目的讲解，更要重点听老教师对重、难点的把握和难点的突破，对学生的思想教育，对各个教学环节的处理。（下课后和听课教师交流听课感受）

（七）向学生学习

"青出于蓝而胜于蓝"，要相信学生的潜力，多发现学生的优点，多搜集整理学生好的解题思路，发扬学生好的学习方法。

三、认清自己在教学上的努力方向

"研修教师"在教学上的努力方向包括如下方面：

（1）进一步完善自己的专业知识。

（2）多学习教育教学理论，积极向"科学教育"靠拢。

（3）广泛涉猎各学科知识。

（4）努力提高教学基本功，做到"四个一"，即写一笔好字、练一副好口才、记一肚子好诗文、写一手好文章，具有较强的现代教育技术运用能力。

第三节 "研修教师"的发展目标

一、做合格、特长、特色、品牌、魅力教师

（一）做合格教师

教师从学生身份向"传道"转变，到站稳讲台，大约需要 2～3 年时间。合格教师体现在以下五个方面：

第一，能带好一个班级。

第二，能有好的教学质量。

第三，上好一节公开课。

第四，每学期至少能写好一篇反思文章。

第五，研究一个小课题。

（二）做特长教师

当工作了五六年后，便走进了奋发期，教师则要注重特长的发展。只要善于激活自己某一方面的长处，那么就可能爆发出惊人的工作潜能。发现和积极培养具有独特风格的特长教师，有助于形成一个特长鲜明的教师群体。

（三）做特色教师

做一个有特色的教师，也是广大普通教师最切实可行的成长之路。工作了 10 年左右的教师，要关注自己特色的发展。特色教师就是教师能够结合自己的个性特长，以某种特长优势为突破口"定向发展"，逐渐形成自己的教学特色，使课堂教学进入一个个性化阶段。一个教师要成为特色教师，不是只要熬上年头就行的。

（四）做品牌教师

品牌教师，是一个师德高尚、业务精湛、充满人格魅力的人。

（五）做魅力教师

教师的魅力，即教师在教学实践活动中对学生有强烈而持久的人际吸引力、精神感召力和智慧启迪力。

二、发展目标

（一）目标

以有计划、抓落实、重激励、综评价为主线，实施角色激励、项目认同、任务驱动的策略，以课堂教学为切入点，以课题研究为引领点，以团队研训、以应用转化为工作室重点。

（二）规划

每位成员制定三年发展规划、年度工作计划、月工作安排的专业主线，构建学、思、行、研、著五个环节。

（三）"六个一"工程

（1）每月读一本教育论著，完成一篇读书笔记或阅读心得。

（2）每月上一堂公开好课，完成一次教学设计或教育叙事。

（3）每月开一次教研讲座，撰写教研研修简报或活动反思。

（4）每学期办一次学术性研讨会，跨校区联动研训与交流。

（5）每年写出一篇教育科研论文，发表于市级以上专业期刊。

（6）三年做一个教育科研专项课题，须取得有价值的成果。

第四节 "研修教师" 的成果展示

一、工作室论文、微课、设计案例获奖作品

曾泳聪：

2015 年 12 月，《菱形的性质与判定（二）》（微课课例）被深圳市教育科学研究院授予市级一等奖。

2015 年 12 月，论文《初中生数学逻辑思维障碍分析及对策》被深圳市教育科学研究院授予市级二等奖。

2016 年 1 月，参加（不等式计算教学）"互联网＋"与德育课程整合研究论坛——教育信息技术与德育微课程教学资源建设学习专场，被北京师范大学课程与教学研究中心授予国家级一等奖。

2016 年 5 月，参加罗湖区初中数学论文"小学分数与中学分式计算如何衔接"比赛，被罗湖区教育研究中心授予区级一等奖。

2016 年 6 月，参加罗湖区初中数学中考模拟试卷命题比赛，被罗湖区教育研究中心授予二等奖。

2017 年 4 月，论文《初中易错题形成原因及对策》被罗湖区教育科学研究中心授予区级优秀小课题。

2017 年 5 月，论文《浅谈初中生数学易错题形成原因及对策》被深圳市教育学会授予市级二等奖。

2018 年 5 月，论文《初中数学易错题形成原因与对策》被深圳市教育学会授予市级二等奖。

2019 年 3 月，参加广东省首届"中考数学疑难问题教学"设计，被广东省教育学会中学数学教学专业委员会授予省级二等奖。

2019 年 12 月，参加 2019 罗湖区"一师一优课"活动，被罗湖区教科院授予区级一等奖。

屈文驰：

2015 年 12 月，参加深圳市 2015 年初中数学微课"分式计算"比赛，被深圳市教育科学研究院授予特等奖。

2015 年 12 月，参加教育科学研究中心 2015 年罗湖区微课设计与制作大赛，荣获区级一等奖。

2016 年 1 月，参加初中教师技能大赛暨第二届初中智慧杯课堂教学"有理数计算"，被罗湖区教育科学研究中心授予区级特等奖。

2016 年 5 月，参加罗湖区 2015—2016 学年度初中数学论文"用字母表示数"比赛，被罗湖区教育科学研究中心授予区级一等奖。

2017 年 7 月，指导学生参加全国第二十届青少年"阳光校园·我是好伙伴"主题演讲比赛，被国家关工委与组委会授予国家级二等奖。

韩雪玲：

2016 年 7 月，参加 2016 初中毕业学业水平考试评卷，被评为"优秀评卷教师"，被深圳市教育科学研究院授予市级优秀奖。

巫国辉：

2017 年 5 月，论文《云平台在习本课堂中的应用研究》被深圳市教育学会授予市级一等奖。

张正华：

2017 年 5 月，论文《学陶师陶，培养学生的创造思维》被深圳市教育学会授予市级二等奖。

2018 年 5 月，论文《构造法在中学数学中的应用》被深圳市教育学会授予市级二等奖。

2018 年 12 月，参加中学数学教学参考首届论文比赛，被陕西师范大学出版社中学数学教学参考杂志社授予国家级一等奖。

2018 年 12 月，参加全国第四届教博会中小学生课题展示会，被北京师范大学授予国家级三等奖。

2018 年 12 月，参加深圳市数理化微课视频评比，被深圳市教育局授予市级优秀奖。

2019 年 4 月，参加深圳市数学教育学会论文比赛，并被深圳市教育科学研究院授予市级特等奖。

2019 年 5 月，参加广东省中学数学教学论文比赛，被广东省教育学会中学数学教学专业委员会授予省级一等奖。

2019 年 8 月，被惠州学院特聘为省级惠州学院数学与大数据学院兼职副教授。

2019 年 12 月，参加深圳市名师高清微课视频评比，被深圳市教育局授予市级优秀奖。

2019 年 12 月，参加 2019 广东省初等数学学会论文交流，被广东初等数学学会授予省级良好奖。

2020 年 5 月，初中数学"综合与实践"与数学校园文化建设的实践研究结题，被广东省教育科学规划领导小组办公室授予省级良好奖。

伍法正：

2015 年 12 月，参加深圳市微课比赛，被深圳市教育局授予市级二等奖。

2019 年 4 月，参加深圳市数学教育学会论文比赛，被深圳市教育科学研究院授予市级一等奖。

吴剑辉：

2016 年 6 月，参加罗湖区数学习本课堂展示课，被罗湖区教育研究中心授予区"优秀课例"。

2016 年 6 月，参加罗湖区初中数学论文比赛，被罗湖区教育研究中心授予区级特等奖。

2016 年 6 月，参加罗湖区中考数学命题比赛，被罗湖区教育研究中心授予区级特等奖。

2017 年 6 月，参加罗湖区中考数学命题比赛，被罗湖区教育研究中心授予区级一等奖。

2016 年 10 月，荣获翠园中学东晓校区"十佳教师"。

2017 年 6 月，参加罗湖区数学教案比赛，被罗湖区教育研究中心授予区级一等奖。

2018 年 5 月，论文《浅析初中数学教师如何建立良好师生关系》被深圳市教育学会授予市级一等奖。

2018 年 7 月，被深圳市教科院评为深圳市"中考评卷工作"市优秀评卷教师。

2019 年 12 月，参加 2019 年罗湖区初中数学教学设计比赛，被罗湖区教科院评为区级一等奖。

陈沙沙：

2016 年 9 月，被罗湖区教育局评为罗湖区优秀教师。

2018 年 5 月，论文《课堂教学中对探索规律问题的思考》被深圳市教育学会授予市级二等奖。

裴贝贝：

2016 年 11 月，参加广东省中学生物化学"CO_2 集成实验"操作实验与创新技能大赛，被广东省教育厅授予技能竞赛个人奖省级优秀奖和省级一等奖。

郑志雄：

2018 年 5 月，论文《初中生数学平时作业质量与考试成绩关系的研究》被深圳市教育学会授予市级三等奖。

解玉龙：

2019 年 12 月，被罗湖区教科院授予 2019 罗湖区"一师一优课"优秀课区级一等奖。

杨紫韵：

2019 年 12 月，被广东省教育学会中学数学教学专业委员会授予第二届广东省"中考数学疑难问题教学设计"活动特等奖。

2021 年 5 月，被广东省教育学会中学数学教学专业委员会授予 2021 年广东省中小学信息技术教育优秀论文二等奖。

2019 年 12 月，被广东省教育学会中学数学教学专业委员会授予广东省中小学信息技术教育优秀教学设计二等奖。

2019 年 12 月，被广东省教育学会中学数学教学专业委员会授予广东省中学青年教师数学问题讲授核心片段展示评比一等奖。

2020 年 5 月，参加 2020 年深圳市中小学教师微课大赛，被深圳市教科院授予一等奖。

2020 年 5 月，参加深圳市中学数学教育优秀论文评比，被深圳市教科院授予二等奖。

2021 年 5 月，参加首届"京师杯"全国中小学教师数字化教学能力展示活动，被北师大版教材中心授予广东赛区级一等奖。

二、论文、专著发表

工作室论文、专著发表明细见表 2 - 4 - 1。

表 2-4-1　工作室论文、专著发表明细表

序号	姓名	论文题目	发表刊物	时间	级别
1	张正华	小构造大学问	初中数学教与学	2018 年 8 月	省级
2	张正华	巧解数学文化中的诗歌趣题	初中数学教与学	2019 年 3 月	省级
3	张正华	构造法在中学数学中的应用	数学研究与学习	2019 年 3 月	省级
4	张正华	浅谈初中数学育人教育	师道	2019 年 2 月	省级
5	巫国辉	云平台在习本课堂中的应用研究	广东教学	2017 年 6 月	省级
6	巫国辉	教学情境创设提高初中生解题能力	广东教学	2016 年 6 月	省级
7	张正华	在开放式课堂中渗透数学核心素养	初中数学教与学	2019 年 11 月	省级
8	张正华	快乐学数学（专著）	光明日报出版社	2020 年 1 月	国家级
9	屈文驰	解题中的模型思考	深圳教育	2020 年 11 月	市级
10	杨紫韵	"教学评"一体化教学模式在初中数学教学中的应用	新教育时代	2021 年 9 月	国家级
11	杨紫韵	核心素养视域下如何培养数学阅读能力优化初中数学教学	中小学教育	2020 年 10 月	国家级
12	杨紫韵	对反证法的初步认识	课程教育研究	2019 年 12 月	国家级
13	杨紫韵	班主任工作感悟	新课程报	2018 年 10 月	国家级

三、课题研究

工作室课题研究明细见表 2-4-2。

表 2-4-2　工作室课题研究明细表

序号	主持人	课题名称	课题类别	批准时间	批准单位	完成情况
1	巫国辉	初中数学课堂教学中情境创设的研究	区重点二类资助课题	2016 年 7 月	罗湖区教研中心	2018 年 3 月（结题）

序号	主持人	课题名称	课题类别	批准时间	批准单位	完成情况
2	张正华	数学核心素养下中学与小学数学计算衔接教学研究	区重点二类资助课题	2017 年 6 月	罗湖区教研中心	2019 年 12 月（待结题）
3	张正华	初中数学"综合与实践"与数学校园文化建设的实践研究	省强师工程一般课题	2017 年 10 月	广东省教育厅	2020 年 6 月（结题良好）
4	曾泳聪	信息化环境下的初中数学小组合作学习探索	区重点小课题	2015 年 11 月	罗湖区教研中心	2017 年 5 月（优秀）
5	郑志雄	方程思想提高数学解题能力的策略研究	区重点小课题	2015 年 11 月	罗湖区教研中心	2017 年 5 月（优秀）
6	陈沙沙	等量关系在应用问题中的作用研究	区重点小课题	2015 年 11 月	罗湖区教研中心	2017 年 5 月
7	林泽龙	化归法在中学数学中的应用研究	区重点小课题	2015 年 11 月	罗湖区教研中心	2017 年 5 月
8	韩雪玲	数学阅读能力培养的策略研究	区重点小课题	2015 年 11 月	罗湖区教研中心	2017 年 5 月
9	张正华	构造法在中小学生数学创新思维能力培养中的妙用	第三期区重点小课题	2017 年 12 月	罗湖区教研中心	2018 年 12 月
10	曾泳聪	初中数学高效复习课教学设计的研究	第三期区重点小课题	2017 年 12 月	罗湖区教研中心	2018 年 12 月
11	张正华	有趣的勾股定理	市中小学生小课题资助	2017 年 10 月	深圳市教育局	2018 年 12 月（结题）

序号	主持人	课题名称	课题类别	批准时间	批准单位	完成情况
12	张正华	班级数学文化建设	市中小学生小课题资助	2017年10月	深圳市教育局	2018年12月（结题）
13	张正华	魔术与数学游戏	市中小学生小课题资助	2018年6月	深圳市教育局	2019年12月（结题）
14	张正华	核心素养下的初中数学阅读能力的培养	2018年市规划课题	2018年9月	深圳市教育规划办	2020年9月（结题）
15	辜靖晶	初中数学课堂教学中"五育融合"的实施策略研究	深圳市"十四五"规划课题	2021年12月	深圳市教育规划办	预计完成时间：2023年12月
16	张正华	"双减"背景下指向核心素养的学科教学设计研究策略	2022年省规划重点课题	2022年7月	广东省教育规划办	预计完成时间：2024年10月

四、经济效益

经济效益情况见表2－4－3。

表2－4－3　经济效益情况

2017年	5万	区市总工会各2万元，区课题经费2万元
2018年	10万	区市课题经费5万元，市总工会5万元（示范）
2019年	4.5万	省、市、区课题经费

五、培养人才

高级教师2人：其中张正华（主持人）获省部级劳动模范。

一级教师9人：其中5人分获罗湖区优秀教师、优秀班主任。

二级教师2人：分别获得全国中学生演讲指导教师二等奖、市教学比赛一等奖。

有6名教师分获罗湖区学科名师、学科骨干教师、科研骨干、教坛新秀，有 1 人获深圳市基础教育工程教坛新秀，1 人获深圳市优秀班主任，1 人获深圳市"十佳"青年教师，有 2 人分获 2021 市中青年教师技能大赛一、二等奖。

六、主持人荣誉

1993 年全国优秀教师、2013 年省部级劳动模范、2017 年 12 月深圳市城市学院继续教育特聘专家、2018 年 4 月大国良师突出贡献奖、2018 年广东省第十批特级教师。2021 年获评深圳市名教师及名师工作室主持人。

【附】

书籍：《快乐学数学》由光明日报出版社于 2020 年 1 月出版。

发表的文章：

(1)《小构造 大学问》发表于《初中数学教与学》2018 年第 16 期。

(2)《巧解数学文化中的诗歌趣题》发表于《初中数学教与学》2019 年第 6 期。

(3)《构造法在中小学数学中的应用》发表于《数学学习与研究》2019 年第 6 期。

(4)《浅谈初中数学育人教育》发表于《师道》（教研）2019 年第 2 期。

(5)《在开放式课堂中渗透数学核心素养》发表于《初中数学教与学》2019 年第 22 期。

(6)《晓理、晓我、晓天下》发表于《中国教师报》2019 年 12 月。

(7) 主持人论文汇编《翠园东晓十年成果》和《翠园东晓十年论文集》。

成果荣誉证书如图 2-4-1～图 2-4-29 所示。

图 2-4-1

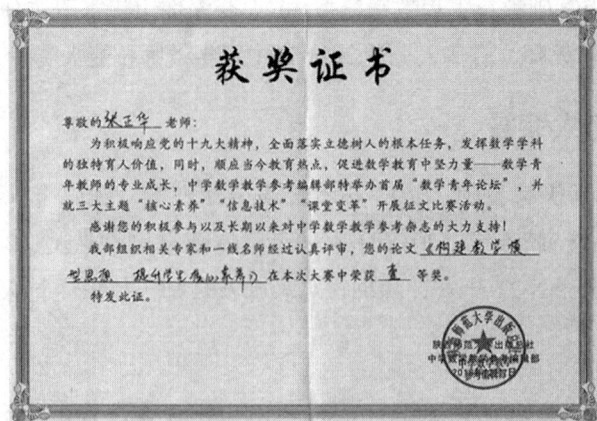

图 2 - 4 - 2

图 2 - 4 - 3

图 2 - 4 - 4

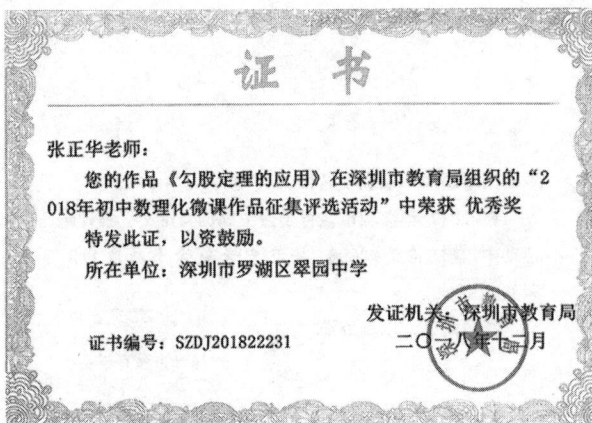

图 2 - 4 - 5

图 2 - 4 - 6

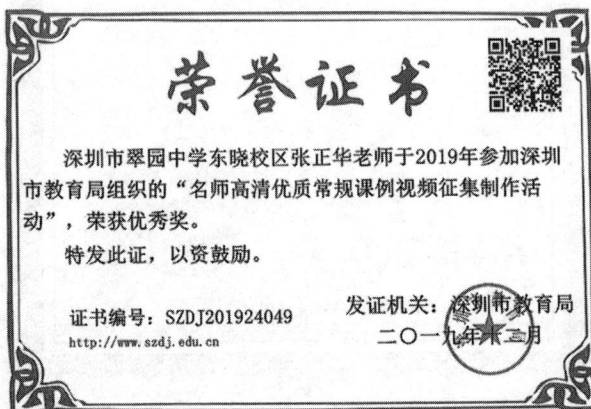

图 2 - 4 - 7

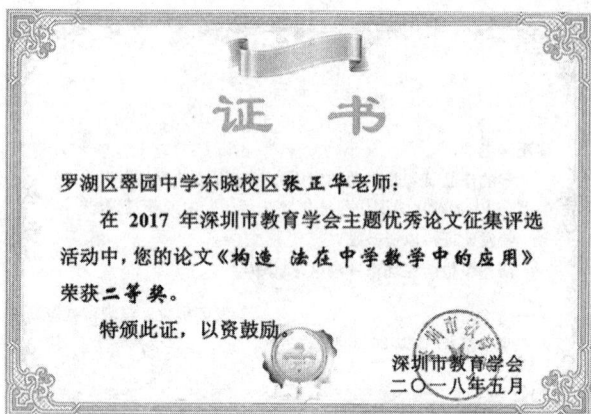

证 书

罗湖区翠园中学东晓校区张正华老师:

在 2017 年深圳市教育学会主题优秀论文征集评选活动中,您的论文《构造 法在中学数学中的应用》荣获二等奖。

特颁此证,以资鼓励。

深圳市教育学会
二〇一八年五月

图 2 - 4 - 8

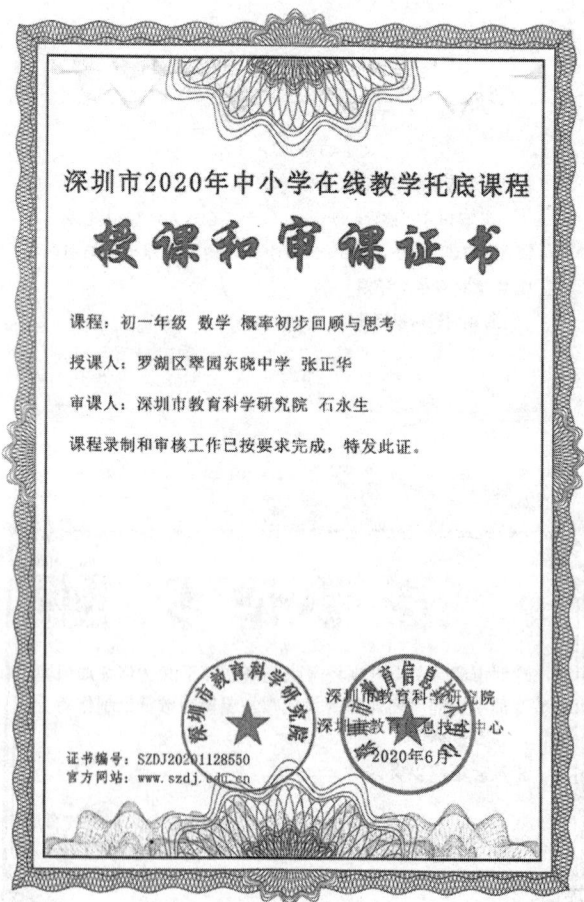

深圳市2020年中小学在线教学托底课程

授课和审课证书

课程:初一年级 数学 概率初步回顾与思考

授课人:罗湖区翠园东晓中学 张正华

审课人:深圳市教育科学研究院 石永生

课程录制和审核工作已按要求完成,特发此证。

证书编号:SZDJ20201128550
官方网站:www.szdj.bdu.cn

深圳市教育科学研究院
深圳市教育信息技术中心
2020年6月

图 2 - 4 - 9

图 2 – 4 – 10

图 2 – 4 – 11

图 2 – 4 – 12

深圳市大鹏新区葵涌中学文件

邀请函

深圳市翠园中学东晓校区：

　　为了为了进一步推动大鹏新区数学教师教育水平的整体提高，探索初中数学中考复习的有效途径，特邀请《深圳市示范劳模创新工作室》主持人张正华老师及工作室成员来大鹏新区指导教学。

大鹏新区葵涌中学
张文娟名师工作室
2019 年 5 月 8 日

图 2 - 4 - 13

荣誉证书

张正华老师：

　　在大鹏新区九年级数学研讨活动中，你主讲的《中考数学复习备战策略》专题讲座，效果良好，受到老师们的好评。特发此状，以资鼓励。

大鹏新区教科研中心
2019 年 5 月 8 日

图 2 - 4 - 14

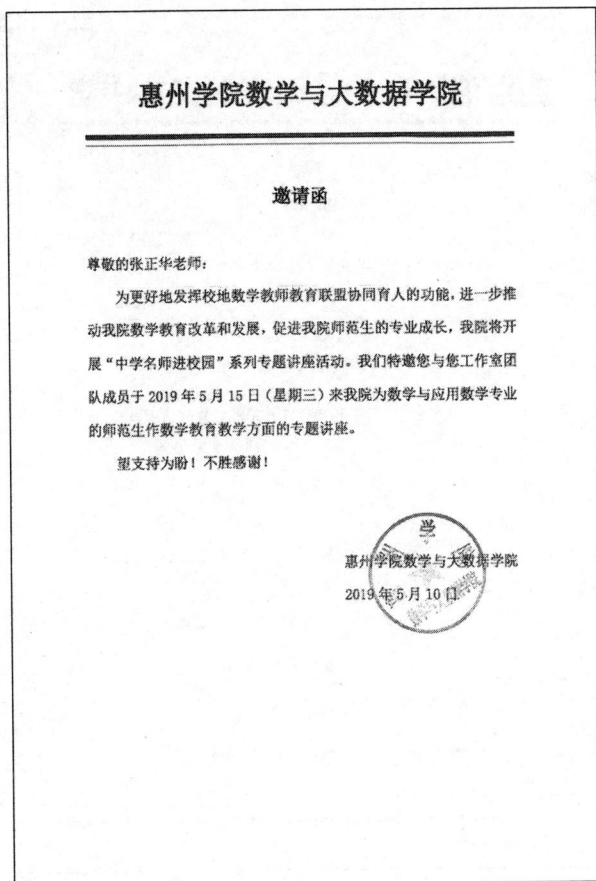

图 2 - 4 - 15

图 2 - 4 - 16

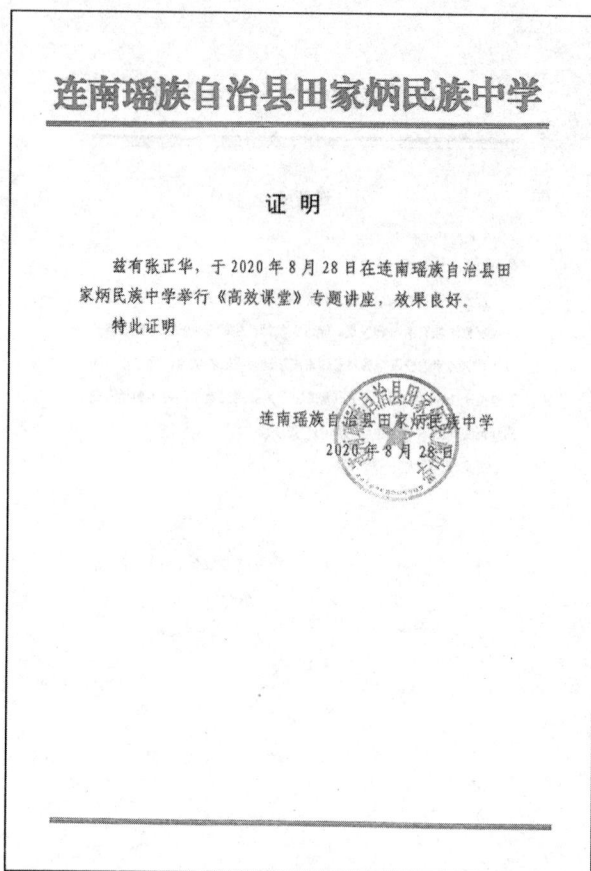

图 2-4-17

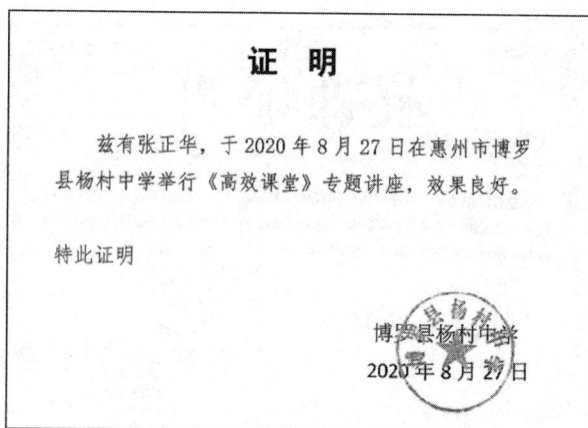

图 2-4-18

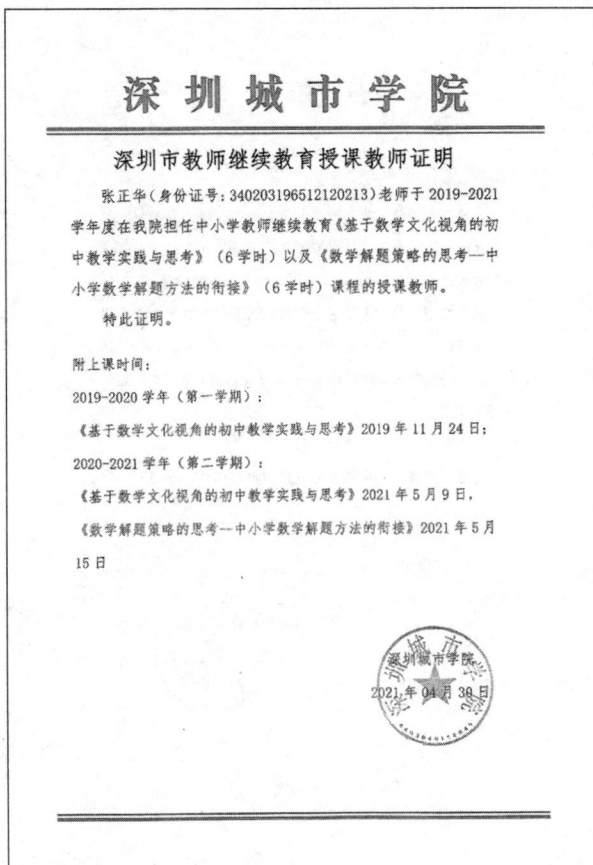

深圳城市学院

深圳市教师继续教育授课教师证明

张正华（身份证号：340203196512120213）老师于 2019-2021
学年度在我院担任中小学教师继续教育《基于数学文化视角的初
中教学实践与思考》（6 学时）以及《数学解题策略的思考——中
小学数学解题方法的衔接》（6 学时）课程的授课教师。

特此证明。

附上课时间：

2019-2020 学年（第一学期）：

《基于数学文化视角的初中教学实践与思考》2019 年 11 月 24 日；

2020-2021 学年（第二学期）：

《基于数学文化视角的初中教学实践与思考》2021 年 5 月 9 日，

《数学解题策略的思考——中小学数学解题方法的衔接》2021 年 5 月

15 日

图 2 - 4 - 19

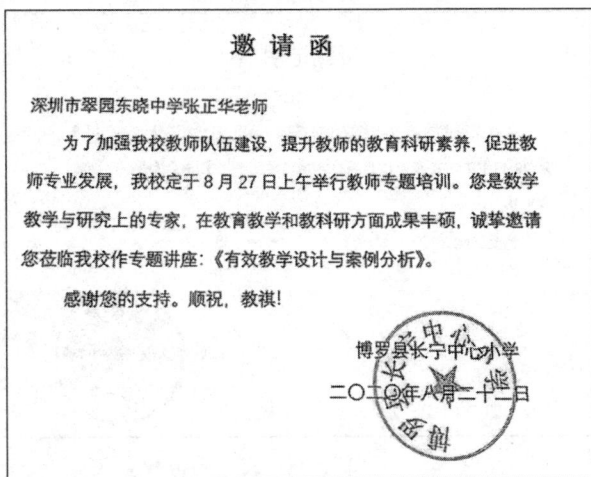

邀 请 函

深圳市翠园东晓中学张正华老师

为了加强我校教师队伍建设，提升教师的教育科研素养，促进教
师专业发展，我校定于 8 月 27 日上午举行教师专题培训。您是数学
教学与研究上的专家，在教育教学和教科研方面成果丰硕，诚挚邀请
您莅临我校作专题讲座：《有效教学设计与案例分析》。

感谢您的支持。顺祝，教祺！

图 2 - 4 - 20

邀　请　函

尊敬的　张正华　女士/先生：

由佛山市顺德区勒流街道教育局主办、佛山科学技术学院承办的"2020 年顺德区勒流街道小学教学能力提升专题研修"培训班，将于 2020 年 10 月 26-30 日在深圳举行。

诚邀您莅会指导并担任专题讲座《基于玩数学教学思想的有效教学设计与实施》的授课专家。授课时间：10 月 29 日下午 14:30-17:30，授课地点：瑞季精品酒店（深圳东门店）15 楼培训室。

特此致函，请予以支持为盼。

（培训带班老师及联系方式：谢琳，13392619533）

佛山科学技术学院继续教育学院

二零二零年十月二十三日

继续教育学院

图 2－4－21

授课证明

兹有深圳市翠园中学东晓校区教师　张正华　老师于 2019 年 9 月 23 日下午，在我单位组织校本培训活动中，主讲了《中小衔接教育》讲。

特此证明。

深圳市龙华区　小学

二〇一九年　月

图 2－4－22

图 2 - 4 - 23

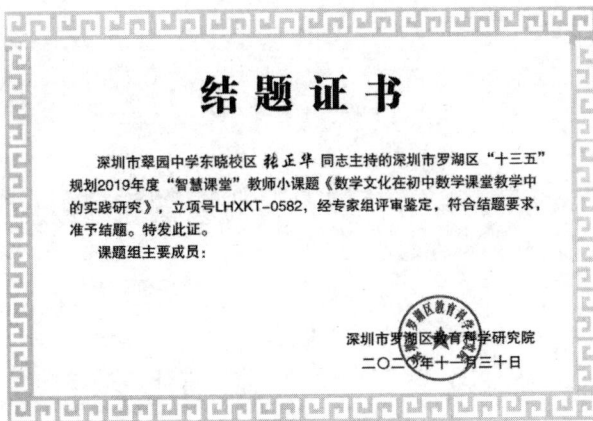

图 2 - 4 - 24

图 2 - 4 - 25

荣誉证书

HONOR CERTIFICATE

翠园东晓初中数学学科张正华老师主持的小课题《构造法在中小学生数学创新思维能力培养中的妙用》，研究扎实，收效显著，被评为罗湖区中小幼第三期"智慧课堂小课题研究"中期检查优秀小课题。

特发此证，以资鼓励！

罗湖区教育科学研究院

二○一八年九月十日

图 2 - 4 - 26

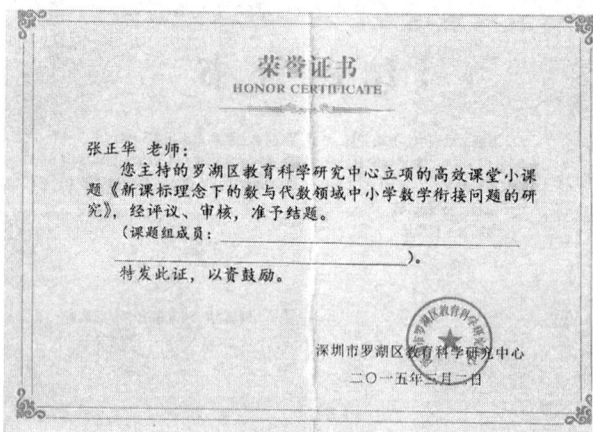

荣誉证书

HONOR CERTIFICATE

张正华 老师：

您主持的罗湖区教育科学研究中心立项的高效课堂小课题《新课标理念下的数与代数领域中小学数学衔接问题的研究》，经评议、审核，准予结题。

（课题组成员： ）。

特发此证，以资鼓励。

深圳市罗湖区教育科学研究中心

二○一五年三月二日

图 2 - 4 - 27

荣誉证书

HONOR CERTIFICATE

翠园中学东晓校区 张正华老师：

在罗湖区初中数学教育教学论文评比活动中，您的论文《构建数学建模思想，提升学生核心素养》，荣获二等奖。

特发此证，以资鼓励。

深圳市罗湖区教育科学研究院

二○一九年一月九日

图 2 - 4 - 28

荣誉证书
HONOR CERTIFICATE

课题类别：罗湖区"智慧课堂小课题"（第三期）
课题名称：《构造法在中小学生数学创新思维能力培养中的妙用》
课题学科：初中数学　　　承担学校：翠园东晓
课题主持人：张正华
课题研究成员：陈沙沙、韩雷玲

此课题已完成，经初评，复评核准予以结题，特发此证。

深圳市罗湖区教育科学研究院
二〇一八年十二月

图 2 - 4 - 29

第三章

工作室与
"教学实践"

第一节　理念先行，加强学习

一、传帮带

通过劳模和工匠人才创新工作室的创建，充分发挥劳模的"传帮带"作用，给学员们搭建平台，提升教师的专业水平，努力建设一支知识型、专家型、创新型教育高端人才队伍。

（一）培训学员

工作室在每年的研究学习时间里，共开展了 8 场大型培训活动，每年培训 150 课时，多次在深圳特区报、教育网上被跟踪报道。培训了 10 位本校的工作室成员，多次组织他们外出培训学习，其中屈文驰、巫国辉、解玉龙 3 位成员分别担任学校大队辅导员、教务处副主任、人事政工主任。通过培训学习，提高了学校年轻骨干教师的业务水平。组织工作室成员到广东省示范劳模工作室汕尾城区新城中学文学荣劳模创新工作室参观学习。

（二）培训创新模式

有针对性地开展专题培训，请专家给成员们作"教师职业生涯规划""怎样撰写教科研论文"等专题培训，主持人通过"初中数学文化建设"等培训，进一步提升了教师专业化水平，提高了教师教育科研能力。

（三）教学改革创新

成员在"互联网＋"与德育课程整合研究论坛获国家级一等奖。我校的中考成绩十二年居罗湖区前列，为翠园高中输送尖子人才。

（四）德育创新

工作室有一名成员既是教学骨干，又是学校大队辅导员，也是班主任，通过这几年的努力，成长为学校团委书记。他协助学校德育处的工作，在2017 年 7 月指导的学生在第二十届全国青少年"阳光校园·我们是好伙伴"主题演讲比赛全国大赛中获得二等奖，他本人获得国家级指导二等奖。工作室成员老师 2016 年 1 月在"互联网＋"与德育课程整合研究论坛——教育信息技术与德育微课程教学资源建设中，获得国家级一等奖。

二、示范引领

（一）三月思乐迎深改，晓习思创塑英才——翠园东晓中学举行《三晓＋智慧课堂设计与应用研究》开题论证会

2021年3月30日下午，张正华劳模创新工作室揭牌仪式在行政楼三楼会议室举行，全体成员等出席了本次会议，如图3-1-1所示。首先，张正华广东省劳模和工匠人才创新工作室举行了揭牌仪式。张正华老师从工作室的创新成果、未来规划、管理制度等方面做了题为"学生快乐，教师幸福"的发言，张老师的发言简洁有力，让与会者感受到"泱泱学府露朝气，耿耿丹心赋教育"的拳拳之心。

图3-1-1

（二）辛勤耕耘见成效，潜心研究结硕果——翠园东晓中学张正华劳模创新工作室课题顺利结题

2020年11月18日下午，翠园东晓中学数学特级教师张正华老师主持开展的课题《核心素养下的初中数学阅读能力的培养的实践与研究》在学校三楼会议室举行结题报告会。专家、学校领导及课题组成员参加了本次会议，如图3-1-2所示。

首先，张正华老师进行结题汇报，历时三年的研究成果，凝聚在一张张幻灯片、一份份数据、一幅幅图片中。

其次，科研专家们分别进行点评。充分肯定了课题组成员的工作和研究成果，指出本课题具有几大鲜明的特征：立足点高、有创新性、研究过程扎实；同时强调大家要紧跟时代创新步伐，聚焦核心问题，以问题为导向，引领课题走向深入，求真务实，以研促教，鼓励课题组成员在结题后继续研究下去，在今后研究出更丰富的成果。

图 3-1-2

对课题组取得的成果表示祝贺并给予了专业、细致的点评：有明确的目标性，研究成果具有多样性、立体性、影响性，期待课题组成员有更好的发展，能够研创出更有价值的课题。张海洋主任以强有力的"四个意识"指出本课题的特点：前瞻意识强、学科意识强、引领意识强、成果意识强。

最后，校领导代表学校对各位专家的到来表示欢迎，并对三位专家的细致专业点评表示感谢，对课题组取得的成果表示祝贺，期望每位老师都能更上一层楼，为学校教学教研发展作出更大贡献。

通过这次结题报告会，与会老师们纷纷表示将继续努力，与时俱进，坚持科技创新，研究信息化教学策略和方法，以研促教，不忘初心，砥砺前行！

（三）省级课题结硕果，科研兴教促发展——翠园东晓中学张正华劳模创新工作室省级课题顺利结题

2020 年 6 月 2 日，深圳市罗湖区翠园东晓中学张正华劳模创新工作室的省级立项课题《初中数学"综合与实践"与数学校园文化建设的实践研究》以通讯结题形式经广东省教育科学规划办专家评审，顺利结题。

该课题于 2018 年 5 月获批立项，由全国优秀教师、省部级劳动模范、特级教师张正华主持，课题组成员参与研究工作，历经两年多的准备、实践、总结、反思、再实践等阶段，形成了高质量、操作性强的课题成果。

通过结题邀请专家进行评审，专家们一致认为："本课题符合当前中学数学改革和教学实际需要，具有重要的现实意义，课题关注到教学改革中学科意义这一关键问题，并尝试以综合与实践为载体，形成数学文化的学习系统与教学方式。该课题研究目标明确，研究思路清晰，研究方法得当，研究材料完整，研究成果丰富，所提出的思路与措施，对改革当前中学数学教学，提升数学校园文化建设具有重要参考价值。"

翠园东晓中学一直以来非常重视课题研究，校长对课题研究的进展情况十分关心，科研处对课题研究给予关注和支持。教师对课题的研究不仅能提高学生课堂学习效率，给学校教育教学工作注入新活力，还能更好地推动学校教科研水平和教育教学质量的提升。

课题的结题不是终点，而是一个新的起点！张正华劳模创新工作室将继续学习、摸索，让《数学文化》浸润课堂，助推学校教育教学工作不断走上新高度。

（四）源于课堂实践思考

翠园中学东晓校区张正华劳模创新工作室主持人特级教师张正华荣获2019 广东省中学数学教育论文（初中组）一等奖。

2019 年，广东省中学数学教育论文（初中组）研讨会暨颁奖活动于 6 月14 至 15 日在广东省实验中学举行。本次研讨会由省初中数学研究会主办，全省各地市中学数学教研员和部分获奖教师参加本次研讨会。

张正华劳模创新工作室团队的广东省教育科研"十三五"规划课题 2018年度中期研究的论文，在本次研讨会上，经专家评审获省级一等奖。收获满满。要成为名师，必须会教书，会解题，再写论文。初中数学研究是实践研究，研究源于教学，植于学情，成于思考。初中数学研究不是"高大上"，不能脱离教学实际，更不能人云亦云；中学数学研究应是"细实真"，应有利于教学实践开展，有利于减轻学生负担。数学界同人应一起努力，抓住新课程、新课标、新高考的有利时机，落实核心素养于课堂之中，争做数学教育教学追梦人。

（五）劳模进高校研讨，专家助后辈成长——翠园中学东晓校区张正华劳模创新工作室赴惠州学院开展研讨交流

弘扬劳模精神，走进大学校园。2019 年 5 月 15 日下午，应惠州学院数学与大数据学院的邀请，深圳市示范劳模创新张正华劳模创新工作室来到惠州学院开展校地数学教育联盟协同育人研讨会。

惠州学院数学与大数据学院的领导对两个工作室的主持人及成员来给数学系大三学生传经送宝表示感谢。

张正华老师分享了从师范生走向特级教师的成功经验，建议年轻教师做合格、有特长、有特色、有品牌、有魅力的教师，上自己的课、说自己的话、写自己的文。

最后，惠州学院数学与大数据学院的领导作了总结性发言。他表示，工作室的精彩讲座，让在座的大学生们找到了人生方向，希望劳模和名师继续对高校学生进行指导，让高校培育的学生将来成为优秀的教师！

（六）做卓越教师的追梦人——张正华劳模创新工作室走进大鹏新区开展中考复习备考研讨活动

2019 年 5 月 8 日下午，翠园中学东晓校区张正华劳模创新工作室一行六人，受大鹏新区教研中心、大鹏新区名师工作室主持人邀请，在主持人特级教师张正华的带领下来到了美丽的大鹏新区开展中考复习备考交流研讨活动。

首先，上了一节"二次函数图象中的三角形面积问题"公开课。本节课通过观察、分析、概括、总结并掌握二次函数中面积问题的相关计算，渗透了数学模型的数学思想，真正落实了学生的核心素养。

接下来，主持人张正华老师做了两个专题讲座。在"中考数学复习备考策略"讲座中，张老师从核心素养、中考回望、备考策略三个方面阐述，要求重基础抓落实。在"因为数学，让我成为做卓越教师的追梦人——从师范生到特级教师"讲座中，他从教 35 年求学之路、初为人师、南方之行、渐入佳境、继续前行、给青年教师建议等六个方面进行经验分享，他也表达了四个感谢："感谢生活，平实的生活给了我更加脚踏实地的人生；感谢恩师，是他们的谆谆教诲给予我对数学的热爱；感谢朋友，我的领导、我的同事、我的学生支撑起了自我的信心；感谢数学，是数学的魅力让我明确了人生的方向和奉献一生的事业——做卓越教师的追梦人！"

最后，教研中心数学教研员进行了点评，他高度赞扬了张老师的中考复习示范课如一场及时雨给初三老师传经送宝。张老师的成长经历和对青年教师的建议，给大鹏新任全体数学老师指明了职业发展方向，希望大家不忘初心，继续前行！

（七）注重核心素养，落实课堂教学——翠园中学东晓校区特级教师张正华分享数学备考经验

2019 年 4 月 17 日下午，深圳市初中数学正高级教师、特级教师、备课组长、骨干教师等 900 多人齐聚南山外国语高级中学，参加深圳市 2018 — 2019 学年度初中调研考试数学学科分析会。翠园中学东晓校区深圳市示范劳模创新工作室主持人数学特级教师张正华做了题为"基于数学学科核心素养的中考复习"的专题发言。

张老师从数学"四基""四能""核心素养"概念、核心素养的中考回望、核心素养的备考建议三个方面进行分析研讨，得到了与会专家和一线教师的高度评价。张老师强调，研究中考题必须将研究课程标准、理解教材与学生的认知有机结合，回到课程标准、回到教材、回到数学本质、回到"四基"，发展学生的核心素养，将立德树人的目标落实到课堂教学中，这是初中数学教学的必经之路！

（八）不负韶华铺路石，俯首躬耕架云梯——翠园文锦中学教师讲述从师范生到特级教师的奋斗历程

不负韶华铺路石　俯首躬耕架云梯
——翠园文锦中学教师讲述从师范生到特级教师的奋斗历程

金风送爽，丹桂飘香。2021年9月9日下午，应清水河街道总工会邀请，全国优秀教师、省部级劳动模范、广东省特级教师，深圳市翠园文锦中学张正华老师为罗湖教科院附属学校的教职工做了一场"数学，让我成为做卓越教师的追梦人"专题报告，博得了与会者的一致好评。（图3-1-3~图3-1-7）

图3-1-3　　　　　　　　　　　　　图3-1-4

不忘初心，年少求学，求知若渴，废寝忘食，从农村考入师范学校；初为人师，虚心请教老教师，带领学生参加全国奥数竞赛并多次获得一等奖，以及在深圳螺岭外国语实验学校、翠园东晓中学、翠园文锦中学的育人生涯等。谈到从教经历，张正华老师娓娓道来，扣人心弦，引起老师们的共鸣，博得阵阵掌声。

2020年10月，罗湖教育系统推出了数字化"思乐课堂"模式的试点，翠园文锦中学积极响应，将翠园文锦中学"735有效教学策略"和数字化"思乐课堂"有机结合，探索出一条课改的新路径。翠园文锦中学一直是罗湖区课改的先锋，"735教学策略"正是课堂行动的"文锦表达"。

图 3-1-5

图 3-1-6

张老师向年轻教师提出五点中肯建议，鼓励大家做合格的教师，做有特长的教师，有特点的教师，有魅力的教师，得到了与会老师们的积极响应，他们纷纷表示，向劳模看齐，争做教海探航人，努力实现自己的教育梦想。

图 3-1-7

（九）凝神静气做教研，不遗余力促成长——张正华广东省劳模创新名师工作室召开交流座谈会

凝神静气做教研　不遗余力促成长

——张正华广东省劳模创新名师工作室召开交流座谈会

2021 年 9 月 22 日下午，在翠园文锦中学 609 会议室，全国优秀教师、省部级劳动模范、广东省特级教师、深圳市翠园文锦中学张正华老师偕同工作室全体成员、全体数学教师，请来了全国劳模代表、专家顾问，举行了一场专题报告会，报告会赢得了与会者的一致好评。

会议共分为八个环节：

一、介绍嘉宾

二、全国劳模分享成长经历

三、工作室主持人分享工作室成果及三年规划

四、工作室老成员杨紫韵发言

五、工作室新成员辜靖晶表态发言

六、专家杨祥明做教科研报告

七、专家指导

八、校领导总结

在全国劳模分享环节，深圳市劳动模范协会专职工作人员、全国五一劳动奖章获得者、全国无偿献血志愿服务终身荣誉奖获得者陈小青，给我们深情分享了她的人生经历，正所谓"平凡岗位做到极致就是伟大"，她成功地作为国家无偿献血宣传员出现在中国健康教育中心的海报上。

由于新冠肺炎疫情的特殊原因，全国人大代表、全国劳动模范、深圳市富士康技术专家、深圳市享受政府津贴专家杨飞飞，未能亲临现场分享，但他依然给老师们录制了发言视频，让与会者深受启发。

在第三个环节中，张正华老师做了"学生快乐，教师幸福"专题报告，并为工作室全体成员分享工作室成果及三年规划，他的分享有思想，有高度，有深度，成员们深表认同。（图3-1-8）

图3-1-8

在第四个环节中，工作室老成员发言，分享"成长——专业就是力量"，杨老师表示正是在加入了张正华老师的工作室之后，进步飞快，这给新加入的成员教师们倍增信心。

在第五个环节中，工作室新成员表态发言，加入张正华老师的工作室之后，一定要紧跟工作室步伐，利用好工作室平台，抓住机遇，迎接挑战。

接着，广东省名师工作室主持人、正高级语文教师、特级教师，做教科研报告，给教师们的科研道路指点迷津，他指出要成为"三好"教师：带好班，教好课，考好分。报告会获得好评如潮。

在活动的最后，何翔校长代表深圳市翠园文锦中学向所有来宾表示感谢，并表示："机会千载难逢，要利用好工作室平台做好规划，成为一名教研和科研的复合型教师。"得到了与会老师们的积极响应，他们纷纷表示，向劳模看齐，厚积薄发。（图3-1-9）

图3-1-9

（十）名师引领践"双减"，思乐数学"第一枝"

三月，人勤春来早，奋进正当时。在严峻的新冠肺炎疫情倒逼之下，翠园文锦中学进行了一场"线上教学革命"——优师示范公开课，踔厉奋发，笃行不怠。

名优荟萃的数学组，工作室成员汤老师在参加新冠肺炎疫情志愿者服务活动之后，尽管时间紧迫，依然第一个承担了示范课的任务，争做"东风第一枝"。

凡事预则立。首先，课前磨课，学科组长带领数学科组的相关老师，对汤老师的课进行了几轮听课和评课，把舵引航，其他老师也毫无保留地奉献了自己的智慧。

教海横流显本色。汤老师的数学课如期精彩"上线"。通过腾讯课堂软件，紧紧扣住重点、难点、疑点，师生互动，生生碰撞，让学生"登台"发言，作业提交及时反馈。老师教得生动，学生学得轻松，线上课堂演绎精彩纷呈。

我校特级教师张正华老师，带着他的名师工作室的全体成员，针对汤老师的课，进行了非常全面且细致的赏析和建议，称赞他的课真正落实了数学中的四个关注和四个理解，给参加评课的老师们很大的启发。

该活动最后，区初中数学教研员高度评价了这节课有创意，现场与学生的互动通过视频展示学生的作业材料，基于学生的真实状态进行教学，上课思路清晰，呈现简洁，过渡自然，这是一节平实朴实真实的课。汤老师的课师生互动，生生互动，学生掌握得好，是一节非常成功的课。

图 3 – 1 – 10 为张正华劳模创新工作室成员合影。

图 3 – 1 – 10

（十一）冬日暖阳促交流，名师引领攀高峰——走进陆河实验中学

2021 年 11 月 24 日上午，特级教师张正华老师带领名师工作室成员，一行七人迎着冬日的暖阳来到了汕尾市陆河县实验中学进行学习交流。（图 3 – 1 – 11 ~ 图 3 – 1 – 20）

图 3 – 1 – 11

陆河实验中学的领导对名师工作室成员的到来表示热烈欢迎，期待送课活动带来更多的思想碰撞和更前沿的教学理念。

图 3 - 1 - 12

陆河县实验中学创办于 2005 年 5 月，是县教育局直属的县初级中学窗口学校。创办以来，为本县高中输送优质生源，并在县初级中学办学模式、教学管理、教改探索等各方面取得良好成绩，深受社会各界人士的好评和上级党政部门的肯定。

下午 2：30 的第一节课数学展示课是由陆河实验中学的老师执教的"等腰三角形的性质"。

学生通过折纸、剪切等动手实践、观察、归纳，重新认识等腰三角形。教师调动学生的主观能动性，激发学生的好奇心和求知欲。

听课的老师都听得津津有味，享受着数学教学带给大家的教学新理念和新思想。

第二节课由劳模工作室的成员送课——"一元二次方程应用题——面积问题"。这个内容既是一元二次方程的重点内容，又是中考的考点。本节课从四个专题内容层层突破重难点和易错点。

学生积极上台展示，课堂氛围热烈而融洽。

教室里挤满了听课的老师，甚至还有一些老师坐在教室外倾听着……

图 3 - 1 - 13

课后两校老师马上进行听课后的心得体会交流。

图 3 – 1 – 14

陆河实验中学副校长重点点评了本节课：生动精彩活泼高效，充分应用多媒体辅助教学，值得本校老师学习。该校老师阐述本节课的主要设计思路是：引导学生探究、猜想，进而激发学生学习兴趣和学习热情。

图 3 – 1 – 15

翠园文锦中学数学科组长点评第一节课：课程目标明确，围绕目标设置了丰富的活动操作，真正将知识点落实到实处。尤其是数学思想方法的渗透，让学生更清晰数学教学中的重要思想方法。以学定教高效，以教导学提质，是一堂高效的好课。第二节课：老师阐述自己本节课的主要设计想法是基于学生学习过一元二次方程的基础，发现学生有关面积问题的应用题的易错点和难点，分四个专题，覆盖广，内容实，效率高。如果最后抓住学生的错误再展开提升会更好。

实验中学数学教研组组长点评工作室成员老师的课生动有趣，充分地调动了学生的积极性。教师对于学生的关注度高，善于发现学生的问题并及时纠正，更善于发现学生的闪光点，能激发学生更多的热情。本节课很好地突破了面积问题的重难点，让学生更好地掌握了这一知识点。

图 3 - 1 - 16

针对第一节老师的课，张正华老师也从一个学生的错误入手来点评：体现出"误"中"悟"的思想，充分挖掘学生的错误根源来突破教学的重难点，是一堂高效优质课。

图 3 - 1 - 17

随后，张正华特级教师作专题报告《"双减"下的初中数学思维能力培养的思考》。张老师提出减负更要提质。为学生减负，减的是过重的课业负担；为教师减负，减的是与教育教学不相干的工作负担。减负的同时要增效，教师要改变教学方式，学生要改变学习方式，养成良好的学习习惯，掌握高效的学习方法，提高教与学的质量。

张正华老师生动精彩地讲解了几道初中数学题的多种解题方法和思路。这样的一题多解，不仅增强了学生学习数学的兴趣，拓展了学生的数学思维，更培养了学生的数学核心素养。

图 3 – 1 – 18

实效性强又引发老师们思考的讲座内容，吸引着所有老师的目光，大家都生怕错过了哪一个关键内容。

图 3 – 1 – 19

陆河实验中学的领导热情接待了工作室成员，充分地肯定了这次活动，认为翠园文锦中学的教师基本素养高，专业知识扎实。欢迎翠园文锦中学的老师多来交流，增强两校之间的友谊！

图 3 - 1 - 20

　　一个既能教学又能研究的教师才有可能成为专家型的教师。我们热爱数学，喜欢教学，研究教学，所以，相信通过这次活动，我们会在教研的路上越走越远，我们会把研究教学作为终身的追求！

第二节　把握方向，课题引领

为进一步促进劳模工作室成员专业成长，加强对教师教科研能力的培养，提升课题研究成效，主持人引领成员们作课题，完成省级 1 项，市级 4 项，区级 9 项课题。

省级规划课题"初中数学'综合与实践'与数学校园文化建设的实践研究"的立项

一、立项申请

项目类别：教育科研一般项目

项目名称：初中数学"综合与实践"与数学校园文化建设的实践研究

学科分类：教育学

项目负责人：张正华

所在学校：翠园中学东晓校区

课题基本信息、项目组成员明细、预期成果和经费申请表见表 3 - 2 - 1 ~ 表 3 - 2 - 4。

表 3 - 2 - 1　课题基本信息表

项目信息	项目名称	初中数学"综合与实践"与数学校园文化建设的实践研究		
	项目类别	教育科研一般项目		
	研究类型	基础研究	申请金额	5（万元）
	学科一	教育学—普通教育		
	学科二			
	学科三			

项目信息	计划开始日期	2017 年 9	计划完成日期	2019 年 12		
	所属单位	深圳	所在学校	翠园中学东晓校区		
	单位类型	中小学校	所属区县	罗湖区		
	预期成果形式		专著、论文、研究报告			
合作单位	合作单位名称	联系人		联系电话	通讯地址	
	深圳市翠园中学东晓校区	章学郭		0755×××× 8377	深圳市罗湖区春和路 8 号	
负责人信息	姓名	张正华	性别	男	民族	汉族
	出生年月	1965 年 12 月	学历	大学本科	学位	学士
	职称	副高级		职务	教师	
	办公电话	0755×××8377		手机	1588×××997	
	一级学科	数学		二级学科	应用数学	
	电子邮件	51××××619@qq.com		身份证号	3402××××××××0213	
	人才层次	全国优秀教师、省部级劳动模范、国家数学奥林匹克一级教练员、全国"华罗庚金杯"赛优秀教练员				
	研究专长	数学思维能力				
摘要	初中数学文化走进校园、走进课堂，渗入实际数学学习之中。教材内容渗透数学文化的内涵：数学思想方法、数学应用价值、数学历史文化、数学欣赏、数学之奇、数学之美等。"综合与实践"可以在课内完成，也可在课外完成。通过本课题研究，以"综合与实践"为载体，形成一种数学校园文化的学习系统。构建起具有校本特色、框架合理、内涵丰富的初中数学校园文化结构，促进教师更新数学教育观念、提升数学专业素养，促进学生转变学习方式、提高创新意识和探索精神				
关键词	初中数学　　综合实践　　数学校园文化					

表 3-2-2　项目组成员明细表

总数 （不含负责人）	高级		中级	初级	博士	硕士	学士
12	0		9	3	0	2	11
姓名	性别	出生年月	学位	职称	项目分工	工作单位	研究领域
陈沙沙	女	1982 年 12	学士	中级	课堂案例	翠园东晓	课堂教学
韩学玲	女	1980 年 8	学士	中级	学生习作	翠园东晓	学生学习
巫国辉	男	1981 年 10	学士	中级	调查报告	翠园东晓	思维能力
解玉龙	男	1980 年 2	硕士	中级	调查报告	翠园东晓	思维能力
郑志雄	男	1978 年 6	硕士	中级	数据分析	翠园东晓	思维能力
屈文驰	男	1993 年 3	学士	初级及以下	论文收集	翠园东晓	思维能力
伍法正	男	1986 年 4	学士	中级	论文	翠园东晓	思维能力
曾泳聪	男	1987 年 6	学士	中级	论文	翠园东晓	思维能力
林泽龙	男	1991 年 10	学士	初级及以下	论文	翠园东晓	思维能力
吴剑辉	男	1988 年 6	学士	初级及以下	课堂案例	翠园东晓	思维能力
周升武	男	1963 年 8	学士	中级	课堂案例	华富小学	超常教育
沈　平	男	1963 年 5	学士	中级	数据分析	梅园小学	超常教育

表 3-2-3　预期成果

论文（篇）	总数	—
	其中：核心期刊（CSSCI 和北大核心期刊）	—
	SSCI、A&HCI、ISSHP 收录	—
	专著（部）	—
	研究报告（篇）	—
其他		

表 3 - 2 - 4 经费申请表

金额单位：元

预算科目	支持经费	备注（计算依据与说明）
图书资料费	1000	—
调研差旅费	4000	—
计算机机时费及其辅助设备购置和使用费	5000	—
文具购置费	2000	—
小型会议费	6000	—
咨询费	10000	—
印刷费	5000	—
复印费	2000	—
成果打印费	5000	—
其他	10000	—
合计	50000	
与本项目有关的其他经费来源	其他计划资助经费	10000
	其他经费资助	10000
	其他经费合计	20000

二、项目论证

（一）研究意义（研究背景、应用价值、学术价值）

1. 课题提出背景

随着新一轮课改的逐渐深化，以及《义务教育数学课程标准（2011年版）》的实施，我们的数学教师普遍认识到：初中数学文化正在走进校园，走进课堂，渗入实际数学学习中。罗湖区所使用的北师大版初中数学教材内容无处不渗透着数学文化的内涵：数学思想方法、数学应用价值、数学历史文化、数学欣赏、数学之奇、数学之美等。也可以课内外相结合。可见，要想保证"综合与实践"学习内容落到实处，还得依赖于数学校园文化强大的课外活动来实现。数学校园文化以数学教材为基石，"综合与实践"教学不断向校外延伸，两者相辅相成、相得益彰。但由于中考影响，少数教师对于教材中的"综合与实践"基本不教。因为中考数学命题中综合实践部分被少数教师忽略，教师只注重解题能力培养，忽视了"综合与实践"教学。鉴于这种思想，课题组选择《初中数学"综合与实践"与数学校园文化建设的实践研究》作为实验研究课题，旨在通过本课题研究，以"综合与实践"为载体，形成一种数学校园文化的学习系统，初步建构起具有校本特色、框架合理、内涵丰富的初中数学校园文化结构，促进教师更新数学教育观念、提升数学专业素养，促进学生转变学习方式、提高创新意识和探索精神。

2. 依托理论、应用学术价值

（1）现代教育心理学理论。

现代教育心理学认为，教学过程中教师主导与学生主体作用的最佳组合，首先表现在师生心理最佳组合。生动丰富的文化资源是课程与教学内容的重要补充，它可以将一个个知识点转化为一个个与现实生活紧密相联的生动活泼的事例，为学生喜闻乐见，从而使学生开阔视野、降低难度、提高学习兴趣。

（2）建构主义学习理论。

建构主义学习理论主张以学生为中心，强调教师要成为学生主动构建意义的帮助者、促进者，课堂教学的组织者、指导者。建构主义理论为本课题的实施提供了理论依据。数学文化就包括了数学思考方法、数学思想的形成，这些都是以学生的自主学习、自主建构、创新思维为基础而形成的，只有在课堂上让学生成为学习的主人、知识的主动构建者，数学文化能够才得以渗透。

（3）新课程改革理论。

"改变学生的学习方式，以学生的发展为本"是新一轮课程改革的内核，新课改的有效实施和不断深化有赖于课程资源的广泛开发和合理应用，以及校园数学文化大力发展并向学生提供更丰富的学习资源，使学生有更多的精力投入到现实、有趣的探索性的学习中去。

（4）数学课程标准理论。

课程基本理念指出：数学是人类的一种文化，它的内容、思想和语言是现代文明的重要组成部分。如果能充分利用综合实践与数学文化，让中小学生接受它的熏陶，体会它的价值，对于激发学生数学兴趣和求知欲，培养学生独立观察、思考、解决问题的主动性，以及创新精神和实践能力都有积极的推动作用。

（5）构建数学核心素养的理念。

让我们的学生会用数学的眼光观察现实世界，会用数学的思维思考现实世界，会用数学的语言表达世界。根据数学内容的本质，创设合适的教学情境，提出合理的问题，启发独立思考，与他人交流，让学生在掌握知识技能的同时，感悟数学内容的本质，积累数学思维的经验，形成和发展数学核心素养。

（二）本项目的研究现状

虽然我国实行九年义务教育，但受高考中考"指挥棒"影响，小学教材中"综合与实践"这部分学习内容容易被小学数学老师忽视，初中教材中"综合与实践"这部分学习内容更容易被初中数学老师忽视，甚至有些老师根本不看，也不指导学生学习，将教材这部分内容作为摆设。初中注重班级校园文化建设，但数学校园文化的建设容易被学校忽视。"综合与实践"这部分学习内容的教学要真正达到义务教育数学课程标准的要求，对教师的课前准备、预设，对学生的综合素养，对学校数学校园文化的底蕴，都有着较高的要求。数学校园文化建设具有比在校数学知识体系学习更为丰富和深邃的文化内涵，是对数学知识、技能、能力和素养等的高度概括。目前，初中数学教材中是以显性与隐性两种形式来体现数学文化，这是远远不够的。鉴于此，国内外很多教育学者呼吁要重视数学校园文化的研究。虽然有部分地区、部分学校，特别是部分小学着手进行该方面的实验研究工作，但国内外研究现状还处于起步和探索初期。本课题以本校所使用的初中数学教材"综合与实践"为具体载体，研究二者之间的联系，研究如何通过"综合与实践"与数学校园文化的建设培养学生综合运用有关的知识与方法解决实际问题，使学生真正地享受数学、体会数学的应用价值和人文价值，欣赏数学之奇、数学之美。和其他方面的课题研究相比，本课题的研究工作处于探索前沿。

（三）本项目的总体框架和基本内容，拟达到的目标（阶段性目标及总体目标）

1. 总体框架

（1）课题的研究思路。

初中数学教材中"综合与实践"这部分学习内容容易被数学老师忽视，数学校园文化的建设容易被学校忽视。初中"综合实践"与数学校园文化的建设都旨在培养学生综合运用有关的知识与方法解决实际问题，使学生真正地享受数学、体会数学的应用价值和人文价值。初中教材中"综合与实践"这部分学习内容的教学要真正达到义务教育数学课程标准的要求，数学校园文化的建设是有效的通道，数学校园文化的建设又依赖于大数学课程观提升品位。两者紧密交融，殊途同归。基于此，我们很有必要以课题研究的方式来探究两者之间的关系，使之更好地服务于教育教学。

（2）重要观点。

第一，综合实践与数学文化的学科观。

爱因斯坦在谈到数学时说："数学之所以有高声誉，还有另一个理由，那就是数学给予精密自然科学以某种程度的可靠性，没有数学，这些科学是达不到这种可靠性的。"

第二，综合实践与数学文化的哲学观。

自从有哲学以来，数学就成为哲学问题的一个重要来源，为哲学的思考与发展提供了丰富的实践环境。古希腊时代的许多大哲学家，也是大数学家。在他们眼里，数学与哲学是同宗同源的。数学文化的哲学观，从根本上来讲就是把数学作为一门思维学科，特别是其中的哲学思维内容以及比较具体一点的形象思维。

第三，综合实践与数学文化的美学观。

数学文化的美学观是构成数学文化的重要内容。古希腊哲学家、数学家普洛克拉斯断言："哪里有数，哪里就有美。"德国天文学家、数学家开普勒也说："数学是这个世界之美的原型。"数学美一般反映在对称美、简洁美、奇异美等方面。

第四，综合实践与数学文化的社会观。

符号功能：符号是数学抽象物的表现形式。模型功能：甚至一个粗糙的数学模型也能帮助我们更好地理解一个实际的问题。审美功能：数学文化的另一个重要功能是鼓舞人们把对数学的追求化为一种对审美的追求。数学在推动可持续发展、实现科技进步最优化、经济发展等方面都有着不可替代的作用。

第五，综合实践与数学文化的创新观。

数学是一门创造性的学科，一方面，它是一种创造性的活动，另一方面，它为自然现象提供合理的结构，这是其他学科所望尘莫及的。创新是数学文化发展的强大活力，没有创新，数学就会停滞不前。

2. 基本内容

（1）课题的核心概念及其界定。

数学文化：从狭义上讲就是数学的思想、精神、方法、观点、语言，以及它们的形成和发展。从广义上讲，除上述内涵以外，还包含数学家、数学史、数学美、数学教育，以及数学发展中的人文成分、数学与社会的联系、数学与各种文化的关系，等等。《义务教育数学课程标准（2011 年版）》中强调：“数学是人类文化的重要组成部分，数学素养是现代社会每一个公民应该具备的基本素养。”

而初中数学校园文化，从狭义上来理解，主要是指初中数学教材所体现的教材文化，从广义上来理解，是指中学生在学校的学习情境中获得的一切数学活动经验的过程。初中数学校园文化的建设，要立足于初中数学文化；以中学生数学活动为载体，丰富学生感受数学的经历，以校本课程的开发为依托，拓展学生的知识面，达到激发学生学习数学兴趣，提高学生学习数学能力的目的。

综合与实践：课标中阐述“综合与实践”是一类以问题为载体、以学生自主参与为主的学习活动。初中数学的教材内容无处不渗透着数学文化的内涵：数学思想方法、数学应用价值、数学历史文化、数学美感价值等。

（2）研究内容。

① 立足初中数学教材，凸显“综合与实践”，深化课程与数学校园文化的融合。

初中数学的教材内容无处不渗透着数学文化的内涵：数学思想方法、数学应用价值、数学历史文化、数学美感价值等。而“综合与实践”内容是教材编写的重要内容之一，是《义务教育数学课程标准（2011 年版）》四部分内容中重要的组成部分。课标中阐述“综合与实践”是一类以问题为载体、以学生自主参与为主的学习活动。在学习活动中，学生将综合运用“数与代数”“图形与几何”“统计与概率”等知识和方法解决问题。“综合与实践”的教学活动可以在课堂上完成，也可以课内外相结合。可见，要想保证“综合与实践”学习内容落到实处，还得依赖于数学校园文化强大的课外活动来实现。数学校园文化以数学教材为基石，“综合与实践”教学要向校外延伸，两者相辅相成、相得益彰。

② 丰富学生数学活动，搭建展示平台，营造浓郁的数学校园文化氛围。

首先，积极营造数学校园文化氛围，拓宽传播思路，彰显数学文化在教育教学和学习过程中的作用。

学校是实施教育的主阵地，实施的主体是教师。教师是智慧与理性的管理者、教育者。创设什么样的数学育人环境，实施什么样的数学环境影响，让我们的校园处处有数学，让我们的班级处处有数学，这本身就是一种挑战。为此，我们充分研发了校本资源，利用学校图书馆、校学生会广播站、橱窗、文化走廊、校园网、班级图书角和黑板报等传播阵地，选择学生喜闻乐见、耳熟能详的"数学文化"知识作为内容，让学生主动传播，形成强有力的视觉和听觉的"数学文化"磁场，让学生时刻感受到"数学文化"的存在。

其次，开展形式多样的课内外数学活动及数学特色评比竞赛，进行班级数学文化评比，搭建展示平台，推广数学文化知识。

开展学生数学活动是贯彻教育方针和落实培养目标的一个有效途径。它有别于课堂教学形式，是数学教学的重要组成部分。把实施数学课外活动与传播数学文化结合起来，则是一种新型的教育教学模式。为保证数学课外活动顺利开展，我们在设计、实施过程中，努力体现全员参与、师生互动，让学生不断在活动中获取更多的数学文化知识。我们计划开展的活动有：读数学故事活动、讲数学故事比赛；数学小报设计制作比赛；数学日记和数学小论文征集评比。（在试验过程中，各项数学活动和特色比赛可能会依据具体情况做适当调整）

③ 开发校本课程资源，利用信息技术，拓展校园数学文化的内涵。

首先，根据数学教材中"综合与实践"部分内容和学生实际情况，在课堂学习中对学生进行数学文化教育和渗透，将典型的案例编制成教学设计集锦。

其次，数学文化也包括数学思维训练功能，其不仅有利于人们逻辑思维的发展，而且有利于人们创造性才能的发展。对学生加强数学思维训练，让他们形成良好思维品质，进一步感悟数学文化价值。在试验中，可以根据不同学段的学生设计不同程度的思维拓展训练内容，并及时收集好相关资料，汇编成《数学欣赏》丛书。

最后，利用现代教育技术新媒体，无论是公开教学还是平时的教学，都可以使用网络教室、多媒体教室、班级设备，在课件中或教学微课中拓展数学文化。这里的微课资源既可以是纯教学类的（如"综合与实践"课堂教学中的某一个知识点），也可以是数学文化类的（如介绍数学家的励志故事）。

（3）研究目标。

① 通过研究所使用的初中数学教材中"综合与实践"的实例，探索优化数学课堂教学的方法，构建符合现代教学观、教师观、学生观、学习观的最优化的数学课堂教学基本思路和做法。

② 通过课题研究，以"综合与实践"为载体，形成一种数学校园文化的

学习系统，初步建构起具有校本特色、框架合理、内涵丰富的中小学数学校园文化结构，促进教师更新数学教育观念、提升数学专业素养，促进学生转变学习方式、提高创新意识和探索精神。

③ 依托劳模创新工作室课题校本教研，挖掘数学文化资源，拓展学生的数学视野，激发学生的学习兴趣，丰富学生的数学知识，使学生感受到数学文化的价值所在。

④ 取得一定的教科研成果，包括论文、课例、教学实录、微课、学生作品、实验研究报告等。

（四）拟突破的重点、拟解决的关键问题及主要创新之处

1. 研究拟突破的重点、拟解决的关键问题

（1）以集中培训的方式学习与本课题相关的理论，采集信息，及时了解国内外该研究领域的发展状况。

（2）根据初中数学教材中"综合与实践"部分内容和学生实际情况，在大量扎实的"综合与实践"部分内容日常教学实践中，提炼出具有代表意义的典型教学案例，编辑成数学学科案例集、教学设计汇编、学生学习丛书，并收集数据和资料，不断完善已提出的理论模型和构思，并给予操作化、系统化，最终提出完整的教学策略体系，完成相关的研究报告。

（3）开展形式多样的课内外数学活动，推广数学文化知识。

（4）撰写《初中数学"综合与实践"与数学校园文化建设的实践研究报告》，展示课题研究中课堂教学的经典教学案例、与之相配套的教学课件、微课、论文集、学生活动作品集等一系列成果，同时完成课题结题的准备工作，申请结题，进行成果推广和运用。

2. 主要创新之处

（1）针对立足初中数学教材，凸显"综合与实践"内容，在学习活动中，引导学生综合运用"数与代数""图形与几何""统计与概率"等知识和方法解决问题。

（2）综合与实践的设计和教学一直是数学课堂教学的难点，研究中将运用现代教育技术，通过电子白板的一体化，电脑动画所能表现出图形特有的知识体系，为每一节课教学重难点的突破做好准备，以此为突破口，化难为易。

（3）创设浓郁的数学校园文化氛围，让数学教师更有"数学文化气质"，让学生真正享受数学、体会数学的应用价值和人文价值，真正地让学生寻找数学进步的历史轨迹，受到优秀数学文化的熏陶，真正让学生喜欢上数学。

（五）本项目的研究方法和研究手段、研究计划

1. 课题的研究方法

（1）访谈法。

课题组将安排访谈活动。访谈的内容一是事先设计好与问卷内容相似或相关的问题，二是课题组成员在论文写作中遇到的难以准确表述的有关问题。访谈以"闲谈"的方式进行，避免一问一答的交流方式，这样能使被访问者在谈话过程中更随意些，更容易说出自己的心里话。访谈的对象主要为区县教研员和一线教师。

（2）行动研究法。

我们强调教师与专家相结合，开展群体教科研，协同攻关、共同研究。通过实验研究，系统地反思自己或与他人共同研究的工作过程、环境和问题，在行动中研究，在研究中行动。

（3）文献研究法。

文献研究法是此课题研究中运用的另一种方法。在研究中，我们主要参阅以下三类文献：一是担任本课题研究的学校及教育主管部门的有关教育（管理）的文件、表格及计划、总结等资料汇编；二是公开发行的各种报纸杂志；三是已出版的与本研究有关的著作。运用该方法的过程基本如下：阅读—整理—归纳。

（4）经验总结法。

运用科学的方法对校园数学文化建设中的实践经验进行分析概括，全面、深入、系统地揭示经验的实质，上升到理论的高度，使之成为可以运用、借鉴和指导的规律性模型。对实践研究中所取得的经验加以总结归纳，提升到理论，揭示其规律，再指导实践。

2. 课题的研究阶段和实施计划步骤

本课题研究为期二年，实验将分为以下三个阶段完成：

（1）准备阶段（2017年9月—2018年2月）。

成立课题领导组和专家指导组。由劳模创新工作室主持人张正华担任组长，学校教务主任担任副组长，劳模创新工作室成员作为课题成员，聘请课题顾问，学习理论，制订实验方案和实施计划。

（2）实施阶段（2018 年 3 月—2019 年 7 月）。

① 组织课题组成员，讨论如何研究新课标理念下《初中数学"综合与实践"与数学校园文化建设的实践研究》实施策略。

② 邀请课题实验顾问开展课题研究指导活动，全面完善、实施实验研究方案，同时积累材料。

③ 各实验教师开展课题实验研究。

④ 邀请课题专家组举办讲座，答疑解惑。

⑤ 开展课题研讨交流会。

⑥ 组织工作室成员整理实验资料，撰写相关论文、论著，着手准备《初中数学"综合与实践"与数学校园文化建设的实践研究论文集》《初中数学"综合与实践"与数学校园文化建设的实践研究教学案例集》和《初中数学课程文化校本教材》。

⑦ 召开课题实验中期汇报会。

⑧ 收集实验教师典型教学实录和微课，录制光盘。

（3）深化研究结果阶段（2018 年 8 月—2019 年 12 月）。

① 撰写各阶段研究报告。

② 整理分析研究结果，编写实验阶段的优秀案例、论文集和学生活动作品集，并将有关教学案例实录和微课录制成光盘。

③ 推广实验研究成果。

④ 完成本课题结题报告及申请结题。

（六）预期成果成效

《初中数学"综合与实践"与数学校园文化建设的实践研究论文集》；

《初中数学"综合与实践"与数学校园文化建设的实践研究教学案例集》；

《初中数学"综合与实践"与数学校园文化建设的实践研究学生作品》；

《数学欣赏》丛书。

（七）负责人前期研究基础

负责人前期研究基础包括：负责人主要工作经历及目前从事的主要工作；近三年来完成哪些重要研究课题，已发表哪些相关成果，相关成果的评价情况（引用、转载、获奖及被采纳情况）；已收集哪些相关资料；完成本课题研究的时间保证、资料设备等科研条件。

主持人和课题组主要成员近三年来取得的与本课题有关的研究成果和重要研究课题见表 3 - 2 - 5、表 3 - 2 - 6。

表 3 - 2 - 5　研究成果

成果名称	作者	成果形式	发表刊物或出版单位	发表或出版时间
新课程理念下中小学数学（有理数计算）衔接教学研究	张正华	区重点小课题三等奖	罗湖区教育研究中心	2015 年 3 月
数学核心素养下中学与小学数学计算衔接教学研究	张正华	2017 年区重点资助课题	罗湖区教育研究中心	2017 年 6 月
《小学生数学教练》丛书（五本）	张正华	参与编写	上海远东出版社	2008 年 6 月
《小学数学教学新论》	张正华	参与编写	安徽人民出版社	2002 年 7 月
《小学数学课堂教学实例分析》	张正华	参与编写	安徽人民出版社	2002 年 7 月
初中数学作业质量对学生数学学习成绩影响的研究	郑志雄	区合格重点小课题	罗湖区教育研究中心	2017 年 3 月
初中阶段易错点的归纳分类与提前干预的研究	曾泳聪	区优秀重点小课题	罗湖区教育研究中心	2017 年 3 月
等量关系在应用问题中的作用研究	陈沙沙	区合格重点小课题	罗湖区教育研究中心	2017 年 3 月
化归法在中学数学中的应用研究	林泽龙	区合格重点小课题	罗湖区教育研究中心	2017 年 3 月
数学阅读能力培养的策略研究	韩雪玲	区合格重点小课题	罗湖区教育研究中心	2017 年 3 月
罗湖区中考数学命题比赛	吴剑辉	一等奖	罗湖区教育研究中心	2016 年 6 月
初中数学课堂教学中情境创设的研究	巫国辉	区级一等奖	罗湖区教育研究中心	2015 年 3 月

成果名称	著作者	成果形式	发表刊物或出版单位	发表或出版时间
构造法的妙用	张正华	论文	《初中数学教与学》	2011 年 4 月
学陶师陶，在数学教学中培养学生创造性思维	张正华	论文	《中学数学教学》	2011 年 6 月
学陶师陶，在数学教学中培养学生的创造性思维	张正华	市教育学会二等奖	深圳市教育学会	2017 年 5 月
初中阶段易错点的归纳分类与提前干预的研究	曾泳聪	市教育学会二等奖	深圳市教育学会	2017 年 5 月
初中数学课堂教学中情境创设的研究	巫国辉	市教育学会一等奖	深圳市教育学会	2017 年 5 月

表 3 - 2 - 6 重要研究课题

主持人	课题名称	课题类别	批准时间	批准单位	完成时间
张正华	新课程理念下中小学数学（有理数计算）衔接教学研究	区重点课题	2014 年 9 月	区教研中心	2015 年 3 月
巫国辉	初中数学课堂教学中情境创设的研究	区重点二类资助课题	2016 年 7 月	区教研中心	2018 年 3 月
张正华	数学核心素养下中学与小学数学计算衔接教学研究	区重点二类资助课题	2017 年 6 月	区教研中心	2019 年 12 月
曾泳聪	初中阶段易错点的归纳分类与提前干预的研究	区重点课题	2015 年 11 月	区教研中心	2017 年 3 月
郑志雄	初中数学作业质量对学生数学学习成绩影响的研究	区重点课题	2015 年 11 月	区教研中心	2017 年 3 月

主持人	课题名称	课题类别	批准时间	批准单位	完成时间
陈沙沙	等量关系在应用问题中的作用研究	区重点课题	2015 年 11 月	区教研中心	2017 年 3 月
林泽龙	化归法在中学数学中的应用研究	区重点课题	2015 年 11 月	区教研中心	2017 年 3 月
韩雪玲	数学阅读能力培养的策略研究	区重点课题	2015 年 11 月	区教研中心	2017 年 3 月

从 2014 年以来，我校着重加强初一的计算教学，每一学期进行计算能力竞赛，注意与小学数学衔接。同时，每个年级都要求老师上一节数学综合实践。重视教材中的综合实践内容。特别是 2016 年 10 月罗湖区总工会，2016 年 12 月深圳市总工会以全国优秀教师省部级劳动模范张正华老师命名，成立了张正华劳模创新工作室。该数学团队共 11 人，邀请了 4 位专家。研究的两个专题：专题一"数学核心素养下中学与小学数学计算教学衔接研究"，专题二"中小学思维能力公益培训的研究"。本学期还撰写了罗湖区中小学"品质课程""数学文化与中小学数学校园文化建设"活动课程。本学期张正华老师、陈沙沙老师上示范课"乘法公式""不等式"，并于 3 月底到广东省汕尾市新城中学全国劳模创新工作室参观学习。

完成课题的保障条件有研究资料、实验仪器设备、配套经费、研究时间及所在单位条件等。

项目研究所需经费：5 万元。

项目研究所需要的条件：

(1) 社区条件：支持学校工作。

校园状况：环境优美、设施齐全，拥有自己的专业图书馆。

师资状况：青年教师比例高，踏实好学、刻苦钻研，动手能力强。

学生特点：勤学上进、学习努力，活动能力强。

家庭特点：家庭经济条件一般，但普遍都支持学校工作，认同学校办学理念。

(2) 我校坐落在春和路 8 号。学校面积虽小但环境优美，设施齐全，建有自己的专业图书馆。学校有较先进的办学理念，较民主的领导班子。教师们专业知识过硬，工作踏实、勤奋好学、刻苦钻研，且有很强的动手实践能力。学校 32 个教学班，学生 1500 多人，大多都为暂住人口，在学习上勤奋上进、刻苦努力，愿意尝试。

（3）学校已成为省一级学校，各种教学设备齐全、先进，教学手段现代化，教师教学方式较先进，并且学校有社区宽松的活动场所，拥有自己的劳动实践基地。

鉴于以上分析，我们认为，我们具备丰富的社会资源、学校资源和家庭资源，形成了教育合力，在利用学校特色推广当前核心素养下的中小学计算教学的衔接具有一定的优势。

项目研究所需要的时间：2年。

预期研究成果见表3-2-7，最终研究成果见表3-2-8。

表3-2-7 预期研究成果

主要阶段性成果（不够可附页）			
研究阶段（起止时间）	阶段成果名称	成果形式	负责人
2017年3—9月	开题报告	报告	吴剑辉
2017年9月—2018年2月	课题中期汇报材料	研究报告	陈沙沙
2018年2—9月	《初中数学"综合与实践"与数学校园文化建设的实践研究论文集》	论文集	郑志雄
2018年9—12月	《初中数学"综合与实践"与数学校园文化建设的实践研究教学案例集》	案例集	张正华
2018年12月—2019年6月	《初中数学"综合与实践"与数学校园文化建设的实践研究学生作品》	作品集	伍法正
2019年12月—2020年3月	《数学欣赏》丛书	工具书	韩雪玲
2019年3—6月	课题组活动原始资料	资料集	曾泳聪
2019年3—6月	结题报告	研究报告	张正华

表3-2-8 最终研究成果

最终研究成果（限报3项，其中必含研究报告）			
完成时间	最终成果名称	成果形式	负责人
2019年12月	《课题结题报告》	研究报告	张正华
2019年12月	《初中数学"综合与实践"与数学校园文化建设的实践研究论文集》	论文集	韩雪玲
2019年12月	《数学欣赏》丛书	工具书	郑志雄

（八）经费概算及经费管理

经费开支见表 3 - 2 - 9。

表 3 - 2 - 9

序号	经费开支科目	金额（元）	序号	经费开支科目	金额（元）
1	资料费	1000	6	专家咨询费	10000
2	数据采集费	4000	7	劳务费	20000
3	差旅费	5000	8	印刷费	5000
4	会议费	2000	9	其他	2000
5	设备费	1000	合计		50000

承诺遵守财务规章制度，如实填报经费管理单位名称、通讯地址、邮政编码、联系电话、开户银行、账号，严格监督课题经费的合理有效使用，保证课题经费单独立户，专款专用，不挤占和挪用课题经费，在课题结题时提供课题经费使用明细单（负责人所在单位财务部门填写此项）。并承诺如课题研究经费不足时，单位会给予经费支持，保证课题研究正常进行

三、立项通知书

立项通知书如图 3 - 2 - 1 所示。

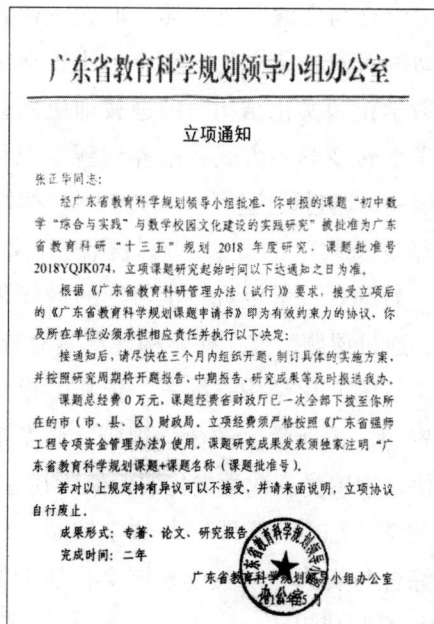

图 3 - 2 - 1

"初中数学'综合与实践'与数学校园文化建设的实践研究"的结题报告

一、课题来源

随着初中数学课程标准的实施，我们认识到：初中数学文化正在走进校园、走进课堂，渗入实际数学学习中。北师大版初中数学教材内容中无处不渗透着"综合与实践"与数学文化的内涵：数学思想方法、数学应用价值、数学历史文化、数学欣赏、数学之奇、数学之美、数学之趣等。这几年，深圳的中考注重数学文化、数学思想的渗透，鉴于这种思考，经申报，课题《初中数学"综合与实践"与数学校园文化建设的实践研究》获广东省教育科学规划小组批准，立项为广东省教育科研一般研究立项课题，课题编号为2017YQJK074。主持人：深圳市罗湖区翠园东晓中学，张正华。

二、宗旨目标

本课题的研究以"综合与实践"为载体，形成一种数学校园文化的学习系统，将数学文化活动融入到校园文化活动中，让数学文化成为校园文化的门面。初步构建初中数学校园文化结构，促进教师更新数学教育观念、提升数学核心素养，促进学生转变学习方式、培养创新意识和探索精神。总体目标可分为三个方面。第一，通过研究所使用的初中数学教材中"综合与实践"的实例，探索优化数学课堂教学的方法。通过国内外文献分析、调查研究，构建符合现代教学观、教师观、学生观、学习观的最优化的数学课堂教学基本思路和做法。第二，通过课题研究，初步构建起具有校本特色、框架合理、内涵丰富的中小学数学校园文化结构。第三，依托劳模创新工作室课题校本教研，挖掘数学文化资源，拓展学生的数学视野，激发学生的学习兴趣，丰富学生的数学知识，使学生感受到数学文化的价值所在。

初步研制《初中数学"综合与实践"与数学校园文化建设的实践研究论文集》《初中数学"综合与实践"与数学校园文化建设的实践研究教学案例集》和《快乐学数学》系列成果。

三、研究过程与阶段性成果

（1）2018 年 2—8 月，形成研究框架，开题。综合以上研究思路，提出初步研究计划，组织相关专家、学者进行论证研究，并根据合理建议修改研究思路，最后形成科学、完整、合理的研究方案。

阶段性成果：指导学生申报的深圳市中小学生探究性小课题《有趣的勾股定理》《班级数学文化》获立项资助，正在中期研究。教师在省级期刊《初中数学教与学》发表研究论文《小构造大学问》。

（2）2018 年 9 月—2018 年 12 月，开展学生探究性小课题中期研究。2019 年 1 月到 2019 年 6 月，组织学生进行小课题结题报告撰写。

阶段性成果：指导学生《"一带一路"，在数字中运行——勾股定理再探究研究报告》获全国第四届教博会特别活动"Hi China！中华文化日"5S 核心素养成果展示活动三等奖。深圳市中小学生探究性小课题《有趣的勾股定理》《班级数学文化》已结题。2018 年深圳市中小学生探究性小课题《魔术与数学游戏》立项资助。教师发表论文《巧解数学文化中的诗歌趣题》多篇。

（3）2019 年 8 月—2020 年 2 月，形成研究报告初稿，根据数学课程标准，结合专家、学者研讨建议，并广泛推广；在深圳市为全市数学教师开设继续教育课程、省初等数学学会数学沙龙、广东省教育学会中学数学教育专业委员会上做《核心素养下的数学文化实践与研究》的文本解读培训和教研活动。

阶段性成果：编撰成果专著《快乐学数学》紧扣课标，结合自己多年来的教学经验深入探讨，展示了作者的数学思想方法和多年的实践探究。

四、问题与展望

（1）初中数学"综合与实践"与数学校园文化建设的实践研究，是促进数学核心素养落地生根的重要举措。研究结题既是总结，更是研究的另一个开端。对于研究的成果将如何推广应用是我们研究的一个方向。

（2）近两年，教师通过领悟，初中数学综合与实践，从数学问题、数学方法和数学思想的角度来组织学习素材，以提高学生的数学素养、文化素养、思想素养为中心，采用师生平等互动的教学方式，关注学生学习过程中的个人体验、思维方式及对信息、资料的整理和综合。数学思想方法的累积，实践和探索中的感悟，这个过程，渗透了数学文化。教师倡导在真实的课堂展开合作、反思、探究的观测，这是一种以教师自身的课堂实践为基础，并充分利用教师合作学习的力量，着眼于发展教师的洞见、实践能力和专长的专业发展形式。

（3）课题组在重视综合实践课、课堂教学示范课、创新技能大赛、案例研究、研究论文、继续教育课程等成果的基础之上，将进一步凝练成果，撰写学术专著《核心素养下的初中数学文化的实践研究》，为初中数学开辟新的实践路径。

广东省教育科学研究课题开题报告

课题名称：初中数学"综合与实践"与数学校园文化建设的实践研究

课题类别：教育科研一般项目

所属学科：初中数学

课题承担人：张正华

所在单位：深圳市翠园中学东晓校区

一、开题活动简况

开题时间：2018 年 7 月 4 日

开题地点：深圳市翠园中学东晓校区

评议专家：深圳市教育学会秘书长　汪继威

深圳市教育科学规划办主任　黄积才

深圳市教育科学研究院数学教研员正高级教师　石永生

参与人员：共 20 人

二、开题报告要点

（一）题目

初中数学"综合与实践"与数学校园文化建设的实践研究

（二）内容

1. 研究意义（研究背景、应用价值、学术价值）

（1）课题提出背景。

随着新一轮课改的逐渐深化，随着《义务教育数学课程标准（2011 年版）》的实施，我们的数学教师普遍认识到：初中数学文化正在走进校园、走进课堂，渗入实际数学学习中。北师大版初中数学教材内容无处不渗透着数学文化的内涵：数学思想方法、数学应用价值、数学历史文化、数学欣赏、数学之奇、数学之美等。而"综合与实践"是《义务教育数学课程标准（2011 年版）》四部分内容中的重要组成部分。"综合与实践"的教学活动可以在课堂上完成，也可以课内外相结合。可见，要想保证"综合与实践"学习内容落到实处，还得依赖于数学校园文化的课外活动来实现。数学校园文化以数学教材为基石，"综合与实践"又得向校外延伸，两者相辅相成、相得益彰。但由于中考影响，少数教师对于教材中的"综合与实践"基本上不教。因为中考数学命题中综合实践部分被少数教师忽略，教师只注重解题能力培养，忽视了"综合与实践"。再加上这几年深圳的中考注重数学文化、数学思想的渗透，鉴于这种思考，课题组选择《初中数学"综合与实践"与数学校园文化建设的实践研究》作为实验研究课题，旨在通过本课题研究，以"综合与实践"为载体，形成一种数学校园文化的学习系统，将数学文化活动融入到校园文化活动中，让数学文化成为校园文化的一道亮丽风景。初步构建校园数学文化特色，框架合理、内涵丰富的初中数学校园文化结构，促进教师更新数学教育观念、提升数学核心素养，促进学生转变学习方式、培养创新意识和探索精神。

（2）依托理论、应用学术价值。

（同省级规划课题"初中数学'综合与实践'与数学校园文化建设实践研究"的立项中的"二、（一）2."的相关内容）

2. 本项目的研究现状

（同省级规划课题"初中数学'综合与实践'与数学校园文化建设实践研究"的立项中的"二、（二）"的相关内容）

3. 本项目的总体框架和基本内容，拟达到的目标（阶段性目标及总体目标）

（同省级规划课题"初中数学'综合与实践'与数学校园文化建设实践研究"的立项中的"二、（三）"的相关内容）

4. 拟突破的重点、拟解决的关键问题及主要创新之处

（同省级规划课题"初中数学'综合与实践'与数学校园文化建设实践研究"的立项中的"二、（四）"的相关内容）

（三）方法

（同省级规划课题"初中数学'综合与实践'与数学校园文化建设实践研究"的立项中的"二、（五）1."的相关内容）

（四）组织

成立课题领导组和专家指导组，由劳模创新工作室主持人张正华担任组长，学校教务主任担任副组长，劳模工作室成员参与，聘请课题顾问，学习理论，制订实验方案和实施计划。

对课题研究工作，从管理上、政策上、技术上提供保障。我校一直通过多渠道，搭建多种平台，强化师资素质，几年来，形成了完善的校本教研制度，打造出一支高素质的师资队伍，这为本课题的研究提供了强有力的人力资源支撑。

（五）分工

具体分工见表3-2-10。

表3-2-10 具体分工表

编号	姓名	工作单位	分工	签名
1	陈沙沙	翠园东晓	课堂案例	
2	韩学玲	翠园东晓	学生习作	
3	巫国辉	翠园东晓	调查报告	
4	解玉龙	翠园东晓	调查报告	
5	郑志雄	翠园东晓	数据分析	
6	屈文驰	翠园东晓	论文收集	
7	伍法正	翠园东晓	论文	
8	曾泳聪	翠园东晓	论文	
9	林泽龙	翠园东晓	论文	
10	吴剑辉	翠园东晓	课堂案例	
11	周升武	华富小学	课堂实例	
12	沈 平	梅园小学	数据分析	

（六）进度

（同省级规划课题"初中数学'综合与实践'与数学校园文化建设实践研究"的立项中的"二、（五）2."的相关内容）

（七）经费分配

（同省级规划课题"初中数学'综合与实践'与数学校园文化建设实践研究"的立项中的"二、（八）"的相关内容）

（八）预期成果

（同省级规划课题"初中数学'综合与实践'与数学校园文化建设实践研究"的立项中的"二、（七）"表 3 – 2 – 7 和表 3 – 2 – 8 的相关内容）

三、专家评议要点

专家组听了课题研究开题报告，审阅了有关课题研究的前期准备资料，经过认真评议，给出如下论证意见：

（1）课题选题具有研究价值。研究很有意义。课题立足学校实际，旨在推进"综合实践与数学校园文化建设"有效开展。数学案例很重要。课题的主导思想及其研究内容具有一定的前瞻性及推广意义。

（2）课题研究目标明确。该课题以学生发展为宗旨，围绕教材中的综合实践开展，研究课堂教学策略。课题贴近学生，目标明确，让学生喜欢数学，可行性强，既兼顾了学术价值又突出了实践意义。

（3）课题研究内容具体。以课程综合实践资源开发、方案设计、学生自主合作探究精神的培养、综合性学习的评价，结合数学文化引导学生进行探究性小课题研究，有较强的适用性和推广性。

（4）课题研究方法得当。例如，本课题中的技术路线，能保证课题研究真正服务于学生、服务于教学改革。运用科学的方法对校园数学文化建设中的实践经验进行分析概括，全面、深入、系统地揭示经验的实质，使之上升到理论高度，使之成为可以运用、借鉴和指导的规律性知识。对实际研究中所取得的经验加以总结归纳，提升到理论，揭示其规律，再指导实践。

（5）课题选择创新性强。

（6）主持人的丰富经验和敬业精神，能带动年轻教师作研究，作课题。

建议：研究内容要细化，要分点，不宜过多，要便于操作，研究内容与研究目标要交叉对接。校园文化定义要明确。重在开题报告和文献上下功夫。

专家组一致同意本课题开题。

四、重要变更

课题主持人签名
年　月　日

五、所在单位科研管理部门意见

张老师曾获"全国优秀教师"称号，高级教师，发表过多篇教研论文，且保持难得的课题研究热情，市、区规划（或小）课题均有立项，扎实推进。望认真完成本课题研究，再创佳绩。

科研管理部门盖章
2018 年 7 月 6 日

"初中数学'综合与实践'与数学校园文化建设的实践研究"中期报告

项目名称：初中数学"综合与实践"与数学校园文化建设的实践研究

项目负责人：张正华

所在学校：深圳市翠园中学东晓校区

最终成果形式：论文、结题报告、专著

项目批准号：2018YQJK074

一、研究工作进展情况

1. 工作方案

（1）进行中期检查会议，梳理下一步课题的计划。

（2）由课题主持人张正华进行成果梳理专题指导讲座，动员课题组成员加快研究步伐，多阅读前言文献，以此研究视角撰写研究论文。

（3）修正课题研究的方向和思路，决定从研究课堂综合实践数学文化的渗透，到研究学生，再到指导学生做小课题研究。

2. 调研计划

（1）在中国知网密切关注同行在初中数学综合实践与校园文化建设方面的进展。

（2）课题组成员针对进行数学综合实践课的教学研究的试点班级加强交流与研讨，查看学生选择课本中的动手实践操作的情况与开展班级数学文化建设，回看考查组织方案等素材，找到问题，初步形成新的研究方案。

（3）加快对自己课堂教学设计、微课的研究，师生共同撰写研究过程的心得体会，形成研究模板，汇总成果并加以梳理。

3. 实施情况

在全体成员的助力之下，在学校教科室牵头带领下，课题组成员、学校数学教师等积极开展了班级数学文化建设，在八年级、九年级学生中开展了小课题研究。申报了深圳市中小学生探究性小课题，取得了良好效果。课题组成员是五位常年带毕业班的教师，他们都利用本班的学生在课堂上渗透数学文化，促进学生转变学习方式、培养创新意识和探索精神。在 2019 年深圳市中考中，数学 A$^+$ 人数为 56 人以上。

4. 拟开展的工作

依托现代教育心理学、建构主义学习、新课程改革理论、构建数学核心素养的理念。

让我们的学生会用数学的眼光观察现实世界，会用数学的思维思考现实世界，会用数学的语言表达世界。根据数学内容的本质，创设合适的教学情境，提出合理的问题，启发学生独立思考，与他人交流，让学生在掌握知识技能的同时，感悟数学内容的本质，积累数学思维的经验，形成和发展数学核心素养。

指导学生积极申报深圳市中小学生探究性小课题的研究。对立项的小课题，教师与家长、学校、社区进行共同探究。

以张正华劳模创新工作室为平台，推动实验教学的研究与课题组成果的推广。

积极申报深圳市继续教育课程《基于数学文化视角的初中教学实践与思考》。

积极推动成果梳理，形成案例或论文集，进一步提炼形成专著。

5. 存在的问题

（1）原定的课题范畴较大，需要修订课题主题，从初中数学综合实践与校园文化建设的实践与研究到研究校园数学文化建设的实践研究。

（2）初中生如何利用四点半课堂营造浓郁的数学校园文化氛围？

（3）如何围绕数学核心素养，开展数学思想渗透的教学活动？

6. 能否按时完成研究计划

由于课题前期做了大量的工作，持续坚持运转，按计划行事，课题组基本可以按照计划完成任务。

7. 经费使用情况等

课题得到深圳市教育局、翠园东晓中学的大力支持。经费管理严格按照《深圳市教育科学研究资助与管理办法》执行。信息、素材采集等照常进行，为结题做好准备。

二、代表性成果简介

代表成果一：形成《数学思维训练篇》，为《快乐学数学》专著提供素材。

数学文化也包括数学思维训练功能，其不仅有利于人们逻辑思维的发展，而且有利于人们创造性才能的发展。对学生加强数学思维训练，让他们形成良好思维品质，进一步感悟数学文化价值。在试验中，可以根据不同学段的学生设计不同程度的思维拓展训练内容，提供生动有趣的数学实例并及时收集好相关资料，体现了快乐学数学的教学实践。编制成《快乐学数学》。

代表成果二：形成《有趣的勾股定理》《班级数学文化建设》《魔术与数学游戏》三项初中生小课题，获得深圳市中小学生探究性小课题的立项资助。

（1）学生利用班级数学文化建设及弘扬数学传统文化，积极申报深圳市中小学生探究性小课题。通过在数学学科领域内或现实生活情境中基于以问题为中心所开展的研究性小课题，重在让学生选取某个问题作为切入点，通过质疑、发现问题，通过调查研究、分析研讨等方式解决问题。将成果汇编成册。

例如，针对天下第一定理研究，并抽取一部分同学研究生活中的"数学的和谐美"，看是否有提升，进一步得出研究结果。通过查找资料，得出勾股定理的不同证明的研究。

（2）提升教师的数学文化素养。

要让学生受到数学文化的熏陶，教师必须要有"数学文化气质"，丘成桐先生说："学数学是要有一点气质的。"如何增强数学教师的"数学文化气质"？可通过校本研修、数学文化培训、阅读数学文化、勤于写作等。申报的"基于数学文化视角的初中教学实践与思考"已入选深圳市继续教育课程。对全市数学教师进行推广应用，并走进高校，走近深圳大鹏、深圳各区并行数学文化讲座。

（3）在数学课堂中渗透数学文化。

通过案例、微课、视频等形式把数学史、思想方法、生活中数学的美、数学的信息化资源开发融于课堂，也可以指导学生课外学习掌握一些简单的数学思想、数学游戏，感受数学好玩、数学有用、数学是美的，学会用数学的眼光去看这个世界，用数学的头脑去解决身边的问题。引导课题组成员收集案例、课例、微课，利用腾讯课堂进行直播、录播。

科研管理部门审核意见：

科研管理部门（签章）

年　月　日

注：如项目研究工作需推迟结项时间、调整研究方向、变更重要课题组成员等重大变更事项，需另填报《广东省教育科研项目重要事项变更申请表》。

广东省教育科学规划项目成果鉴定

课题名称：初中数学"综合与实践"与数学校园文化建设的实践研究

课题主持人：张正华

所在单位：深圳市罗湖区翠园东晓中学

"初中数学'综合与实践'与数学校园文化建设的实践研究"成果鉴定申请表见表 3 - 2 - 11，重要的阶段性研究成果统计表见表 3 - 2 - 12，课题研究成果鉴定表见表 3 - 2 - 13。

表 3 - 2 - 11 成果鉴定申请表

课题名称		初中数学"综合与实践"与数学校园文化建设的实践研究		
课题主持人		张正华	工作单位	深圳市罗湖区翠园东晓中学
联系地址	深圳市罗湖区春和路 8 号	邮编		电话
原定研究起止时间	2018 年 5 月至 2010 年 5 月	原定研究成果形式		专著、论文、研究报告
实际完成时间		2020 年 5 月	申请鉴定时间	2020 年 5 月
申请鉴定方式		通讯（ ）会议（ ）免于鉴定（ ）		
主要研究人员姓名	单位	职务和职称		课题研究中所承担的工作
陈沙沙	翠园东晓	教师/中级		课堂案例
韩学玲	翠园东晓	教师/中级		学生习作
巫国辉	翠园东晓	主任/中级		调查报告
解玉龙	翠园东晓	主任/中级		调查报告
郑志雄	翠园东晓	教师/中级		数据分析
屈文驰	翠园东晓	教师/二级		论文收集
伍法正	翠园东晓	教师/中级		论文
曾泳聪	翠园东晓	教师/中级		论文
林泽龙	翠园东晓	教师/二级		论文
吴剑辉	翠园东晓	教师/二级		课堂案例
周升武	华富小学	教师/中级		课堂实例
沈 平	梅园小学	教师/中级		数据分析

表 3 - 2 - 12　重要的阶段性研究成果统计表

成果名称	作者姓名	成果形式	完成年月	出版单位或发表刊物名称、刊号	获奖或转载引用情况
快乐学数学	张正华	专著	2020 年 1 月	光明日报出版社	发表
小构造大学问	张正华	论文	2018 年 8 月	初中数学教与学	发表
巧解数学文化中的诗歌趣题	张正华	论文	2019 年 3 月	初中数学教与学	发表
构造法在中小学数学中的应用	张正华	论文	2019 年 3 月	数学学习与研究	深圳市教育学会二等奖
浅谈初中数学教学中育人教育	张正华	论文	2019 年 2 月	师道	发表
在开放式课堂中渗透数学核心素养	张正华	论文	2019 年 11 月	初中数学教与学	发表
用波利亚解题模型指导学生学会解题	屈文驰	论文	2020 年 5 月	传奇故事：百家讲堂	发表
"一带一路"，在数字中运行——勾股定理再探究研究报告	张正华	研究报告	2018 年 11 月	北师大中国教育创新研究院 21 世纪人才标准联盟	全国指导教师三等奖
构建数学模型思想提升学生核心素养	张正华	论文	2019 年 5 月—6 月	深圳市教育科学研究院 广东教育学会中学数学专业委员会	特等奖 一等奖
浅谈模型思想在初中数学课堂中的应用	伍法正	论文	2019 年 5 月	深圳市教育科学研究院	一等奖
中考数学疑难问题设计	曾泳聪	教学设计	2019 年 3 月	广东教育学会中学数学专业委员会	二等奖

成果名称	作者姓名	成果形式	完成年月	出版单位或发表刊物名称、刊号	获奖或转载引用情况
有趣的勾股定理	张正华	小课题	2019 年 1 月	深圳市教育科学研究院	指导学生结题
班级数学文化建设	张正华	小课题	2019 年 1 月	深圳市教育科学研究院	指导学生结题
勾股定理的应用	张正华	微课	2018 年 12 月	深圳市教育局	优秀奖
名师高清优质课例视频	张正华	录播课	2019 年 12 月	深圳市教育局	优秀奖
中小学数学教育衔接	张正华	讲座（视频）	2019 年 9 月	深圳市龙华区行知小学	优秀
数学解题策略的思考	张正华	视频	2020 年 4 月	罗湖区教育科学院	优秀
基于数学文化视角的初中教学实践与思考	张正华	讲座	2019 年 11 月	深圳市中小幼继续教育	全市数学教师

表 3 − 2 − 13　课题研究成果鉴定表

拟提交鉴定的成果名称、成果的主要内容等。	一、研究成果的主要内容 研究成果主要有专著、论文、课程、案例集等。参见统计表，成果结构如下。 论著：1 部 论文：13 篇 教学课例：8 个 继续教育课程：1 门 小课题：2 个 二、课题主要成果与特色 专著：《快乐学数学》 特色：课题组以学科核心素养为指引，组织课题组成员们，紧扣课标，深入探讨《义务教育数学课程标准（2011 年版)》，编撰成果专著《快乐学数学》。结合主持人多年来的教学经验：一方面，"思维训练篇"对学生从小进行思维能力的训练，列举了生动的趣味数学实例，让学生快乐学数学的教学实践；另一方面，"课题探

拟提交鉴定的成果名称、成果的主要内容等。	究篇"学生探究性小课题的成果;再次,"解题思考篇"展示了作者数学思想方法和多年的实践探究,将会给深圳中小学数学教学带来新的研究视角和发展动力。 **三、课题创新之处** (1)立足教材,深化课程与数学校园文化的融合,构建充满文化气息的数学课堂。 (2)学生开展探究性小课题,教师在课堂中渗透数学文化,提升师生的核心素养。 (同"初中数学'综合与实践'与数学校园文化建设的实践研究"的中期报告中的"二、代表成果二"的相关内容)
对成果的自我评价和已经了解到的社会反映	**自我评价:** 初中数学"综合与实践"与数学校园文化建设的实践研究,是促进数学核心素养落地生根的重要举措。课题组正是以此为研究契机,使教师通过领悟,初中数学综合与实践,从数学问题、数学方法和数学思想的角度来组织学习素材,以提高学生的数学素养、文化素养、思想素养为中心;采用师生平等互动的教学方式,关注学习过程中的个人体验、思维方式及对信息、资料的整理和综合。数学思想方法的累积,实践和探索中的感悟,这个过程,渗透了数学文化。教师倡导在真实的课堂中展开合作、反思、探究的观测,是一种以教师自身的课堂实践为基础,并充分利用教师合作学习的力量,着眼于发展教师的洞见、实践能力和专长的专业发展形式,走在深圳市初中实验教学评一体化改革的最前沿。成员们参与前期的理论研究,对自己班级进行试验。最终,取得良好的效果。通过课题的研究,我们的学生成长了,我们的教师也成长了。
对成果的自我评价和已经了解到的社会反映	**社会反映:** 经过这两年的研究,取得的成果走出校门,进入深圳各区,还有惠州大学的学生们中,引起全市教师的关注与参与。在深圳市继续教育培训中,教师们认为:数学文化有对教师们的引领、感染;强规范、量化利用;生活数学化,数学化归到生活;课堂教学有效、效率优先;数学趣事,数学名家巧穿插;数学之美巧体现。课堂教学中的数学文化已经起到积极影响,激发了一群青年教师投入到数学的创新中,掌握学习数学的诀窍——少、慢、精、深,了解数学的实验、猜想、证明方法,学好数学的八种数学能力和五种数学素养。

申请免予鉴定或申请项目优秀成果	是否申请免予鉴定？是否申请项目优秀成果？请说明理由。 申请人（项目责任人或首席专家）（签章）： 　　　　　　　　　　　　　　　年　月　日

"初中数学'综合与实践'与数学校园文化建设的实践研究"的研究报告

一、简介部分

（一）标题

《初中数学"综合与实践"与数学校园文化建设的实践研究》的研究报告。

（二）摘要

初中数学文化走进校园、走进课堂，渗入实际数学学习之中。教材内容渗透数学文化的内涵：数学思想方法、数学应用价值、数学历史文化、数学欣赏、数学之奇、数学之美等。"综合与实践"可以在课内完成，也可在课外完成。通过本课题研究，以"综合与实践"为载体，形成一种数学校园文化的学习系统。构建起具有校本特色、框架合理、内涵丰富的初中数学校园文化结构，促进教师更新数学教育观念、提升数学专业素养，促进学生转变学习方式、培养创新意识和探索精神。

（三）缘起

1. 课题研究的原因

（同广东省教育科学研究课题开题报告中的"二、（二）1.（1）"的相关内容）

2. 研究起始历程

（1）2018年2—8月，形成研究框架，开题。综合以上研究思路，提出初步研究计划，组织相关专家、学者进行论证研究，并根据合理建议修改研究思路，最后形成科学、完整、合理的研究方案。

（2）2018年9—12月，开展学生探究性小课题中期研究。2019年1—6月，组织学生进行小课题结题报告撰写。

（3）2019年8月—2020年2月，形成研究报告初稿，根据数学课程标准，结合专家、学者研讨建议，并广泛推广；在深圳市，面对全市数学教师开设继续教育课程，在广东省初等数学学会数学沙龙上、广东省教育学会中学数学教育专业委员会上汇报《核心素养下的数学文化实践与研究》等。

二、主体部分

（一）背景研究聚焦问题：依托理论、应用学术价值

（同省级规划课题"初中数学'综合与实践'与数学校园文化建设实践研究"的立项中的"二、（一）2."的相关内容）

（二）核心概念界定

（同省级规划课题"初中数学'综合与实践'与数学校园文化建设实践研究"的立项中的"二、（三）2.（1）"的相关内容）

（三）文献研究述评

（同省级规划课题"初中数学'综合与实践'与数学校园文化建设实践研究"的立项中的"二、（二）"的相关内容）

（四）研究内容、目标，创新之处

（同省级规划课题"初中数学'综合与实践'与数学校园文化建设实践研究"的立项中的"二、（三）2."的相关内容）

（五）研究方法和研究手段

（同省级规划课题"初中数学'综合与实践'与数学校园文化建设实践研究"的立项中的"二、（五）1."的相关内容）

（六）课题的研究阶段和实施计划步骤

（同省级规划课题"初中数学'综合与实践'与数学校园文化建设实践研究"的立项中的"二、（五）2."的相关内容）

三、结果呈现

研究成果主要有论著、论文、课程、案例集四个类别。参见统计表。

专著代表作品：

快乐学数学

基本内容：初中数学"综合与实践"与数学校园文化建设的实践研究，是促进数学核心素养落地生根的重要举措。课题组正是以此为研究契机，教师通过领悟初中数学综合与实践，从数学问题、数学方法和数学思想的角度来组织学习素材，以提高学生的数学素养、文化素养、思想素养为中心，采用师生平等互动的教学方式，关注学生学习过程中的个人体验、思维方式及对信息、资料的整理和综合。数学思想方法的累积，实践和探索中的感悟，这个过程，渗透了数学文化。教师倡导在真实的课堂展开合作、反思、探究的观测，这是一种以教师自身的课堂实践为基础，并充分利用教师合作学习的力量，着眼于发展教师的洞见、实践能力和专长的专业发展形式，走在深圳市初中实验教学评一体化改革的最前沿。成员们参与前期的理论研究，在自己班级进行试验，尝试各种方法，最终，取得良好的效果。通过课题的研究，我们的学生成长了，我们的教师也成长了。

学术价值与社会影响：经过这两年的研究，取得的成果走出校门，进入到深圳各区，还有惠州大学的学生们中，引起全市教师的关注与参与。深圳市继续教育培训中，教师们认为：数学文化对教师们引领、感染；强规范、量化利用；生活数学化，数学化归到生活；课堂教学有效、效率优先；数学趣事，数学名家巧穿插；数学之美巧体现。课堂教学中的数学文化已经起到积极影响，激发了一群青年教师投入到数学教学的创新中，掌握学习数学的诀窍——少、慢、精、深，了解数学的实验、猜想、证明方法，学好数学的八种数学能力和五种数学素养。

四、思考与展望

（同"初中数学'综合与实践'与数学校园文化建设的实践研究"的结题报告中的"四、"相关内容）

基于数学文化视角的初中教学实践与思考成果公报

成果公报标题：基于数学文化视角的初中教学实践与思考

课题题目：初中数学"综合与实践"与数学校园文化建设的实践研究

课题及批准号：广东省一般课题（2018YQJK074）

主持人：深圳市罗湖区翠园东晓中学张正华

课题组主要成员：陈沙沙、韩雪玲、解玉龙、巫国辉、郑志雄、伍法正、曾咏聪、屈文驰、吴剑辉、沈平、周升武、林泽龙

一、研究价值与意义

随着新一轮课改的逐渐深化，随着《义务教育数学课程标准（2011 年版)》的实施，我们的数学教师普遍认识到：初中数学正在文化走进校园、走进课堂，渗入实际数学学习中。

（同省级规划课题"初中数学'综合与实践'与数学校园文化建设实践研究"的立项中的"二、（一）2."的相关内容）

二、研究目标、内容与创新之处

（一）研究目标

本课题的研究以"综合与实践"为载体，形成一种数学校园文化的学习系统，将数学文化活动融入到校园文化活动中，让数学文化成为校园文化的门面。初步构建初中数学校园文化结构，促进教师更新数学教育观念、提升数学核心素养，促进学生转变学习方式、培养创新意识和探索精神。总体目标可分为三个方面。第一，通过研究所使用的初中数学教材中"综合与实践"的实例，探索优化数学课堂教学的方法。通过国内外文献分析、调查研究，构建符合现代教学观、教师观、学生观、学习观的最优化的数学课堂教学基本思路和做法。第二，通过课题研究，初步建构起具有校本特色、框架合理、内涵丰富的中小学数学校园文化结构。第三，依托劳模创新工作室课题校本教研，挖掘数学文化资源，拓展学生的数学视野，激发学生的学习兴趣，丰富学生的数学知识，使学生感受到数学文化的价值所在。

初步研制《初中数学"综合与实践"与数学校园文化建设的实践研究论文集》《初中数学"综合与实践"与数学校园文化建设的实践研究教学案例集》和《快乐学数学》系列成果。

（二）研究内容

1. 立足教材，深化课程与数学校园文化的融合，构建充满文化气息的数学课堂

如立项中提到的，在立足初中数学教材，凸显"综合与实践"的基础上，

我们要注重数学文化的积淀，主要的阵地是在数学课堂。这就要求数学学习的内容在范围、题材和呈现方式上更多反映现实，联系学生生活实际以及数学的现实和历史，构建充满文化气息的数学课堂。

2. 丰富学生数学活动，搭建展示平台，营造浓郁的数学校园文化氛围

（同省级规划课题"初中数学'综合与实践'与数学校园文化建设实践研究"的立项中的"二、（三）2．（2）②"的相关内容）

3. 开发校本课程资源，利用信息技术，拓展校园数学文化的内涵

（同省级规划课题"初中数学'综合与实践'与数学校园文化建设实践研究"的立项中的"二、（三）2．（2）③"的相关内容）

4. 学生开展探究性小课题，教师课堂中渗透数学文化，提升师生的核心素养

（1）学生利用班级数学文化建设及弘扬数学传统文化，积极申报深圳市中小学生探究性小课题。通过在数学学科领域内或现实生活情境中基于以问题为中心所开展的研究性小课题，让学生选取某个问题作为切入点，通过质疑、发现问题，并通过调查研究、分析研讨等方式解决问题。将成果汇编成册。

（2）提升教师数学文化的素养。要让学生受到数学文化的熏陶，教师必须要有"数学文化气质"，丘成桐先生说："学数学是要有一点气质的。"如何增强数学教师的"数学文化气质"？可通过校本研修、数学文化培训、阅读数学文化、勤于写作等。

（3）在数学课堂中渗透数学文化。通过案例、微课、视频等形式把数学史、思想方法、生活中数学的美、数学的信息化资源开发融于课堂，也可以指导学生课外学习掌握一些简单的数学思想、数学游戏，感受数学好玩、数学有用、数学是美的，让学生学会用数学的眼光去看这个世界，用数学的头脑去解决身边的问题。

（三）创新之处

（同省级规划课题"初中数学'综合与实践'与数学校园文化建设实践研究"的立项中的"二、（四）2．"的相关内容）

三、重要研究活动

（1）2018年2—8月，形成研究框架，开题。综合以上研究思路，提出初步研究计划，组织相关专家、学者进行论证研究，并根据合理建议修改研究思路，最后形成科学、完整、合理的研究方案。

（2）2018 年 9 月—2018 年 12 月，开展学生探究性小课题中期研究。2019 年 6 月，组织学生进行小课题结题报告撰写。

（3）2019 年 8 月—2020 年 2 月，形成研究报告初稿，根据数学课程标准，结合专家、学者研讨建议，并广泛推广在深圳市为全市数学教师开设继续教育课程，在广东省初等数学学会数学沙龙、省教育学会中学数学教育专业委员会上做《核心素养下的数学文化实践与研究》文本解读培训和教研活动。

四、重要结论与对策

（同省级规划课题"初中数学'综合与实践'与数学校园文化建设实践研究"的立项中的"二、（三）1.（2）"的相关内容）

五、成效成果与影响

编撰成果专著《快乐学数学》紧扣课标，深入探讨结合自己多年来的教学经验：首先，"思维训练篇"对学生从小进行思维能力的训练，列举了生动的趣味数学实例，让学生快乐学数学；其次，"课题探究篇"为学生探究性小课题的成果；最后，"解题思考篇"展示了作者数学思想方法和多年的实践探究。

在各级期刊上发表论文 10 多篇，其中课题论文的代表作基本内容展示如下。

建构数学模型思想提升学生的核心素养

模型思想基本内容是：数学模型思想，简单地说就是把实际问题用数学语言抽象概括，从数学角度来反映或近似地反映实际问题，得出的关于实际问题的数学描述。其形式是多样的，可以是方程（组）、不等式、函数、几何图形等。模型思想应该成为教与学的根本思路，也是数学发现、数学解题的常用思想方法。

初中学生数学的核心素养：在传授知识的同时，促使学生形成数学逻辑思想，运用合理的数学方法解决实际问题，积累丰富的数学活动经验。提升学生核心素养的关键是：培养学生运用数学知识解决生活、学习和工作中遇到的实际问题的能力，培养学生的数学思维，使学生端正学习态度，形成核心的素养。

学术价值与社会影响：此论文获得《中学数学教学参考》陕西师范大学

出版社举办的首届青年教师论坛一等奖，并获广东省教育论文一等奖、深圳市数学论文特等奖。

深圳市继续教育课程"基于数学文化视角的初中教学实践与思考"

基本内容：介绍课题组理论与实践研究的成果，从课程理论意义、现实意义到课程目标的定位、内容框架安排，再到课程的创新点三个方面。关注实践、关注课内课外相结合，便于学习对象操作。

学术价值与社会影响：继续教育课程"基于数学文化视角的初中教学实践与思考"，旨在宣传初中数学教师在课题中的研究成果，由课题主持人张正华主讲，在省外、深圳市内多次宣讲，引起基础教育研究同行的密切关注。

六、存在问题与完善建议

（同"初中数学'综合与实践'与数学校园文化建设的实践研究"的结题报告中的"四、"的相关内容）

成果列表见表 3-2-14，结项证书如图 3-2-2 所示。

表 3-2-14　成果列表

序号	作者	成果形式	成果名称	出版单位/发表刊物	刊物级别（CSSCI/核心）	出版时间/刊物期号	转载	获奖情况
1	张正华	专著	快乐学数学	光明日报出版社	/	2020 年 1 月	—	—
2	张正华	教学论文	在开放教学中提升学生核心素养	初中数学教与学	国家级非核心	2019 年 11 月	—	—

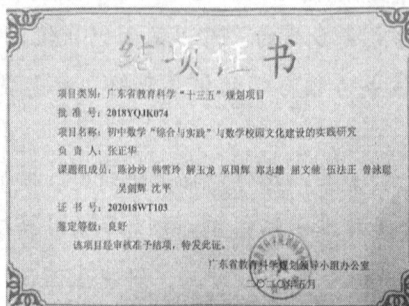

图 3-2-2

第三节 以生为本，课堂革命

2022 年 4 月，教育部发布的义务教育学段的新课标（2022 年版），进一步明确了"以学生发展为本"的基本理念，提出了发展学生核心素养的课程目标，为学科教学改革指明方向。如何有效实现"减负、提质、增效"，加快发展学生的核心素养是当下每一所学校、每一位教师都要积极面对的重要课题。

以生为本，设计有效。教学设计应该以"为党育人、为国育才""立德树人"为依据，围绕学科课程目标，对教学活动全过程、全方位进行系统地规划布局。基于以上思考，课题组试图从"教学设计"着手，探索一条完善管理、发展素养、提质增效的新路，提出"'双减'背景下指向核心素养的教学设计策略研究"课题，以生为本，课堂革命。（此课题已于 2022 年，为立项广东省规划课题重点课题）

一、研究的意义

（一）理论意义

本研究从提高数学学科课堂教学的有效性视角，从数学学科核心素养的培养目标出发，从实践与理论相结合的角度来探讨指向学科核心素养培养的方法途径、实施策略的教学设计的结构范式、构成要素、层面体系，能够进一步丰富教学理论。

（二）实践意义

本研究在学科核心素养的视域下，反思目前课堂教学中存在的实际问题，提出具有针对性的、合理化的策略，从教学全过程、全方位视野进行教学设计，增强教师教学设计的意识，提高教师教学设计的技术水平和教学素养，优化学校教学管理，丰富教学文化建设，促进教师专业成长，提高学校教学质量，为学校高质量发展积累经验。

二、理论基础

学习理论是教学设计的基础，教学设计随着学习理论的发展而变化，随着心理学由行为主义到认知主义，再到建构主义范式的转变，教学设计也由以"教"为主的教学设计转向以学为主的教学设计和"学与教"相融合的教学设计。把握教学设计的变化，对我们科学地进行教学设计具有重要的指导意义。

（一）基于行为主义的教学设计：以教为中心

行为主义心理学认为，学习是刺激与反应之间建立连接的过程，教学设计要把教师的教放在教学设计的中心地位，教师的教刺激学习者的学，这是被动的角色自觉和反应。基于行为主义的教学设计；有以下几个特点：一是强调确定的可观察测量的学习结果，并设计行为目标，以引导技能的获得。二是强调学习者分析，预先评估学习者的知识和技能水平，以确定教学设计的开端。三是重视反馈强化。运用反馈调节学习行为的预期方向；四是运用、塑造和练习，以确保形成刺激与反应之间有力的联系，重视从简单到复杂的练习序列。行为主义教学设计，忽略了学习的主体因素和教学情境的变化，无法设计复杂的学习任务，但在技能性训练和练习能力培养中具有较好的效果。

（二）基于认知主义的教学设计，以学为中心

认知主义心理学认为，人的认识是外部认知和主体内部心理过程相互作用的结果。教学设计重视学生在学习过程中新旧知识的相互作用，强调分析学生的智能结构、学习风格和原有的认知水平。基于认知主义的教学设计有以下特点：一是强调学习者主动参与学习过程，重视学习者的主体价值和自觉能动性；二是强调选择尽可能丰富的学习材料，吸引学生主动参与；三是重视学习材料的呈现顺序，要求按照从易到难的顺序主持教学内容，以适应学习者的认知发展水平；四是鼓励学习者通过回忆、类比、例证等方式与先行材料建立联系；五是重视反馈的意义和价值，设计反馈练习的情景，以促进学生对学习内容的掌握。

（三）基于建构主义的教学设计学与教的融合

建构主义认为，学习新知识的过程是学习者根据其对经验的不同理解建构不同意义的过程，强调情境、协作、会话和意义建构四个要素。基于建构主义的教学设计有以下特点：一是以问题为核心，驱动学习者进行自主学习。

通过问题激励学习者主动参与与探索问题，并探寻可能的解决方案；二是学习问题在设定的情境中展开，强调学习情境，促进学习者的生活现实；三是以学习者为中心，保证学习的自我理解和操作信息，以求得个体发展；四是强调协作和提供支持，为协作、学习提供资源；五是强调弹性的整体性评价和形成性评价，并提供及时的反馈。

三、研究基础

深圳教育首先要打破传统思想所造成的发展瓶颈，瞄准深圳的未来战略发展新定位，重新进行立足国际教育新成就和深圳事情相结合的顶层设计，以高质量教育打造先行示范区和粤港湾大湾区的"双区"教育高地。翠园文锦中学通过管理一体化、人才培养一体化的探索，深入推进集团化办学，资源共享、人才流动、教育互补，全面提升翠园文锦中学的办学水平和品质。"双减"政策的出台，学校就提出"教研兴校、教研扶校、教研强校"的发展理念，各学科组开展"思乐课堂"为主题的"三课行动"（"新进教师亮相课""青年教师汇报课""骨干教师展示课"）等各类研讨活动，校园内呈现一派热火朝天地研课、磨课、评课的喜人景象。学校还狠抓集体备课，学校行政蹲点各备课组进行指导，要求每位教师每月至少要听 2 节备课组老师的课，互相学习、共同进步。

如何实现"双减"政策背景下的课堂提质增效？翠园文锦中学以教研推动课堂改革，构建让学生的思维动起来的"本真课堂"，积极倡导实行真情景、真问题、真活动，强调自主性、合作性、应用性，还学生动口、动手、动脑课程理念的"本真课堂"，并广泛开展"本真课堂"研讨活动。

四、研究内容

（1）结合"双减"的要求，着重研究两个方面的内容：一是如何减轻学生单学科作业量，即提高作业质量，改变作业方式，探索建构新的作业结构和多样化的作业形式；二是优化课堂教学设计，提高课堂教学质量，满足学生课堂学足学好的要求。简言之：研究学科作业的结构和创新形式；探索高效课堂的新课型。

（2）根据义务教学新课程标准对学科核心素养的要求，结合不同学科核心素养的维度，研究构建"素养型课堂"的主要策略和基本范式，如思维训练课型、语言训练课型、问题导向课型、情境教学课型、任务群教学课型、大单元教学课型、跨学科学习课型、项目式学习课型、主题探究式课型等。

（3）着眼于教学设计策略，就是从中观层面研究落实"双减"要求和学科核心素养要求的课堂教学流程特点和基本范式规律，例如思维训练的基本策略和设计范式、实验操作的基本策略与教学范式、问题探究设计的策略和范式、情境教学设计策略和基本范式等。

（4）研究符合"双减"要求的素养型课堂教学的创新路径和策略，为教师设计学科教学提供原则性的指导和规范。

五、研究目标

（一）转变教师教学理念，优化教学内容设置

新课程把关注学生知识的目标进一步升华为培养学生综合能力的学科核心素养，这使教师意识到培养核心素养比提高成绩更重要，自然会面向全体学生，使全体学生在能力上都能有一个跨越性的提高。通过本课题研究能让教师对学生学科核心素养的培养有高度的认识和理解，从而探索、形成各学科核心素养的培养策略。

（二）探索建构素养课堂，促进学生核心素养发展

《基础教育课程改革纲要（试行）》指出："改变课程过于注重知识传授的倾向，强调形成积极主动的学习态度，使获得基础知识与基本技能的过程同时成为学会学习和形成正确价值观的过程。"通过本课题研究，开发学生思维的独立性、自主性、深刻性、创造性。

（三）研究教学方式创新，提升课堂教学质量

学科核心素养的培养是一个系统工作，必须有一个循序渐进的过程。在此过程中，教师应注重学生学习方法的改变，从而促进他们学习方式的改革。培养学生专心听讲、勤于动脑独立思考、认真细致独立完成作业等，使学生养成良好的学习习惯。通过本课题研究使学生在自主性学习、研究性学习和合作性学习方面进一步提高。

（四）构建教学设计策略，落实"双减"工作要求

传统教学的评价观是"以教师评价为中心，以结果评价为中心"，这种评价影响了教师的教学方法，也制约着学生创新意识和实践能力的提高，不利于学生的全面发展。新课标指出评价的功能就是：促进学生发展、教师提高和改进教学实践。因此，应建立一套科学合理的适应学生身心发展特点的学科评价体系，这是一项具有一定挑战性和综合性的工作。通过本课题研究，

我们将迎难而上进一步完善学生学科素养的评价方式，形成一套科学合理的学科学习的评价体系。

六、研究拟突破的重点、拟解决的关键问题

（1）本课题研究将立足于中学各学科教学实践，针对我校学生的身心特点和教育环境，以新课程理论为指导，在教学中不断地实践探索，探索构建培养中学生学科核心素养的系统教学策略。

（2）希望通过本课题研究，可以进一步提高我校教师的整体教学研究水平，进一步提升学校教育教学质量，提高学生的创新意识和实践能力。

七、主要创新之处

（1）构建"双减"背景下的作业创新设计模型（结构和形式），形成"高效课堂"特征。

（2）探索构建"素养型课堂"的系统策略和基本范式。

（3）建设落实"双减"要求和学科核心素养课堂的指导性意见和基本原则。

八、课题的研究方法

（1）调研法：调查研究当前学校各学科作业情况及课堂教学落实核心素养的现状，包括教师和学生的观念、认识以及具体表现等，对统计结果进行分析，将其结果作为设计研究内容和研究思路的重要依据。

（2）访谈法。

（3）行动研究法。

（4）文献研究法。

（5）经验总结法。

九、课题的研究阶段和实施计划步骤

本课题研究为期二年，实验将分为以下三个阶段完成：

（一）准备阶段（2022 年 5 月—2023 年 2 月）

成立课题领导组和专家指导组。工作室主持人担任组长，校各学科组长及劳模工作室成员作为课题组成员，聘请课题顾问，学习理论，制订实验方案和实施计划。

（二）实施阶段（2023 年 3—7 月）

（1）组织课题组成员，讨论如何研究《"双减"下学科素养导向的课堂教学设计的研究》实施策略。

（2）邀请课题实验顾问开展课题研究指导活动，全面完善、实施实验研究方案，同时积累材料。

（3）各实验教师开展课题实验研究。

（4）邀请课题专家组举办讲座，答疑解惑。

（5）开展课题研讨交流会。

（6）组织工作室成员整理实验资料，撰写相关论文、论著。

（7）召开课题实验中期汇报会。

（8）收集实验教师典型教学实录和微课，录制光盘。

（三）深化研究结果阶段（2023 年 8 月—2024 年 10 月）

（1）撰写各阶段研究报告。

（2）整理分析研究结果，编写实验阶段的优秀案例、论文集和学生活动作品，并将有关教学案例实录和微课录制成光盘。

（3）推广实验研究成果。

（4）完成本课题结题报告及申请结题。

最终研究成果：《课题结题报告》《初中核心素养的教学设计的策略研究论文集》《教学设计》丛书。

十、教学实践案例

（一）广东省中考数学疑难问题的教学设计

思路：本节课先从常见的线段和最值问题（将军饮马模型）背景入手，引出本课核心问题——"$PA + k \cdot PB$"型最值问题，并派生出辅问题——"胡不归"与"阿氏圆"模型，归纳出解决这类问题的主要的思想方法与技巧。通常解决此类问题的关键是在认识模型的基础上，识别题目模型，再建立对应模型解决问题。所以，培养学生的函数思想、模型思想、数形结合思想尤为重要，要让学生学会在具体的问题中，根据实际情境选择恰当的解决方法。最后，通过巩固训练，加深学生对模型的认识使学生，提高解题熟练度，从而掌握解决此类问题的常用方法。

中考数学疑难问题

——"$PA + k \cdot PB$"型最值问题教学设计

一、疑难点的分析

线段和最值问题是近年来中考的热点之一。因涉及动态变化，对动态思维、模型思维要求较高，学生往往难以解决这类问题。此类问题常常有两类题型，一类题型如直接求两定一动"$PA + PB$"最小值问题，第二类题型如求两定一动"$PA + 2PB$"，等等。通常解决此类问题的关键是在认识模型的基础上，识别题目模型，再建立对应模型解决问题。所以，解决此类问题关键在于对此类问题模型的学习和识别。

二、学生分析

学生在七年级开始学习对称的性质，基本掌握了求解两定一动线段和最小值问题等技能，会求常见的"$PA + PB$"最小值问题（将军饮马模型）。在八年级学习了勾股定理和直角三角形特殊的边角关系后，开始接触动点在直线上运动的"$PA + k \cdot PB$"型最值问题（胡不归模型），但还是掌握得不是很好。到九年级后，通过学习相似与圆，会遇到动点在圆上运动的"$PA + k \cdot PB$"型最值问题（阿氏圆模型），许多学生难以下手。所以培养学生的函数思想、模型思想、数形结合思想显得尤为重要，要让学生学会在具体的问题中，根据实际情境选择恰当的解决方法。

三、教学目标

知识与技能：掌握与识别题目中的三种"$PA + k \cdot PB$"型最值问题模型，会建立模型解决在不同背景下的最值问题。

过程与方法：观察交流、猜想验证、概括等活动，进一步发展学生的推理能力和有条理表达的能力。善于举一反三，学会运用类比、数形结合等思想方法解决综合大题。

情感、态度与价值观：激发学生学习数学的兴趣，在解决实际问题的过程中了解数学的价值。

四、教学重难点

重点：掌握三种"$PA + k \cdot PB$"型最值问题模型。

难点：使用题目中"$PA + k \cdot PB$"型最值问题模型解决问题。

五、教学过程

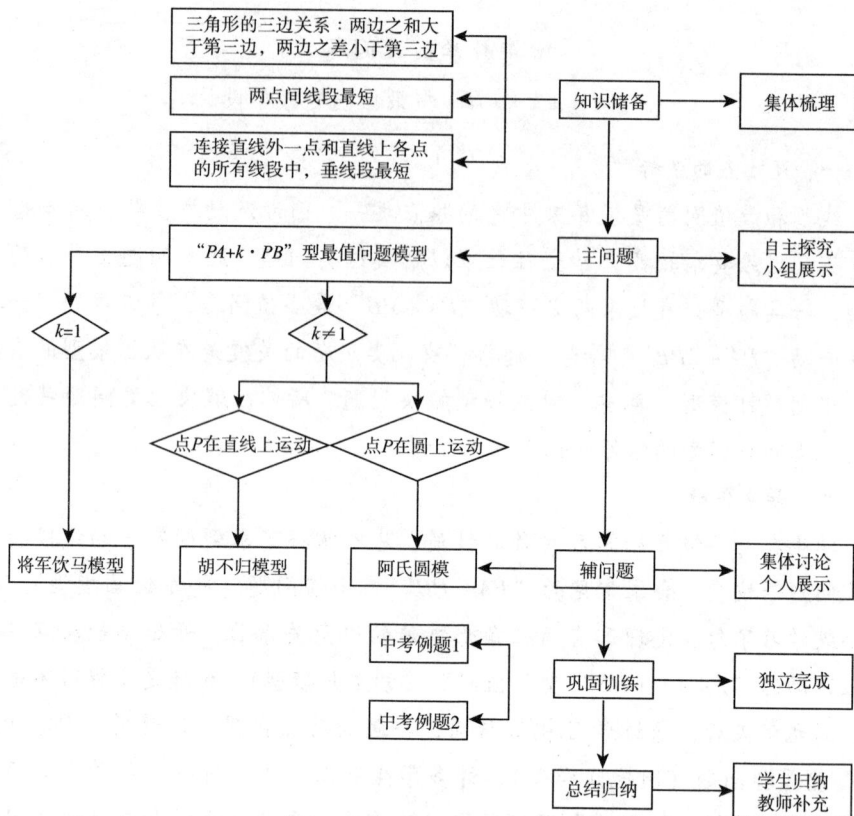

图 3 - 3 - 1

（一）引入

近年来，中考数学的压轴题，有许多都是围绕最值问题展开，如二次函数下三角形面积最值问题、二次函数动点问题、二次函数分类讨论、几何线段长最值问题等综合问题，以二次函数为背景的最值问题也是命题热点之一。今天我们就来学习"'$PA+k \cdot PB$'型最值问题"。

设计意图：教师直接展示教学目标，学生明确学习目标。

（二）知识储备

线段最值问题常用原理：

（1）三角形的三边关系：两边之和大于第三边，两边之差小于第三边。

（2）两点间线段最短。

（3）连接直线外一点和直线上各点的所有线段中，垂线段最短。

设计意图：让学生回顾已学过的线段最值基本原理，调动学生头脑中的知识储备，使学生快速进入状态，降低探索本课知识的难度。

（三）主问题情景

当 $k=1$ 时，问题转化成常见的"$PA + PB$"最小值问题，也就是我们熟悉的将军饮马模型。

模型①：在直线 l 上求作点 P，使 $PA + PB$ 最小。（图 3 - 3 - 2）

此类问题可转化成求△APB 周长最短问题。

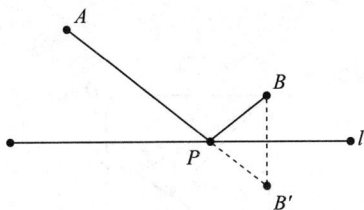

图 3 - 3 - 2

模型②：在直线 l 上求作点 M，N，使 $MN = a$，且 $AM + MN + NB$ 最小。（图 3 - 3 - 3）

此类问题可转化成求四边形 $AMNB$ 周长最短问题。

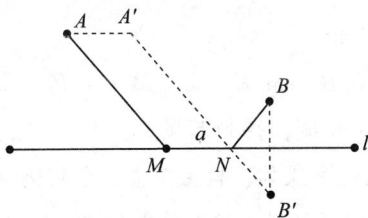

图 3 - 3 - 3

巩固练习：如图 3 - 3 - 4 所示，正方形 $ABCD$ 的边长为 6，△ABE 是等边三角形，点 E 在正方形 $ABCD$ 内，在对角线 AC 上有一点 P，使 $PD + PE$ 的和最小，则这个最小值为_____．

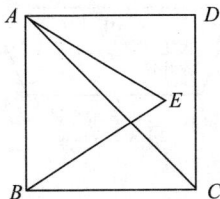

图 3 - 3 - 4

解：设 BE 与 AC 交于点 P，连接 BD，PD，（图 3 - 3 - 5），

∵ 点 B 与 D 关于 AC 对称，∴ $PD = PB$，

$\therefore PD + PE = PB + PE = BE$ 最小。

即 P 在 AC 与 BE 的交点上时，$PD + PE$ 最小，为 BE 的长度．

$\because$ 正方形 $ABCD$ 的边长为 6，

$\therefore AB = 6.$

又 $\because$ $\triangle ABE$ 是等边三角形，

$\therefore BE = AB = 6.$

故所求最小值为 $6.$

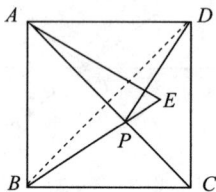

图 3 - 3 - 5

方法总结：

（1）找：在问题中找出 D、E 两个定点和动点 P 所在直线 l，识别模型。

（2）作：过点 D（或点 E）作关于直线 l 的对称点，与点 B 重合，问题转化为求 $BP + DP$ 的最小值。

（3）连：连接对称点 B 与点 E，交直线 l 于 P．

（4）求：求线段 BD 长度，得到答案。

设计意图：通过学生动手操作、自主探索、合作交流等学习方式，使学生自己完成由特例归纳一般规律的活动，培养学生分析、归纳能力。（图 3 - 3 - 6）

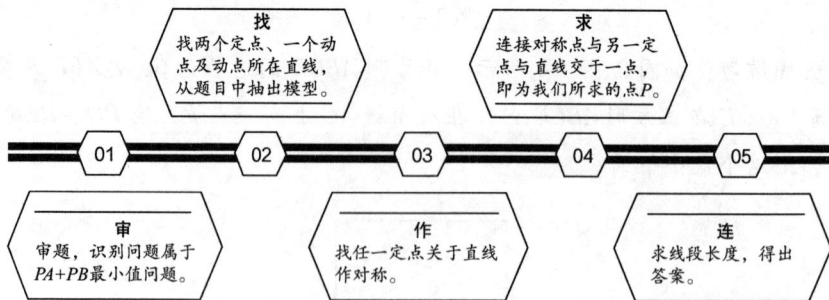

图 3 - 3 - 6

（四）辅问题情景 1

当 $k \neq 1$ 时，此类问题的处理通常以动点 P 所在图象的不同来分类，一般分为 2 类研究。

问题 1：点 P 在直线上运动"胡不归"问题。

如图 3 - 3 - 7 所示，已知点 P 为射线 BM 上的一个动点，点 A 是射线 BM 外的一点，连接 AP，确定 P 点位置，使 "$PA + k \cdot PB$" 的值最小。

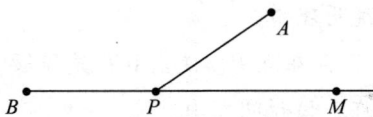

图 3 - 3 - 7

模型主要思路为将问题中的 $k \cdot PB$ 通过特殊角的直角三角形边角关系，利用三角函数转化为无系数的 PH 线段长度，将问题转化为将军饮马模型，从而解决问题。其中 k 值一般有两种情况：

当 $k = \dfrac{1}{2}$ 时，对应 $30°$ 直角三角形，$\dfrac{1}{2}PB = PH$.

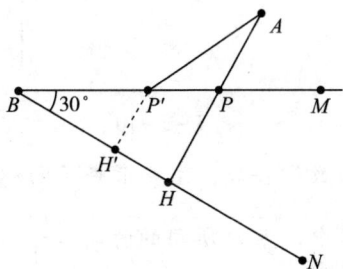

图 3 - 3 - 8

当 $k = \dfrac{\sqrt{2}}{2}$ 时，对应 $45°$ 角直角三角形，$\dfrac{\sqrt{2}}{2}PB = PH$. （图 3 - 3 - 9）

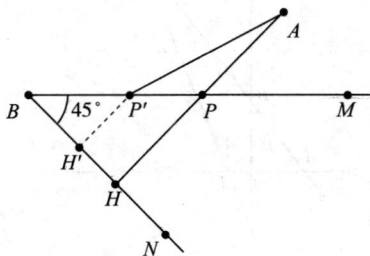

图 3 - 3 - 9

当 A、P、H 共线时，取最小值。

巩固练习：如图 3 - 3 - 10 所示，在平面直角坐标系中将 $y = 2x + 1$ 向下平移 3 个单位长度得到直线 l_1，直线 l_1 与 x 轴交于点 C；直线 l_2：$y = x + 2$ 与 x 轴、y 轴交于 A、B 两点，且与直线 l_1 交于点 D.

（1）填空：点 A 的坐标为＿＿＿＿＿＿＿，点 B 的坐标为＿＿＿＿＿＿＿.

（2）直线 l_1 的表达式为_____.

（3）在直线 l_1 上是否存在点 F，使 $S_{\triangle ACF}=2S_{\triangle ABO}$？若存在，则求出点 F 的坐标；若不存在，请说明理由。

（4）在直线 l_2 上是否存在点 P，使 $\triangle ACP$ 是等腰三角形？若存在，请求出点 P 的坐标；若不存在，请说明理由。

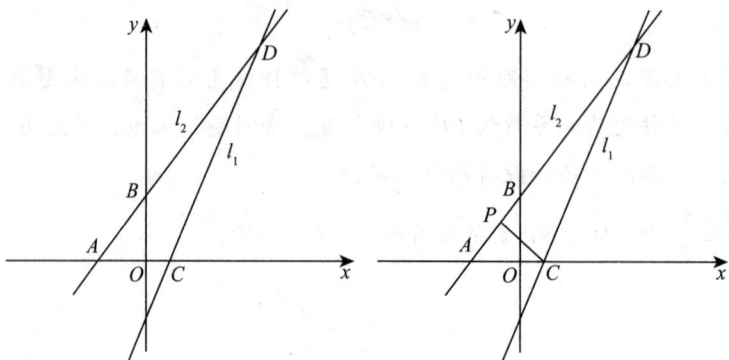

图 3-3-10

分析：本题为一次函数综合题，主要考查了面积的计算方法、解直角三角形、点的对称性等，其中，点 H 所用的时间 $=\dfrac{PC}{1}+\dfrac{PD}{\sqrt{2}}=PC+PH$，是本题的难点，也是解此类问题的一种基本方法。（图 3-3-11）

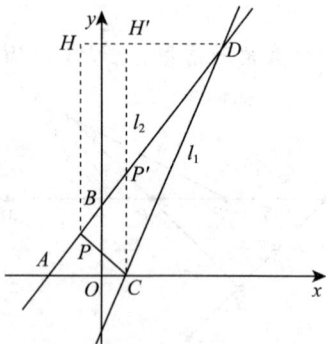

图 3-3-11

（5）过点 P、C 分别作 y 轴的平行线，分别交过点 D 作 x 轴的平行线于点 H、H'，$H'C$ 交 BD 于点 P'，直线 $l_2：y=x+2$，则 $\angle ABO=45°=\angle HBD$，$PH=\dfrac{\sqrt{2}}{2}PD$，点 H 在整个运动过程中所用时间 $=\dfrac{PC}{1}+\dfrac{PD}{\sqrt{2}}=PC+PH$，当 C、P、H 在一条直线上时，$PH+PC$ 最小，即为 $CH'=6$，点 P 坐标为（1，3）。

故：点 H 在整个运动过程中所用最少时间为 6 秒，此时点 P 的坐标为 $(1,3)$.

方法总结：（图 $3-3-12$）

（1）找：在问题中找出 C、D 两个定点和动点 P 所在直线 AD，识别问题为胡不归模型，从题目的图中抽离出基本模型。

（2）作：根据系数 $k=\dfrac{\sqrt{2}}{2}$，过在直线上的定点 D，在定点 C 的另一侧作 $\angle PDM=45°$.

（3）构：过 C 点作 $CH\perp DM$，与直线 AD 交于 P，构造直角三角形 PHD.

（4）转：利用特殊角直角三角形边与边之间关系，使得 $PH=\dfrac{\sqrt{2}}{2}PD$.

（5）求：求线段 CH 长度，得到答案。

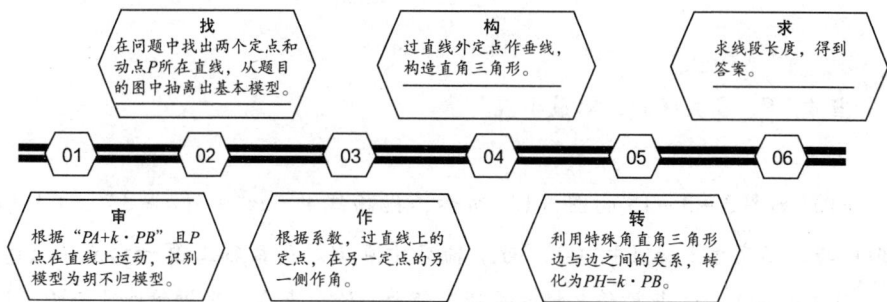

图 $3-3-12$

（五）辅问题情景 2

问题 2：点 P 在圆上运动"阿氏圆"问题。

如图 $3-3-13$ 所示，$\odot O$ 的半径为 r，点 A、B 都在 $\odot O$ 外，P 为 $\odot O$ 上的动点，

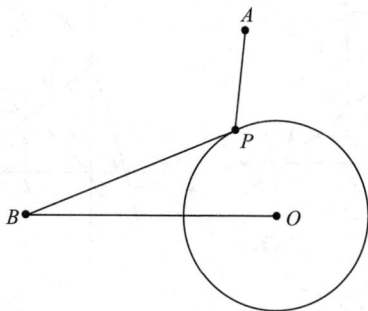

图 $3-3-13$

已知 $r = k \cdot OB$. 连接 PA、PB，确定 P 点位置，使 "$PA + k \cdot PB$" 的值最小。

模型主要思路为将问题中的 $k \cdot PB$ 通过构造相似三角形，利用对应边成比例转化为无系数的 PC 线段长度。

在线段 BO 上取一点 C 使 $PO^2 = CO \cdot BO$，由 $\angle POB = \angle COP$ 得，$\triangle POB \backsim \triangle COP$，所以有 $PC = k \cdot PB$.（图 3-3-14）

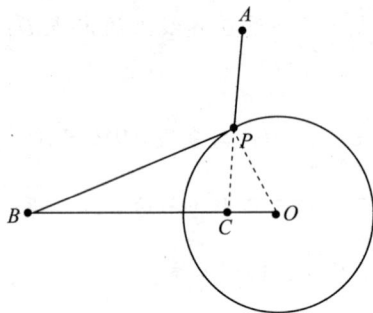

图 3-3-14

当 A、P、C 共线时，取最小值。

巩固练习：

(1) 如图 3-3-15 的图 (1) 所示，抛物线 $y = ax^2 + (a+3)x + 3$（$a \neq 0$）与 x 轴交于点 A (4，0)，与 y 轴交于点 B，在 x 轴上有一动点 E (m，0) ($0 < m < 4$)，过点 E 作 x 轴的垂线交直线 AB 于点 N，交抛物线于点 P，过点 P 作 $PM \perp AB$ 于点 M.

(2) 如图 3-3-15 的图 (2) 所示，在 (1) 条件下，将线段 OE 绕点 O 递时针旋转得到 OE'，旋转角为 α（$0° < \alpha < 90°$），连接 AE'、BE'，求 $AE' + \frac{2}{3} BE'$ 的最小值。

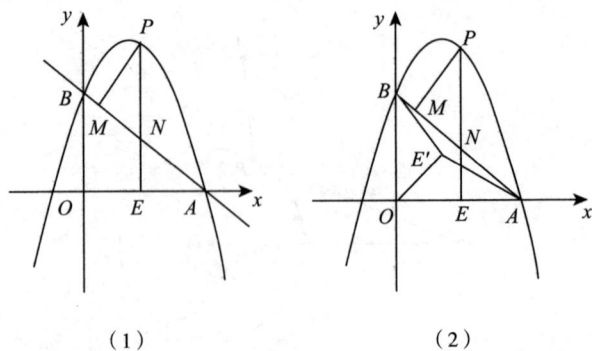

（1）　　　　　　　（2）

图 3-3-15

（3）如图 3 - 3 - 16 所示，在 y 轴上取一点 M' 使得 $OM' = \dfrac{4}{3}$，连接 AM'，在 AM' 上取一点 E' 使得 $OE' = OE$.

$\because OE' = 2$，$OM' \cdot OB = \dfrac{4}{3} \times 3 = 4$，

$\therefore OE'^2 = OM' \cdot OB$，

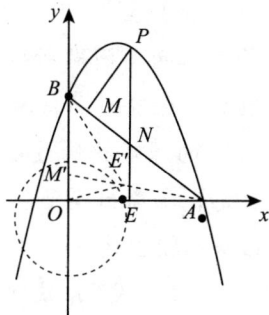

图 3 - 3 - 16

$\therefore \dfrac{OE'}{OM'} = \dfrac{OB}{OE'}$，$\because \angle BOE' = \angle M'OE'$，

$\therefore \triangle M'OE' \backsim \triangle E'OB$，

$\therefore \dfrac{M'E'}{BE'} = \dfrac{OE'}{OB} = \dfrac{2}{3}$，

$\therefore M'E' = \dfrac{2}{3}BE'$，

$\therefore AE' + \dfrac{2}{3}BE' = AE' + E'M' = AM'$，此时 $AE' + \dfrac{2}{3}BE'$ 最小（两点间线段最短，A、M'、E' 共线时），

最小值 $= AM' = \sqrt{4^2 + \left(\dfrac{4}{3}\right)^2} = \dfrac{4}{3}\sqrt{10}$.

方法总结：

（1）找：在问题中找出 A、B 两个定点和动点 E 所在圆 O，识别问题为阿氏圆模型，从题目的图中抽离出基本模型。

（2）算：将系数不为 1 的线段的两个端点分别与圆心相连接，计算这两条线段长度的比 $E'O = k \cdot OB$，得 $k = \dfrac{2}{3}$.

（3）构：在线段 BO 上取一点 M'，使 $E'O^2 = M'O \cdot BO$，构造 $\triangle M'OE' \backsim \triangle E'OB$.

（4）转：由相似三角形性质得 $M'E' = \dfrac{2}{3}E'B$.

（5）求：求线段 $M'A$ 长度，得到答案。

设计意图：让学生通过接触不同类型题目，对这个问题有一定的认识，同时，激起学生求知欲，把特殊问题上升到一般问题，吸引学生注意力。

（六）总结归纳

"将军饮马""胡不归"和"阿氏圆"问题都是一类解决最短距离问题，即"$PA + k \cdot PB$"型的最值问题。两类问题所蕴含的都是数学的转化思想，即将 $k \cdot PB$ 这条线段的长度转化为某条具体线段 PC 的长度，进而根据"垂线段最短或两点之间线段最短"的原理构造最短距离。在解决这类问题时，关键是辨认出题目中模型的类别，抽离出模型基本结构，如定点、动点所在直线、动点所在圆等，再根据基本模型建立直角三角形或相似三角形，达到将系数不为 1 的线段转化成系数为 1，从而解决问题。

（二）二次函数面积问题的片段设计

1. 典型例题问题研究

在上题背景下研究如下问题：

（1）如图 3-3-17 所示，求 $\triangle ABD$ 和 $\triangle OCD$ 的面积。

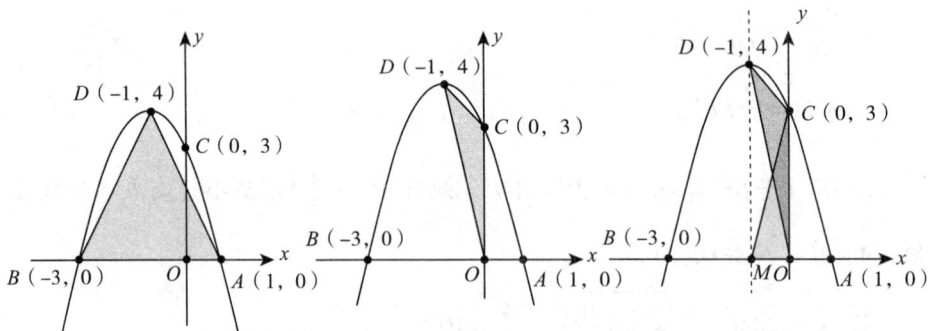

图 3-3-17

问：若抛物线对称轴与 x 轴交于点 M，则 $\triangle OCD$ 与 $\triangle OMC$ 的面积有什么关系？为什么？

学生独立思考后回答，老师聆听，评价。

设计意图：由图形的特殊位置入手，由简单到复杂设计问题，便于学生理解。

（2）如图 3-3-18 所示，若点 P 为抛物线第二象限上的一个动点，点 P 的横坐标为 m，用含 m 的代数式表示 $\triangle ABP$ 的面积。

128

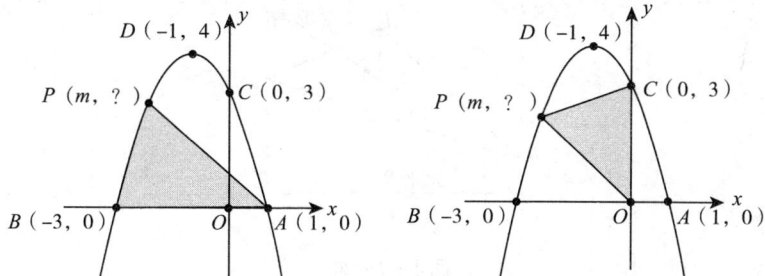

图 3 - 3 - 18

追问：如何用含 m 的代数式表示 $\triangle OCP$ 的面积？

学生思考，合作交流，老师引导。

设计意图：从图形特殊位置到一般位置，从数到式求面积，体会从特殊到一般，数形结合的数学思想，为后面的研究做铺垫。

（3）如图 3 - 3 - 19 所示，你能用哪些方法求 $\triangle BCD$ 的面积？

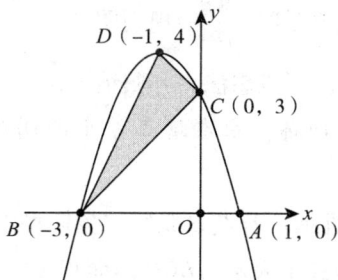

图 3 - 3 - 19

将图形单独拆出来研究，学生可能会想到：

方法一：割补法。

方法二：作平行线转移三角形面积。

老师出示阅读材料，学生阅读并尝试解决问题。

设计意图：通过对三角形面积不同方法的研究，开阔学生的思路。体会割补法在解决图形面积中的应用，渗透转化的数学思想方法。

阅读下列材料：如图 3 - 3 - 20 所示，过 $\triangle ABC$ 的三个顶点分别作出与水平线垂直的三条直线，外侧两条直线之间的距离叫 $\triangle ABC$ 的"水平宽"（a），中间的这条直线在 $\triangle ABC$ 内部线段的长度叫 $\triangle ABC$ 的"铅垂高（h）"，计算三角形面积的新方法：$S_{\triangle ABC} = \dfrac{1}{2}ah$，即三角形面积等于水平宽与铅垂高乘积的一半。

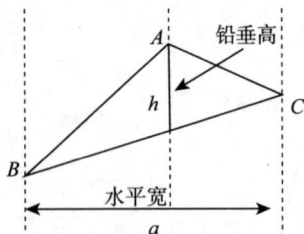

图 3 – 3 – 20

思考：

① 你能解释为什么三角形面积等于水平宽与铅垂高乘积的一半吗？

② 你能用这种方法求△*ABC* 的面积吗？

③ 四边形 *ABDC* 的面积如何求？

方法小结：在解决图形面积时的方法是什么？

从图形位置上：一般 $\xrightarrow{\text{转化}}$ 特殊

从图形形状上：不规则图形 $\xrightarrow[\text{转化}]{\text{割补}}$ 规则图形

老师引导，学生思考，交流想法，并归纳方法。

设计意图：通过阅读训练，意在培养学生的阅读理解能力及应用迁移能力。

（4）如图 3 – 3 – 21 所示，若点 *P* 是第二象限抛物线上的一个动点，点 *P* 的横坐标为 *m*，用含 *m* 的式子表示△*BCP* 的面积 *S*。

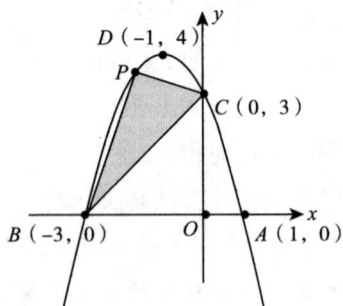

图 3 – 3 – 21

备用问题：

在（4）的条件下，当点 *P* 运动到何处时，△*BCP* 面积最大？最大面积是多少？

学生独立思考，老师引导学生将几何问题代数化解决。

設计意图：体会几何问题代数化的方法。

（5）点 P 是第二象限抛物线上的一个动点，若直线 OP 把四边形 $ACDB$ 的面积分成 $1:2$ 的两部分，求出此时点 P 的坐标。

根据学生实际掌握情况灵活安排教学内容，完不成的问题留作课下思考题。

2. 小结

通过本节课的学习，你有哪些收获？

学生小结：培养学生及时反思总结的习惯。

（三）"平面图形的镶嵌"教学设计

教学对象：八年级

科目：初中数学

课时：1课时

一、教材内容分析

"用正多边形拼地板"是华师大版教科书七年级下册9.3节的内容，根据教材安排需要2课时完成，本节课为第一课时的内容。本章第一节便是以瓷砖的铺设为学习背景进行导入的，所以从知识结构上讲，本节课是对前面所提问题的回答，也是三角形及多边形的相关知识的延续，充分体现了数学知识承前启后的紧密相关性、连续性和体系性。本节的学习既是学生思维的拓展过程，也是知识的应用过程，使学生在应用的过程中进一步加深了对多边形的认识，同时为后面的课题学习"图形的镶嵌"打下了知识基础。本节较充分地体现了课程标准的"做"数学的活动与应用的意识，本节所体现的数学思想方法、数学人文精神、数学应用意识、数学价值观等都为后面的学习做出了示范。

二、教学目标（知识、技能、情感态度、价值观）

根据新课程标准、实验教材新的教育理念及班级学生的具体实际，确定以下教学目标：

认知目标：

（1）在实验、合作与探究的学习活动中，使学生掌握正三角形、正方形、正六边形能够铺满地面的道理。

（2）在探究的过程中，使学生理解正多边形能够铺满地面的道理。

能力目标：提高学生研究和解决实际问题的能力，培养学生动手操作、自主探索、合作学习的能力。

131

情感目标:

(1) 通过观察、实验、归纳、推断等学习活动,使学生体验数学活动充满着探索性和创造性,进而培养学生学习数学的兴趣,增强学生学好数学的自信心。

(2) 使学生体会到数学与现实生活的密切联系,认识到数学的应用价值。

三、教学重点、难点

重点:在实验探究活动中,对"正多边形铺地板问题"的探究、构建、解释及应用的过程,对学生探究精神的激发、创造能力的培养,以及学生的合作交流是本节的重点。

难点:对正多边形能够铺满地面的道理的理解。突出重点、突破难点的方法:学生借助电脑软件,以实验探究的方法进行学习。课堂上充分发挥学生的主体作用,让学生在活动中实验、在实验中探索、在探索中领悟、在领悟中理解,从而能够很好地突出重点、突破难点。

四、学习者特征分析

知识基础:

学生经历了对三角形、四边形等多边形性质的探索活动,掌握了正多边形的内角和的计算方法。

学生活动经验基础:

在本章前几节的探索活动中,学生体现了主动合作,实践动手能力,积累了一定的探索图形性质的经验,以及在活动过程中表现出一定的数学表达能力和数学思考的发展水平。

五、教学策略选择与设计

教法:在教学中教师采用"问题情境—建立模型—解释、应用与拓展"的模式进行教学。

学法:在学习中学生采用"自主探索—合作交流—问题解决"的小组方式进行学习。

六、教学环境及资源准备

多媒体课件辅助教学,边长相等的正多边形纸片若干张,全等的三角形纸片及全等的四边形纸片若干张,小磁铁。

七、教学过程

(一) 创设情境,导入新课

教师活动:

(1) 让学生欣赏几幅美丽的地板图案。

（2）通过多媒体课件观察装修工人铺地板。

（3）教师提问：同学们，如果你家请工人师傅铺地板，你会要求工人师傅做到哪几点？

（4）深圳市市民中心准备装修地板，要求用一种正多边形铺地板，如果你是设计师，你能提供几种方案呢？

学生活动：

（1）欣赏、观察、思考。

（2）学生总结拼成一个平面图形的条件：无缝隙，不重叠。

设计意图及资源准备：学生通过欣赏几幅美丽的地板图案，感受生活中的数学美，激发学生学习数学的兴趣。

（二）探求新知，发现规律

教师活动：

（1）每个小组派代表领取各种正多边形图片，如正三角形、正方形、正五边形、正六边形、正八边形、正十边形等。

（2）要求每个小组呈现设计方案或提出心中的困惑。

（3）设置问题：为什么正三角形、正方形、正六边形纸片能铺成一个不重叠又没有缝隙的平面图形呢？你认为这和正多边形的什么有关？

（4）为什么正五边形、正八边形不能拼成一个平面图形？你有好的建议吗？

学生活动：

（1）学生尝试用各种不同的正多边形铺地板。

（2）学生展示作品（有密铺的，也有不密铺的）。

（3）学生思考、讨论、交流产生上述现象的原因。

设计意图及资源准备：发展学生积极思考、踊跃交流和探索的能力。在实验、交流、讨论、说理中，使重点得以突出，难点得以突破。

（三）分析、求知

教师活动：

（1）教师利用课件演示一种正多边形拼平面图形的实例，重点突出"围绕一点"拼，进一步概括定义。

（2）教师引导学生归纳总结：当围绕一点拼在一起的几个正多边形的内角加在一起恰好组成一个周角时，就能够拼成一个平面图形。

学生活动：

学生发现：当围绕一点拼在一起的几个正多边形的内角加在一起恰好组

成一个周角时，就能够拼成了一个不重叠又没有缝隙的图形。

设计意图及资源准备：培养学生理性地分析数学问题的能力和语言表达能力。

（四）深入探索

教师活动：

（1）教师提问：可以用任意三角形铺满地面吗？四边形呢？（教师准备好若干张钝角三角形、锐角三角形、直角三角形纸片）

（2）利用课件演示拼图过程。

（3）再次归纳总结：当围绕一点拼在一起的几个多边形的内角和加在一起恰好组成一个周角时，就能够拼成一个平面图形。

学生活动：

（1）学生动手操作拼图。

（2）学生展示作品并说明能够密铺的原因。

设计意图及资源准备：学生对铺成平面图形的理解得到加强。

（五）巩固理解

教师活动：

（1）通过实践，我们知道几个正八边形不能密铺，你有好办法让它既美丽又密铺吗？

（2）上面的设计鼓舞着我们：可以尝试用两种不同的正多边形铺满地面。我们来试一试！

（3）现在我们用抽签的方式决定每一小组的方案，请每个小组派代表上来抽签，并请代表转达签上的方案。

（4）用正五边形和正十边形可以密铺吗？（用课件演示突破这个难点）

学生活动：

（1）学生回答：加一个正方形就可以铺满平面。

（2）学生代表抽签，每一小组按签上的方案设计图案。

（3）展示作品。

设计意图及资源准备：对铺成平面图形条件的进一步探索。巩固、理解铺成平面图形的条件。

（六）设计欣赏

教师活动：

（1）请你运用本节所学知识，在纸上设计一幅美丽的密铺图案。

（2）教师通过多媒体课件展示漂亮的图案。

学生活动：学生设计、画图，并展示其作品。

设计意图及资源准备：提高学生的审美能力，发现生活中的数学美，感受数学的魅力，增强学好数学的信心。

图 3-3-22 为教学流程图（此部分可选）

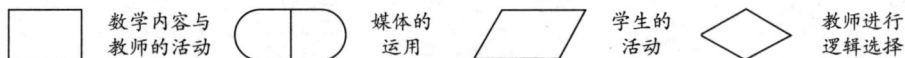

| 　 | 数学内容与教师的活动 | 　 | 媒体的运用 | 　 | 学生的活动 | 　 | 教师进行逻辑选择 |

图 3-3-22

八、教学评价设计

经历探索、合作、交流、动手操作一系列的活动，学生真正成为课堂的主体，老师是引导者。本节教材直观感知活动较多，由学生的心理及年龄特点决定，学生有一定的逻辑思考能力及说理能力，因此从理性角度分析多边形的密铺是非常需要的。在"练习"环节中，老师要引导学生有条理地叙述及用数学语言进行表达。

九、总结

通过这节课的学习，我们发现正五边形是不能密铺的，但我们只要放入一个正五角星（由学生说出）就能解决这个问题，规则图形密铺的地板美得和谐、美得对称，不规则图形密铺的地板一样美不胜收，同学们，只要你有一双善于发现美的眼睛，生活中到处都有美！

第四节　师生互动，有效课堂

高效课堂要从有效的教学设计扬帆远航。要达到高效课堂，如何聚焦于课堂、变革于课堂、突围于课堂，提高课堂教学质效，取决于教学设计的水平和教学实施能力，没有科学的教学设计就不可能有最优化的教学效果，所以，我们需要从教学设计扬帆远航。

一、教学设计

（一）教学设计的定义

什么是教学设计？概括一下国内外不同说法，大体可以明确为：教学设计是一个系统化规划教学系统的过程，是根据教学对象和教学目标，确定合适的教学起点与终点，将教学诸要素有序、优化地安排，形成教学方案的过程。它是一门运用系统方法科学解决教学问题的学问，是以教学效果最优化为目的，以解决教学问题为宗旨的。

（二）教学设计的原则

1. 科学性

教学设计是把教学原理和现代观念转化为教学材料和教学活动的计划。要遵循教育教学的基本规律来选择教学目标，以解决"教什么"的问题；目标确定后，又要对怎样才能达到教学目标进行创造性的决策，以解决"怎样教"的问题；"怎样教"的问题明确后，还要能够运用教学原理和现代观念分析说明"为什么这样教"的问题。

2. 可行性

教学设计要成为现实，必须具备两个可行性条件。一是符合主客观条件。主观条件应考虑学生的年龄特点、已有知识基础和师资水平；客观条件应考虑教学设备、地区差异等因素。二是具有操作性。教学设计应能指导具体的实践。

3. 自主性

在教学过程的设计中，教师应给予学生充分的选择机会和自主发展的空间，使学生通过能动的、创造性的学习活动，实现自主精神的充分发挥，改变传统教学过程的"讲—学—练"模式，强化通过问题解决来学习的"学—导—练"方法，使学生"学会学习"。事实上，学生的自主精神是通过课堂上的交流活动来体现的，可采用实验、尝试、猜测、讨论等方式进行。

4. 系统性

教学设计是由教学目标和教学对象的分析、教学内容和方法的选择以及教学评估等子系统所组成，各子系统既相对独立，又相互依存、相互制约，组成一个有机的整体。在诸子系统，各子系统的功能并不等价，其中教学目标起指导其他子系统的作用。同时，教学设计应立足于整体，每个子系统应协调于整个教学系统中，做到整体与部分辩证地统一，系统的分析与系统的综合有机地结合，最终达到教学系统的整体优化。

5. 交互性

计算机课件制作除了要求使用新的技术，体现真实、美观、动感外，还要注意它的交互性，所用数据可以修改，使课堂成为实验室；学生可上机设计并操作，还要留有课后进一步实验、探索、研究的余地。

6. 反馈性

教学成效考评只能以教学过程前后的变化以及对学生作业的科学测量为依据。测评教学效果的目的是获取反馈信息，以修正、完善原有的教学设计。

二、教案

（一）教案的定义

教案是教师为顺利而有效地开展教学活动，根据课程标准、教学大纲和教科书要求及学生的实际情况，以课时或课题为单位，对教学内容、教学步骤、教学方法等进行具体设计和安排的一种实用性教学文书。

（二）教案编写原则

1. 科学性

教师的备课和讲课，要依据新理念、新课标和教材来进行。但是不能唯理念、课标和教材，要根据本地区的情况、学校的条件、学生接受能力和水平等因素，二次开发教材。

2. 创新性

教材是固定的，不能随意更改，但教法是活的，课怎么上全凭教师的智慧和才干。教师备课的关键是要在自己钻研教材的基础上，广泛涉猎多种教学参考资料，向有经验的教师请教，但不要照搬照抄，要汲取精华，对别人的经验要经过一番思考、消化、吸收，独立思考，然后结合个人的教学体会，巧妙构思，精心安排，从而写出自己的与众不同的教案。

3. 差异性

写教案不能千篇一律，要发挥每一位教师的聪明才智和创造力。有经验的教师可以写得简略些，新教师写得详细些。平行班用的同一课题的教案设计，根据上课班级学生的实际差异宜有所区别，原定教案，在上课进程中可根据具体情况做适当的调整，课后随时记录教学效果，进行简要的自我分析，这有助于积累教学经验，不断提高教学质量。

4. 艺术性

教案要构思巧妙，课堂上不仅能让学生学到知识，而且能让学生得到艺术的欣赏和快乐的体验。教案要成为一篇独具特色的"戏剧"剧本，序幕、开端、发展和高潮等要层层递进，扣人心弦，达到立体教学效果。教师的说、谈、问、讲等课堂语言要字斟句酌，该说的一个字不少说，不该说的一个字也不能说，要做到恰当地安排。

5. 操作性

教师在写教案时，一定要充分考虑，从实际情况需要出发，要考虑教案的可行性和可操作性。教案只是实施课堂教学过程的一个骨架结构，不能将课堂中教师所说的每一句话、每一个想法、每一件事都写进教案中。在课堂教学实施的过程中，会有许多的不确定因素出现，要靠备课时准备充分，靠平时的知识积累，靠实事求是地真诚对待。

6. 可变性

教学面对的是一个个活生生的、有个性思想的学生，他们常常会提出不同的问题和看法，教师不可能事先都估计到，所以教学过程中常常需要离开教案预设的内容，进行生成性教学。教师在备课时，应充分估计学生在学习时可能提出的问题，确定好重点、难点、疑点和关键点，明确几种教学方案。出现生成性问题，不要紧张，要因势利导，耐心细致地培养学生的质疑问难的精神。

在课堂实施的过程中，也要根据实际的课堂教学情况的变化而变化，能够灵活多变地、轻松自如地驾驭课堂，不拘于教案。

（三）教案编写内容

教案中对每个课题或每个课时的教学内容、教学步骤的安排，教学方法的选择、板书设计、教具或现代化教学手段的应用、各个教学环节的时间分配，等等，都要周密考虑，精心设计。关键环节是教学目标、教学重难点、教学过程的设计。具体内容一般包括课题——课程名称；教学目标——教学目的，课程要完成的教学任务；课型——课程类别；课时——第几课时；教学重点——课程必须解决的关键性问题；教学难点——达成目标易产生的困难和障碍；教学方法——根据学生实际，注重引导自学，启发思维；教学过程——课堂结构，教学进行的内容、方法步骤；作业处理——如何布置书面或口头作业；板书设计——上课时准备写在黑板上的内容；教具——辅助教学手段使用的工具；教学反思——教后的感受及学生的收获、改进方法等。

三、学案

（一）学案定义

学案，是指教师依据学生的认知水平、知识经验，为指导学生进行主动的知识构建而编制的学习方案，是教师为引导学生自学对教材进行第二次开发后而形成的文本。

（二）学案编制原则

1. 指导性

这是学案编制的首要原则。学案是教师用以帮助学生掌握教材内容，沟通教与学的桥梁，是培养学生自主学习和构建知识能力的一种重要媒介。指导性概括地说要体现在"导读，导听，导思，导做"上，具体说要体现在如下几个方面。

（1）学习目标导向

学习目标表述要具体，要以学生为主体，要使学生读得明白，知道要做什么，怎样做，达到什么要求。目标的制定要体现新课程标准中三维目标的要求，既有知识目标又有能力方法目标，还要有情感目标。

（2）学习线路导引

学案要根据学习目标、学习内容及课型有具体的学习环节安排，每个环节都要有时间预设。学习环节一般包括明确目标、独立学习、合作交流、展示提升、穿插巩固和达标检测等。本着时间分段、任务切块的原则，遵循规律，循序渐进，引导学生有序学习，要起到"路线图"的作用。

（3）学习方法导航

学习目标和环节为学习指定了方向及线路，是引导学生学习的前提和保证。怎样按照既定的方向和线路省时高效地前行？还需要方法的指导，明确告诉学生从哪些角度进行观察、记忆、联想、对比、归纳、思考和讨论等。学习方法指导的内容主要包括知识识记和技能训练的方法指导、问题的处理策略指导等。

（4）习题导做

学案中的习题是学生学习的阵地与载体，是学案的主体部分。习题的设计应紧扣教学内容和能力培养目标及学生的认知水平进行。在练习问题设计时，应注意多设疑，使学生由未知到有知、由浅入深、由表入里、由此入彼地掌握知识，增强学习能力。练习题可分为必做题与选做题，必做题侧重于基础知识和基本技能，侧重于巩固强化课堂知识信息的识记、理解与运用，属基础题，难度系数较低。选做题侧重于对所学知识的深化运用，难度、灵活度较大，是对学有余力同学的培优，侧重于培养学生知难而进的钻研精神。练习题一般要求当堂完成，通过练习既能消化、巩固知识，又能发现学生"不会"的知识，并及时调整教学策略以帮助学生解决问题。

2. 问题探究性

学案要将书本上的知识点转变为探索性的、具有层次性的问题点，通过对知识点的设疑、质疑、释疑、激思，培养学生的创新能力——这是学案编制的关键。问题设计要做到循序渐进，使学生意识到，要解决教师设计的问题不看书不行，看书不看详细也不行，光看书不思考不行，思考不深不透也不行。这样学生就能真正从教师设计的问题中找到解决问题的方法，学会看书，学会自学。

在探索整理的基础上，让学生独立进行一些针对性强的巩固练习，对探索性的题目进行分析解剖，讨论探索，如此不仅能使学生通过解题巩固知识，掌握方法和培养技能，而且能优化学生的认知结构，培养学生的创新能力。

（三）学案编制的主要内容

1. 学习目标

学习目标是建立知识结构框架，学案中要体现出明确、具体的学习目标。目标的制定要明确具体，可操作、可检测，能达成。

学习目标设置的数量以两三个为宜，不能太多。内容一般包括知识与技能、过程与方法、情感态度价值观三个维度。

2. 学习重难点

可将学生自学中涉及的重、难点以及易错、易混等知识内容逐一列出，以便引起学生的重视。

3. 知识构成

从框架上看，知识构成包括学科知识结构、单元或章的知识结构、课时知识结构等。通过知识结构分析，建立知识结构框架，使学生对学习的知识有一个整体的认识。

从内容上看，可分成基本线索和基础知识两部分。线索是对一节课内容的高度概括，基础知识是学案的核心部分，主要包括知识结构框架、基本知识点、教师的点拨和设疑、印证的材料等。上述要素的编排要体现教师的授课意图，对于重点内容要设计思考题。

4. 学习方法

学案中所介绍的学习方法主要是针对所学内容设计的。一般包括记忆方法、理解角度、理论运用等。

5. 学习内容

学习内容主要是指通过学案的"导学"，学生能够进行自主学习的内容，包括学生自主读书、独立思考、自主操作、自主练习等。使学生在自主探究中加深对知识的理解，培养分析问题和解决问题的能力。

6. 学习小结

学习小结即知识结构整理归纳。

用学案进行课堂教学的一般流程如下：

发放学案→提要求、讲方法→学生自学学案内容→讨论交流→精讲释疑→练习巩固→小结。

四、教学设计、教案与学案的关系

（一）教学设计与教案

1. 区别

（1）指导思想不同。教案是课堂以教师、教材为中心的传统教学思想的体现。教案编制的主要目的是使教师能够教好课程内容，使学生掌握所学知识。教案重视对学生进行封闭式的知识传授和技能训练，强调教师的主导地位。也正因为如此，常常使学生的主体地位被忽略，其结果就是便于学生的知识增长，但社会适应能力不足，理论联系实际能力缺乏，很多学生缺乏创造力、思维不活跃、模仿能力强，不能适应现代社会对人才的需要。

教学设计不仅重视教师的教，更重视学生的学，它以怎样使学生学得更好，达到更好的教学效果为指导思想。精心设计教学，对学生进行特征分析，根据学生的实际情况，让学生在做中学，在探究中体会学习的过程和快乐，老师只是教学组织者、促进者，这种设计体现了现代教学理论的先进性。

（2）设计思路不同。教案是老师教什么，学生学什么，学生根据老师安排的教学内容进行学习、思考和模仿。而教学设计是从学生的学情、智力等水平出发，学生学什么，老师就教什么。两者设计刚好相反，教案一般多以教材、教参为根据，而教学设计则把教学本身作为一个整体系统来考虑，运用系统方法来设计、开发、运行和管理，即把课堂教学系统作为一个整体来进行设计实施和评价。

（3）范畴不同。教案是教育科学领域的基本概念，又叫课时计划，是以课时为单元设计的具体教学方案，是教学中的重要环节。教案的基本组成部分是教学进程，内含教学纲要和教学活动安排、教学方法的具体应用和各种组成部分的时间分配，等等。

教学设计也称教学系统设计，是教育技术学科的重要分支，形成发展于20世纪60年代。它包括宏观设计和微观设计，主要是运用系统分析方法解决教学问题，优化教学效果。它以传播理论、学习理论为基础，具有很强的理论性、科学性、再现性和操作性。课堂教学设计属于微观教学设计的范畴。

2. 联系

教学设计是把教与学作为系统研究对象，范围可大到一个学科、一门课程，也可小到一堂课、一个问题的解决。从整体上看，教学设计可概括为以系统为中心的设计、以课堂为中心的设计、以产品为中心的设计三个层次。鉴于我国目前的教学组织是以课堂教学为主，所以课堂教学设计是教学设计中运用最多的一个层次。从研究范围上讲，教案只是教学设计的一个重要内容。

从编写依据上来说，二者都是根据教学对象和教学内容而制定的。教材的钻研，教学目的、内容及教学重难点的确定，教学方式、课型、方法、教具、时间的选定等编写程序也大体上是相同的。

教案作为经验科学的产物仍需进一步理论化，特别是现代教育思想和现代教育媒体的日渐介入，对教案的编写工作有巨大的冲击力；教学设计虽然有了自己的理论框架，但还需要在教育实践中充实和完善。二者都要在教育实践中得以发展，并相互融合。

（二）教案与学案

1. 区别

（1）目的不同。学案是供学生用的，是为学生自学提供帮助和指导的，是教师根据学生认知水平、知识经验，为指导学生进行主动的知识建构而编制的学习方案。

教案则是教师自己上课用的，教案是为了上好课所做的准备，是教师为顺利而有效地开展教学活动，根据课程标准、教学大纲和教科书要求及学生的实际情况，以课时或课题为单位，对教学内容、教学步骤、教学方法等进行的具体设计和安排的一种实用性教学文书。

（2）性质不同。教案是以教师为中心，教师是自导自演的主角，学生是配角，是听众。从这个角度说，教案具有单向性、封闭性的特点。学案是以学生为中心，学生是主角，教师是组织协调辅导者。从这个角度说，学案具有互动性、开放性的特点。

（3）内容不同。学案、教案虽然都有课题、目标等相同内容，但是教案的主要内容是教学目标、教学重难点、教学步骤和板书设计等，突出的是"教学内容"；学案的主要内容是学习目标、学习重难点解答、当堂练习、课外拓展等，突出的是"学习内容"。

教案的表述一般比较严整周密，多用书面语；学案的表述一般比较亲切、生动活泼，多用口语。

2. 联系

学案是建立在教案基础上针对学生学习而开发的一种学习方案，它能让学生知道老师的授课目标、意图，让学生学习能有备而来，给学生知情权、参与权、在教学过程中，教师扮演的不仅是组织者、引领者的角色，而且是整体活动进程的调节者和局部障碍的排除者。学案可以指导预习，也可用于课堂教学，系统的学案还是一份很好的学习资料。

从教案到学案的转变，必须把教师的教学目标转化为学生学习的目标，把学习目标设计成学习方案交给学生。根据学生现有知识、自学能力水平和教学要求，参照各方面信息，制定出一整套学生自学的"学案"。其特点是教学重心由老师如何"教"转变为学生如何"学"，要具有预先性和指导性。

（三）教学设计、教案与学案三者的联系

无论是教案或学案的编写都可叫做"教学设计"。从范畴来说，三者是由大到小的包含关系，即教学设计＞教案＞学案。教学设计是顶层设计，教案是教学设计的一个重要内容，学案是在教案基础上开发的学习方案。

教案设计要以教学设计为依据，学案设计要以教案设计为依据。在一定条件下，学案设计和教案设计还可以互为依据，即"以学定教"。

五、有效教学设计

（一）内涵与由来

1. 内涵

有效教学：教师通过教学过程的规律性，成功引起、维持和促进学生的学习，达到了预期教学结果的教学。包含三个方面：

教学效果：教学活动的结果，指学生有没有学到什么。

教学效益：教学的结果与预期教学目标是否相吻合。

教学效率：单位教学投入所获得的教学产出。

数学效率 = 学生学到的有用知识 + 学生形成的有用能力 + 学生形成的良好非智力因素。

2. 由来

自有教学以来，人们便进行着有效教学的实践探索。

《论语》孔子（中国）：教学要因材施教，主张实行启发式教学，"举一反三""闻一知十"。

《学记》乐正克（中国）：启发式教学——"导而弗牵，强而弗抑，开而弗达"。循序渐进——"不陵节而施之谓孙"。

《雄辩术原理》昆体良（古罗马）：教学要能培植各人的天赋特长，要沿着学生的自然倾向最有效地发展他的能力。

《大教学论》夸美纽斯（捷克）：寻求并找出一种教学的方法，使教员因此可以少教，但是学生可以多学，教学应根据儿童成长的规律，不能强迫儿童学习。

《论教学过程最优化》巴班斯基（苏联）：有效教学思想发展的一个重要里程碑——最优化教学理论。

最优化是有效教学的追求之一。

20 世纪上半叶西方的教学科学化运动和教学效能核定运动，有效教学概念崭露头角。

国内首次系统专章论述有效教学的著作——《当代教育心理学》（陈琦、

刘儒德主编）。

国内第一本有效教学的专著——《有效教学》（陈厚德，教育科学出版社，2000）。

（二）有效教学的意义

"减负提质"的迫切需要。实施素质教育和课程改革迫切需要"减负提质"，提高课堂教学实效。

现实困境的呼唤。当前中小学教学中存在着突出问题：师生负担重，教学效果差、效益差、效率低，需要寻求解决的办法。

三维目标全面发展的需要。传统课堂教学过于注意知识与能力的培养，忽视了学生情感、态度、价值观的发展。

创新实践能力。课堂教学是人才培养最重要的环节，是提高学校教育质量的基本途径。

（三）低效教学的表现

教师苦教，学生苦学，而"三维目标"并未有效达到，"核心素养"更不用提。

（1）课堂教学满堂灌：填鸭式教学；教师讲得多，学生学得累，消化不良，学习效果不好。

（2）习题作业重量不重质：课堂练习多、课后作业重；关注解题技巧，忽视方法、思维、创新能力的培养。

（3）情境创设华而不实：绚丽多彩；牵强附会；虚假造作；热闹浮躁；缺少问题。

（4）课堂提问质量不高：满堂问；问题细小琐碎、生成性不足、难易度不当；答案封闭内聚。

（5）自主学习形式化，导致"放羊式"教学：缺乏教师引导、目的不明确；教师淡化出场、学生忙碌无实效。

（6）小组合作流于形式，"合座"而不"合作"：无目的无引导；无节制无分工；时间不充足；忽视独立思考。

（7）探究活动浮于表面：探究方向模糊；事事探究，时时探究；只重过程，不重结果；不重课内，只重课外。

（8）师生互动表面浅层：教师居高临下，师生难以平等交流；教师单向提问，学生被动发言；学生反馈残缺，不能体现交流本质。

（9）信息技术滥用误用：主题内容不突出；多媒体滥用，成了变相的黑板；与其他教学手段的配合不足。

（四）低效教学原因探析

（1）对有效教学的认识不清。

原因探析：过去对有效教学的认识是采用自上而下的评价方式，通常以学生的考试成绩为唯一标准。

应当以学生的有效学习为依据，即学生的学习效果、学生对学习和教学的满意程度、学生自我认识的改善程度，以及学生保持这种学习的持久性。

（2）"唯分数论"价值取向的影响。

原因探析：中小学考试频繁，除期中期末考试、单元测试，随堂小测接连不断。

教师只注重短期成效，教给学生如何记住原理，如何使用公式做题，忽略了对学生思想方法的传授及情感态度的熏陶。

（3）传统教学方式的影响。

原因探析：将学习材料作为结论性知识加以传授，过分强调"模仿＋记忆"，而不重复人类发现、形成有关知识的过程，忽略了人的主动性、能动性和独立性。

（4）教师专业知识欠缺。

（5）教师课堂教学能力不强。

教师教学能力包括分析课标与教材的能力、设计教学方案的能力、选择教学策略的能力、启发引导学生的能力、组织管理课堂的能力、运用教学媒体的能力、评价与反思的能力。

......

（五）有效教学实施

1. 数学教学有效策略

关注学生生活中的数学经验；数学游戏提供教育契机；充分利用教育资源；让学生亲身体验；变式教学；数学思想；哲学思辨；鼓励创新；多角度理解；不同学科整合。

2. 课堂有效教学的反思

数学教学的目的；缄默知识的教学；关注思维；抽象思维与形象思维的结合；对"双基"的思考；对教师素质的要求；对评价的要求。

六、教学设计案例展示

案例一：小学数学单元教学设计

寻找数学单元教学的"基因"
——"长度单位"单元教学的新思考

一、小学数学"单元教学"的价值

当前，许多教师缺乏系统思维，热衷于课时教学设计，使得数学课依然停留在"散点化、碎片化、孤立化"的教学层面。这样的教学是"只见树木，不见森林"，难以收到整体的效益，使得数学课变得"高费低效"。因此，我们要重视单元整体教学，具有科学、整体的观念，采用整体设计的教学方法，提升课堂教学效果。

只有"高观点"的思想指引，才能实现教学设计的"结构化"关联。在教学中，教师要从"单一课时"的教学模式中走出来，创造性地进行单元整体教学设计。将数学文化的"基因"根植在课堂中，就会散发出独特的课堂魅力。通过单元教学，使得数学学习从"碎片化"走向"系统化"，就会实现对传统的"课时教学"的超越，打开数学教学的一扇新天窗。

二、小学数学"单元教学"的内涵

在单元教学中，只有认真研读教材，努力寻找数学学习中的"基因片""基因链"和"基因锁"，才能让学生拥有好的数学学习"基因"。

（一）"基因片"

好问题是数学学习发生的基本前提，它是课堂中的"基因片"。好问题源自学习者的内在需求，是其对新知学习的期待；好问题源自学生的认知障碍，值得学生去超越和挑战；好问题，可以促进学生的深度思考，培养学生的高阶思维能力。

在教学"长度单位"时，笔者设计了这样几个核心问题：为什么要统一长度单位？1厘米和1米究竟有多长？测量长度的工具有哪些？怎样造尺子？用尺子怎样画线段和量线段？1米和1厘米之间有什么关系？长度单位之间有什么不同？这样的"大问题"教学，给了孩子数学学习的"基因片"，让孩子具有了深度学习的"大空间"，形成数学单元教学的"大格局"。

（二）"基因链"

生物体中的DNA几乎从不作为单链存在，而是作为一对紧密相关的双链，彼此交织在一起形成一个叫做双螺旋的结构。数学单元教学，就是要寻

找"基因链"。这样，可以把数学知识进行有机整合，使其形成完整的知识结构。

例如，教学"长度的单位"时，许多老师直接让学生记忆长度单位及其之间的进率，没有真正回归知识本源。这样的学习过程，学生只是孤立地掌握概念，没有在脑中形成认知结构。如果孩子没有产生统一长度单位的强烈需求，不理解直尺的创造原理，就难以掌握正确的测量方法。这样的学习，遮蔽了学生数学思维的视野，阻碍了学生度量意识的形成。因此，我们要找到单元教学的"基因链"，沟通数学本质知识之间的内在联系，让孩子在"圆融通透"中学会新知。

（三）"基因锁"

找到一把善于学习的钥匙，才能打开数学单元教学的"基因锁"，让孩子学会整体思维，有着更宽阔的学习视野。在教学"长度单位"时，可以借助具体的测量活动来帮助学生实现"深度理解"。

在教学中，用不同的物品做计量单位去测量统一长度，来经历统一长度单位的过程。这样，教师巧妙利用"测量活动"，舍得"浪费"时间，让学生充分经历统一长度单位的过程，从而理解深刻，打开数学学习的"基因锁"，真正实现了"基因组可视化"，体现了"为理解而教"。

三、小学数学"单元教学"的策略

（一）"基因库存"

在数学学习中，一些重要的数学本体性知识就是数学学习中的"基因"。可见，教师要对数学教材中的核心概念"烂熟于心"，了解它的数学本源，以及其在教材体系中的核心地位。笔者认为，度量教学贯穿小学的始终，具有重要的地位。学生首次学习度量知识，就应该深刻理解度量的本质。"统一长度单位的必要性"和"认识厘米"的学习，直接影响了孩子后续度量知识的学习，是非常重要的"基因课"，我们要给予足够的重视。教师要寻找这一类"基因课"，建立好"基因库存"，加强对此类课的教学研究，做到"从一节课到一类课"，从而帮助学生实现"结构化"数学思维。

（二）"基因切片"

通过搜集孩子学习中大量典型的错题，了解病理的"源头"，才能"对症下药"。这种"基因切片"式的分析，有利于暴露学生学习中的认知障碍，从而不断改进教学。在进行单元教学时，教师需要了解孩子的真实学情，知道孩子学习的"病理"，从而实施"靶向治疗"。例如，学生对于厘米和米这两个概念容易混淆，难以建立清晰的表象。在教学中，就需要重视比较，着力培养学生的量感，从而使学生学会估测长度的方法。

（三）"基因突变"

在小学数学课堂中，需要进行"变异教学"。教师要能够提供数学概念的各种"变式"，深化学生对概念的理解。例如，在认识线段时，教师可以利用多媒体的动态演示，将线段横放、竖放和斜放，不断变换线段的位置。然后，再将线段延长和缩短，让孩子学会判断，认识线段的本质特征；教师还要让孩子学会"异中求同"，抓住事物的本质特征进行思考、分析、推理，从中找出规律，形成完善的数学"基因"认知结构。教师利用"残缺"的尺子，打破孩子的思维定式，让学生可以将直尺中的任意一个刻度当作"起点"度量，体验度量的本质就是含有多少个度量单位，从而培养学生解决非常规数学问题的能力。

（四）"基因重组"

在小学数学课堂中，教师要敢于打破教材的编排体系，学会对教材进行"再加工"，将数学中有联系的数学知识"串联"，实现"结构化"的学习。在教学中，可以将"厘米"和"米"的知识进行整合，实现数学概念的"基因重组"，进行系统教学，形成新的"基因库"。

四、小学数学"单元教学"的路径

在小学数学单元教学中，用系统论的观点进行指导，就会让课堂教学有更高远的境界。笔者采取了"整体设计、局部沟通、回归整体"的单元教学路径，让数学"基因"在课堂中裂变。

（一）整体设计

教学中，教师要学会分析单元内容在整册教材中的作用，以及在整个学段中的地位，做到心中有"数"。根据学生的学情和教材内容，确定好新授课、练习课、复习课的课时数，精心设计好小学数学单元"模块化"教学的预案。教师要立足整体，突出教学的"核心"，实现知识的有效"联结"，构建整体知识框架结构。

1. "高观点、低结构"

（1）"高观点"。在小学数学的学习中，长度、面积、体积和角度的度量，其数学本质都是一样的，那就是含有多少个度量单位。用这样的"高观点"来指导教学设计，就给了孩子数学度量本质的"基因"，让孩子形成量的方法和意识，这些方法和意识"遗传"到后续的面积、体积和角的度量的学习中，帮助学生达到最佳的学习效益。

（2）"低结构"。学生学习的起点要低，学习的进程要慢，要遵循儿童的认知规律，回归数学教育的原点，让数学学习在"低结构"课堂中真实发生。这样，学生的数学学习更具有系统性，在深入浅出中融会贯通。

2. "大目标、小步子"

（1）"大目标"。在教学中，需要从整体上把握本单元的教学布局，了解本单元知识的目标定位。在"长度单位"的教学中，笔者制定了这样的单元教学目标：初步认识长度单位厘米和米，建立1厘米和1米的表象，知道1米等于100厘米，会使用正确的单位来表示物体的长度；认识线段，会用刻度尺量、画物体及线段的长度；经历直尺的创造过程，了解直尺的测量原理；初步经历长度单位形成的过程，体会统一长度单位的必要性，培养学生估量物体长度的意识。

（2）"小步子"。为了达成单元教学目标，需要采取"小步子"的教学策略。例如，为了让学生建立1厘米的清晰表象，笔者设计了这些数学活动：让学生在直尺上找出1厘米；用拇指和食指夹住1厘米长的小棒，再轻轻地抽出小棒，通过反复操作来体验1厘米的实际长度；闭眼想象1厘米、寻找生活中1厘米长度的物体。这样，让孩子在充分的数学活动中进行体验，放慢了学生学习的节奏。

3. "多创新、少定式"

在单元的整体教学设计中，教师要多一些教学的创新，应该在思维导图和板书设计这两方面下功夫。少一些教学设计中的定式思维，就会找到教学的新"突破口"。

（1）思维导图。孩子在脑中要有一幅数学基因的"网状图"，才能心中有"数"、学习有"术"。在教学中，笔者精心设计了"长度单位"这个单元的数学知识思维导图，帮助学生梳理知识体系。

（2）板书设计。板书设计是一节课的微型教案，具有高度的"浓缩性"，给学生智慧的启迪和美的享受。教师需要精心设计每一节课的板书，构造出一节课的框架结构。

（二）局部沟通

在单元教学中，既需要有整体的思维，还需要对其中的每一课时进行局部沟通。为此，笔者尝试构建了新的课型，将数学"基因"根植在课堂中，让教学更加自然流畅，达到和谐统一的境界。

单元基因课："统一长度单位"和"认识厘米"这两节课就是这个单元的基因课，具有非常重要的地位。笔者用一节课的时间教学"统一长度单位"，让学生在充分的体验活动中，感受统一单位的必要性，为今后的面积、体积和角度的度量教学培植了优良的基因；在"认识厘米"教学中，笔者努力把握度量教学的本质，让学生经历直尺的再创造过程，在度量单位的累加中形成正确的测量方法，在丰富的活动中体验度量的价值。只有掌握基本的学法，才便于知识的迁移，形成完整的认知结构。

基因"裂变"课："认识米"和"认识线段"这两节课就是这个单元的基因"裂变"课，它们让数学基因自然生长。例如，孩子经历了直尺的再创造过程，就具有了创造"米尺"的潜能。在教学中，让学生用20厘米长的直尺去测量黑板的长度，他们会发现用叠加的方法比较麻烦，还不够准确。这样，就产生了创造更长尺子的需求。在学生具体的测量活动中，学生经历了米尺的再创造过程，逐步体验刻度、数据、单位的必要性；学生在前期使用直尺进行测量中的过程，就已经具有了线段的表象。接着，在"认识线段"的学习中，就可以让学生利用先前积累的活动经验，在画线段的过程中，加深对概念的理解。

在单元教学中，笔者进行了"异课同构"的教学设计。例如，在"认识米"这节课中，笔者采用了"认识厘米"这节课相同的教学思路，创造性地设计了"量长度、要单位、造尺子、有啥用"的教学过程，让学生尝试进行学法迁移，形成良好的数学学习"基因"。

基因诊断课：教师应该多一些儿童的视角，思考孩子在学习过程中可能遇到的各种障碍。例如，孩子不会正确选择适合的单位表示物体的长度，没有清晰建立长度单位的表象。在"厘米和米的比较"的教学中，笔者精心设计"易错题"，及时进行"基因诊断"，给孩子"开处方"，从而有效实现了"病毒隔离"。

（三）回归整体

以前，我们通常会将"长度单位"内容进行分割，用5个课时分别教学"统一长度单位的必要性""认识厘米""认识米""认识线段""厘米和米的比较"。这样的教学，容易造成知识的割裂，使学生对概念混淆不清。我们要有单元整体视角，用"度量单位"这个核心概念将单元知识"串联"起来，进行单元内容整合，设计新的"基因重组课"，学生将来才会"丈量天下"，让数学知识充溢生长的力量。

好的数学学习是可以"遗传"的，给数学单元教学良好的"遗传基因"，让孩子掌握数学单元中核心的数学学习概念、习得基本的数学学习方法、积累丰富的数学活动经验，从而获得必备的数学学习品格和关键的数学学习能力，形成良好的数学素养。

案例二："双减"下的初中数学课堂中的人文情趣

"减负"即减轻负担，一般指减轻中小学生过重的课业和心理负担。现在，人们又把目光聚焦在为教师减负的问题上，即不仅要为学生减负，还要为教师减负。为学生减负，减的是过重的课业负担；为教师减负，减的是过重的与教育教学不相干的工作负担。无论是为学生减负，还是为教师减负，要减轻的都是不合理、不必要的负担，都不是不要教与学的质量。减负的同时要增效，教师要改变教学方式，学生要改变学习方式，养成良好的学习习惯，掌握高效的学习方法，提高教与学的质量。

我国《义务教育数学课程标准（2022年版）》指出："人人都能获得良好的数学教育，不同的人在数学上得到不同的发展。"课堂其实是一门遗憾的艺术，尽管如此，我们应该不断追求理想的课堂境界，让我们共同追求好课的模样：让每一个学生都得到发展，让我们的课堂充满人文情趣！

数学文化被越来越多的数学家和数学教育学家所关注，数学文化是指数学的思想、精神、语言、方法、观点，以及它们的形成和发展；还包括在人类生活、科学技术、社会发展中的贡献和意义，以及与数学相关的人文活动。数学文化在当今中学数学教育中的应用有助于激发学生学习数学知识的兴趣，培养当代中学生的数学理性思维。有的学生感觉数学课"枯燥无味"。如何让我们的课堂多一些文化气息，让学生体验到数学之美、数学之奇、数学之趣？笔者将比喻、诗歌、语言、戏曲等融入课堂，结合教学实践，谈谈自己的几点做法。

一、比喻融入课堂，深化理解

《学记》中有云：君子既知教之所由兴，又知教之所由废，然后可以为人师也。故君子之教，喻也。比喻是课堂教学常用的方法，恰当的比喻能深入浅出地说明问题，使原本抽象难懂的概念、定义、公理、公式变得浅显明了，巧妙的比喻能成为学生学习的拐杖。

数学题目难一点，抽象程度高一点，有些学生就不肯深入挖掘探索，往往一句"我不会"应付了事。面对这种情况，教师要像启明星一样鼓励引导："在曲折道路上前进，缺乏勇气、毅力、信心，是不可能走到终点的""学如递水行舟，不进则退，你们要做前进的勇士，还是后退的懦夫""困难不是铁、不是钢，困难是弹簧，你强它就弱，你弱它就强""全班同学共同携手，咬咬牙，再刻苦努力一点""困难是逃兵，曙光在前头"，培养学生勇于探究、坚持不懈，克服困难，顽强拼搏的坚强意志，做学习的主人，乐学善学。

例如，在教三角形面积的时候，学生有时很难找到底和相对应的高，把底和对应的高比作一对兄弟或一对姐妹，便于学生理解底和对应高的关系。又如，在学习完全平方公式$(a+b)^2=a^2+2ab+b^2$时，学生在应用时，容易漏$2ab$，可以举例：一个病人需全身拍片检查，但限于条件，只能分三次拍片，一次臀部以上，一次是身体中部，一次是下肢，要得到三张片子怎么办？学生说把三张片子拼起来，教师抓住"拼起来"，指出完全平方公式由三项组成，$2ab$就是"身体中部"，所以要把它们三项"拼组"起来，构成完全平方公式。

总之，对学生当前依然陌生的事物，教师要用熟悉的事物进行比喻，按照熟悉事物的性质、判定，加以类比研究，会有新的发展、新的创造，可减少学生学习的随意性、盲目性，提高学习效率。在数学教学中设计比喻，要注意：①化"生"为"熟"的原则。按照熟悉事物的性质、判定去研究陌生事物，使认识延伸。例如，我们研究全等三角形判定定理2、3、4，像研究全等三角形判定1一样。②化"熟"为"生"原则。教师将熟悉的事物有意识地看作陌生事物，用新方法、新手段加以研究，使认识深化。③突出主体原则。把学生易错、难掌握之处通过比喻突现出来，深化学生理解，加深学生印象。

二、诗歌融入课堂，陶冶情操

数学文化在我国数学教育中的应用被越来越多人所重视，数学课程标准中也提出要在中学数学教材中加入有关数学文化的内容，以此来丰富学生对于数学发展的认知。数学文化中的诗歌更是让学生爱不释手。

例如，中考题：《九章算术》是我国传统数学中的代表著作之一，《九章算术》中的开方数、正负数和方程术等数学理论知识的提出奠定了我国数学的基本框架。据《九章算术》记载，牛五、羊二，直金十两；牛二、羊五，直金八两；求牛羊各直金几何？译文：五头牛与两只羊共十两；二头牛和五只羊共八两；求一头牛和一只羊各值几两？要求以方程式组进行计算解答。

这样的内容可以有效激发学生对于数学知识的感兴趣程度，有时能鼓励学生产生克服困难的勇气和树立战胜困难的自信心。也可以提高中学数学教师对于数学文化传授的重视程度。

如图 3-4-1 所示，直线 $l_1 \perp$ 直线 l_2，点 O 是交点，连接 AB，过点 A 作 $l_3 // l_2$，利用直尺和圆规，在 l_3 上找到一点 P，构造一个角等于 $\angle ABO$，你能做到吗？有几种办法？

分析：关键是构造等角。

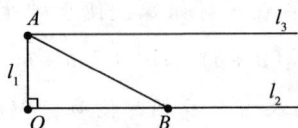

图 3-4-1

解：法一：构造平行（图 3-4-2）　　法二：构造一线三直角（图 3-4-3）

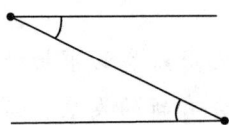

图 3-4-2

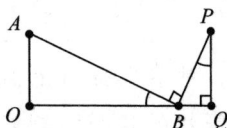

图 3-4-3

法三：等腰三角形（图 3-4-4）　　法四：翻折（图 3-4-5）

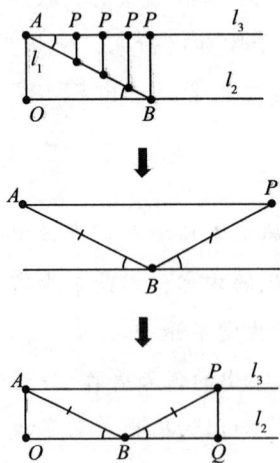

图 3-4-4

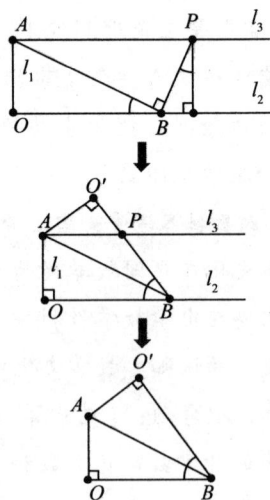

图 3-4-5

这种换个角度解题的方法，在教学中频频出现，教师把这种环境描述为"横看成岭侧成峰"，学生说："远近高低各不同，不识庐山真面目，只缘身在此山中"。在这样宽松的环境中，学生从各个不同角度去思考，对题目有了更深刻的认识和理解。

数学虽然"枯燥无味"，但数学问题也经常会隐含条件，但引导学生想办法把它"挖"出来，老师给予点拨，学生就会豁然开朗。在课堂上恰当地用诗歌点缀，营造诗意的课堂，陶冶学生的情操，让学生体验学数学的快乐！

三、幽默融入课堂，激智生趣

幽默是一种美丽的、健康的品质，是一种智慧的象征。语言有助于记忆。

例如，在数学课堂上，经常说"1"伟大，"1"的妙用，"1"是万能遥控器。例如，在学习真分数、假分数、带分数时，都是以1为标准；1是一个连幼儿园小朋友都认识的数，在数学中若能适时巧妙地用上"1"的一些代换，往往会得到事半功倍的效果，能给学生惊喜，同时能激发学生学习的兴趣，引发学生探求知识的热情，从而提高学生的解题能力。

例如，在教学直角三角形30度、45度、60度三角函数值时（表3-4-1），为了让学生记住公式，可以把 $1 = \dfrac{\sqrt{9}}{3}$，$\sqrt{3} = \dfrac{\sqrt{27}}{3}$，这样记：一、二、三，三、二、一，三、九、二十七。

表3-4-1 三角函数关系列表

角度	三角函数		
	$\sin\alpha$	$\cos\alpha$	$\tan\alpha$
30°	$\dfrac{1}{2}$	$\dfrac{\sqrt{3}}{2}$	$\dfrac{\sqrt{3}}{3}$
45°	$\dfrac{\sqrt{2}}{2}$	$\dfrac{\sqrt{2}}{2}$	1
60°	$\dfrac{\sqrt{3}}{2}$	$\dfrac{1}{2}$	$\sqrt{3}$

"百问不如一见"，教师的肢体表达是学生易见形象的特殊动作，在教学中，要准确、生动、恰当地运用肢体语言，就能充分发挥无字语言的作用，真正落实数学核心素养。

四、戏曲融入课堂，巧设悬念

良好的开端是成功的一半，课堂上一个好的开头会激发学生的学习兴趣，扣人心弦的结尾会让学生回味无穷。

例如，教学轴对称现象时创设以下情境：

师：同学们，老师带来了一首歌《唱脸谱》，让我们一同欣赏。

师：同学们在刚才的动画中观察到了什么？

生：脸谱。

师：脸谱是中国传统戏剧里演员脸部的彩色化妆，这种脸部化妆主要用于净和丑，它在形式、色彩和类型上有一定的格式。内行的观众从脸谱就可以分辨出人物是英雄还是小人，是聪明还是愚蠢，是受人爱戴还是使人厌恶。它通过夸张和变形的图形来展示人物的性格特征。刚才在动画中出现了很多人物的脸谱，同学们还记得哪些？（出示 FLASH 动画中的三个脸谱）

生：黄盖、张飞、典韦。

师：你对他们了解吗？

情境的创设充分展现了数学与历史文化之间的联系，使枯燥乏味的数学教学显得生动形象，也让学生了解到了许多中国传统艺术，如脸谱、剪纸等，感受到中国传统文化的博大精深。事实上，课堂引入初始用《唱脸谱》的一段音乐，将学生带进一个轴对称的教学情境中去，一下子就集中了学生的注意力，并调动了学生主动参与的积极性；继而，融入剪纸这一传统民间文艺瑰宝，用脸谱、剪纸这两个中国传统文化的标志性元素来激发学生的兴趣。对称是一种美，不仅体现在图形上，还体现在形式、命题、结构等上，美有重要意义。

最后，思考如何寻找对称点。

师：如何在剪纸上找到一个已知点 A 的对称点？

生：过点 A 作对称轴的垂线，垂足为 O，然后在垂线上取一点 B，使 $OB = OA.$

师：依据是什么呢？

生：对称轴垂直平分连接两个对称点的线段。

师：那如果就在平面上的一点 C 作关于直线 l 的对称点，你能做到吗？这个问题留到下节课再来探讨。

我们身边广泛存在对称现象：其实轴对称的知识不仅在生活中广泛应用，在我们学习中也是广泛存在的，如文学中的对仗，物理学中的"宇称不守恒"定理。

教学实践表明，文化的气息融入我们的数学课堂，让我们的课堂充满阳光欢乐，让我们的教学教给学生的一种方法，让我们的数学文化在课堂上生根发芽，开花结果，我们的数学课堂将充满诗与远方！

五、有效作业的设计

关于学生作业问题：

（一）中小学生课业负担过重

家庭作业问题已成为社会关注的焦点。

调查：家长对中小学的意见。

（1）进名校难。

（2）学生作业太多。

（3）上学太早，放学太晚。

（4）作业难度大，难以辅导。

（5）作业要家长检查、签字、拍照上传。

（6）接送孩子上下学困难。

（7）教辅资料多，负担重。

（8）老师与家长缺乏有效沟通。

（二）作业的十大问题

（1）来源单一。现成作业；教师、学生自编较少，学生被动。

（2）作业量大。学生作业耗时长、负担重；影响坏。

（3）作业内容狭窄。多为知识巩固、解题训练。

（4）作业布置一刀切。整班做；分层、个性化作业较少。

（5）作业形式单一。书面作业，重复练习；家庭作业。

（6）作业布置有随意性。

（7）作业批阅草率。不及时、不规范；家长批；专业品鉴力低。

（8）作业纠错效能低。错误作资源意识较弱，补偿教学不力。

（9）作业讲评针对性不强。教师讲，一讲到底。

（10）实践性作业的价值难获认可。体验性、操作型、实践性作业难获认可，作业功能认识不够。

（三）作业如何处理

1. 要不要做作业

（1）作业的由来

① 自古即有作业。

孔子云："温故而知新。"《学记》中提到："时教必有正业，退息必有居学。"

② 班级授课制强化了作业。

夸美纽斯〔捷〕、赫尔巴特〔德〕。

赫尔巴特《普通教育学》提倡学生在课后运用和实践所学知识，这项工作被推广到家里进行，家庭作业因而成了课内学习的继续。

凯洛夫"五步教学法"——组织教学、复习旧课、讲解新课、巩固新课、布置作业。作业已成为教学的一个环节。他认为"家庭作业是教学工作的有机组成部分。这种家庭作业是从根本上具有以独立作业的方法来巩固学生的知识，并使学生的技能和技巧完善化的使命。

③ 应试机制强化了作业。

我国中小学生的"作业"被分为"课堂作业"和"课外作业"两类。由于"课外作业"通常在家完成，因此也被称为"家庭作业"。

（2）关于作业的纷争。

关于作业，中外皆有争论，主要聚焦于"家庭作业"。

① 美国"家庭作业"的六次波折。

20世纪初"认可家庭作业"——人们相信家庭作业是训练儿童心智的重要手段。

20世纪40年代"反对家庭作业"——适应生活运动（life – adjustment movement)"把"家中学习"视为学生追求其他的个人家庭生活的障碍。反对机械地训练。

20世纪50年代后期"重视家庭作业"——苏联卫星发射的危机感，家庭作业提高美国基础教育质量。

20世纪60年代中期"质疑家庭作业"——当代学习理论再次质疑家庭作业，认为家庭作业致学生压力过重、挤掉了学生的社会体验，可能对学生的心理健康有害。

20世纪80年代"推崇家庭作业"——美国中小学教育质量调查委员会《国家在危机中：教育改革势在必行》研究报告。家庭作业是抵挡日益高涨的美国教育平庸浪潮的措施。家庭作业可以帮助学生达到日益严格的国家学业标准水平。

21世纪伊始"反思家庭作业"——父母开始担心自己孩子所承受的压力过大，家庭作业的支持者和反对者也经常在媒体上针锋相对。多数的家长对家庭作业还是满意的。

结论：

第一，家庭作业历来被美国学校和社会重视，是学生日常生活的重要部分，是校内学习活动的重要补充；

第二，公众对家庭作业的态度与普遍流行的社会伦理、国内和国际的经济动向有着更为密切的关系。

尽管时有争议，但自20世纪中期之后，美国学生的家庭作业量几乎没有改变。

② 中国对"家庭作业"的不断强化。

中华人民共和国成立初期以"扫盲"为主，首要任务是提高人民识字率。作业内容以识字写字、算术为主。作业量小、难度低。家庭作业不受重视。学生、教师回家后要承担大量的家务劳动或体力劳动。

恢复高考后作业逐渐增多，形式、数量、难度有所增加；"教辅"登台并渐成主角。

进入21世纪以来，作业被不断强化并波及所有学段。以书面作业为主。升学竞争、质量考核愈演愈烈。教辅成灾。"五严规定"等也抵挡不住。

③ 东亚各国学生作业状况几近相似。校外作业、补习成风。

(3) 家庭作业对学生有何影响？

① 哈里斯·库珀的研究《家庭作业之争》。

家庭作业在小学阶段对学生没有任何好处；初中阶段的家庭作业和学业成功之间的关系也非常小；高中家庭作业才对学业有益处，但也要适度。

结论：每晚两小时的作业量已经是极限了，超过这个限度，其益处逐渐减少。

② 中外学者的共识：家庭作业对于学生有正、负两方面的影响。

正面影响：帮助学生增强记忆；使学生对知识的理解加深；有利于学生思维发展、技能形成及信息加工；能丰富课程；改善学生的学习态度；鼓励课余学习；有助于家长参与教育；发展学生独立学习能力，培养学生的责任心；等等。

负面影响：使学生对知识性材料失去兴趣；造成学生身心疲惫；学生难以参加课余活动或社区活动；造成父母与教师的指导相冲突；扩大高、低收入家庭学生间成绩差距；等等。

结论：要不要做作业？——要！但要科学地、适度地做作业！

2. 要做多少作业

2013年教育部发布《小学生减负十条规定》规定：一至三年级不留书面家庭作业，四至六年级要将每天书面家庭作业总量控制在1小时之内。

深圳市教育局印发《关于加强义务教育学校作业管理的通知》（以下简称

《通知》），深圳市教育科学研究院印发《深圳市义务教育学科书面作业设计指引》（以下简称《指引》），切实促进作业管理"减负提质"。《通知》及《指引》认真对待国家相关政策要求，突出深圳创新做法，强化措施落地，使作业设计和布置更具科学性、精准性和有效性，克服机械、无效作业，切实减轻义务教育阶段学生过重的作业负担。

（1）强化作业样例指引，全面压减作业总量和时长。

《通知》强调以系统工程切实推进义务教育学校学生作业"减负提质"，通过作业管理与教学变革、严控考试频次的紧密衔接、做好课堂和课后育人衔接，以及统筹推进家庭学校共育共管等，进一步强化作业育人导向，更好地发挥作业的整体育人功能。

深圳市教育局在反复研读国家相关文件的基础上，准确把握作业在帮助学生巩固知识、形成能力、培养习惯等方面的独特作用，研制出台《指引》，切实将"提高作业设计质量"和"分类明确作业总量"紧密结合，在有效减负的同时提升学生的学业质量水平，确保小学三至六年级书面作业平均完成时间不超过 60 分钟，初中书面作业平均完成时间不超过 90 分钟。

《指引》中，市、区教科研部门相关学科教研员、全市骨干教师组成多个研发小组，经多轮研讨和修改，系统设计了各学段学科的基础性、拓展性作业样例，供全市义务教育学校教师参照布置作业。

《指引》的作业设计样例包括小学语文、数学、英语，初中语文、数学、英语、物理、化学、历史、道德与法治、生物、地理等 12 个学科。本次《指引》的作业样例主要针对 2021—2022 学年度第一学期前两周的相关学科内容，后续市教育局将陆续发布新的各学科内容作业样例。

（2）强化系统设计确保作业管理取得实效。

在创新作业类型方式上，增加综合性、项目式、主题式、单元整体作业设计等特色作业类型；双休日、寒暑假、法定节假日以综合性、实践性作业为主；小学一、二年级不布置家庭书面作业，可在校内适当安排巩固练习，可根据学生特点适当布置非书面作业。

在健全作业管理机制上，各学校要建立作业校内公示制度和作业统筹管控机制，建立作业总量审核和质量定期评价机制等一系列作业规划统筹机制。

在提升作业质量与完成效率的基础上，统筹建设高质量的资源包与空中课堂，强化优质教学资源共建共享；探索利用新技术实施作业的智能批改；探索建立教师网上作业辅导与答疑机制。

在作业管理上为学生减负的同时，《通知》还特别注重减轻家长的负担，明确提出"充分利用好课堂教学和课后服务时间，指导小学生基本在校内完成书面作业，初中学生在校内完成大部分书面作业""严禁给家长布置或变相布置作业，严禁要求家长检查、批改作业"。

相关研究表明：学习成绩开始随着作业时间的增加而提高，当每天作业时间达到一定量时，学习成绩上升到最高点。之后学习成绩反而随着时间的增加而降低。这说明，一旦作业量超过一定限制，做作业时间越长，学习成绩反而越不理想。

学习成绩还与其他因素有关。

西班牙奥维耶多大学的研究表明，中学生家庭作业最适合的量是每天1小时。

英国沃里克大学亚当·博迪森教授指出：中学生的家庭作业量没有一个最优的值，且即使存在最优的作业量，也需考虑其他因素，如学科领域、上学时间长短，学生的社会经济背景、年龄、性别和文化，等等。

美国哈里斯·库帕的研究结论是：

相当于我国一至四年级的学生每周需有1~3项家庭作业，时间在45分钟左右；相当于我国四至六年级每周需有2~4项家庭作业，时间在60~180分钟；相当于我国初中七至九年级的学生，每周需有3~5项课外作业，时间在235~385分钟（4~6.5小时）；相当于我国高中一到三年级的学生，每周需4~5项课外作业，时间控制在385~650分钟（7~11小时）。

美国国家教育协会建议，一年级学生作业每天10~20分钟，以后每提升一个年级，增加10分钟，九年级约90分钟。这个标准也被美国教育部认可。

深圳规定：小学一、二年级不得布置书面家庭作业，小学中高年级、初中和高中学生每天书面家庭作业分别控制在1小时、1.5小时和2小时以内。

家庭作业如同药品，如果量不足，则无效果，如果量太多，它会有负面作用。所以要用对剂量。

3. 如何留作业

（1）作业的类型。

① 按完成形分：

文本作业——苏联教育学家凯洛夫提出（基于认知主义）。主要是巩固课堂知识、预习新的学习内容等。

活动性作业——基于美国教育学家杜威提出的实验主义。给学生广阔思考余地，有助于学生对知识的综合运用及创新。

②按实现功能分：练习型、准备型、扩展型和创造型。

（2）作业的方式。

①传统方式：形式单一的书面作业；由教师布置；一刀切；学生独立限时完成。

弊端：机械、枯燥、功利；不利于培养学生的协作精神；学生处于被动接受的地位；有抄袭现象；作业有"标准答案"。

②新型方式：实验型作业、制作型作业、调研型作业、设计型作业、合作型作业、分层作业、个性化作业、自主作业、自编作业、阅读型作业、长线作业、表达性作业、作业无答案。

优点：激发兴趣；学科综合；接触生活、了解社会；协作学习；培养自主学习能力、创新意识，发展个性。

4. 如何做作业

传统作业：书面为主；有对"标准答案"、抄袭、家长帮忙做等现象。

创新型作业：形式丰富、多种感官并用；要求大量阅读、查阅资料（书籍、网络等）；实地考证（博物馆等）、现场调研；动手操作；表达（书面、口头）；等等。

中小学家庭作业的几个定位：

提供练习机会；做好课堂准备；

参与实践活动；发展学生个性；

改善亲子关系；加强家校交流；

促进同伴互动；执行有关政策；

树立学校形象；惩罚问题学生。

纠正几个错误倾向：

（1）简单重复的作业（抄写等）。

（2）动辄错一罚十的"暴力作业"。

（3）因学生作业不达标，家长"被作业"，只能上网搜索。

（4）"家长作业"——代写作文，父母口述，孩子听写；代做手工，参展、评比；要求家长到指定邮箱下载并打印作业；让家长传达作业，教师将布置的作业发送到邮箱，让家长通过查看邮箱告知孩子。

（5）"微信作业"——老师要求学生每天在班级微信群里"打卡"交作业。每天都要给孩子录制语音和视频，微信圈里点赞。

（6）"前置性学习"——如语文每篇课文讲之前要孩子先掌握字词、抄写佳句、组词造句、归纳中心思想等。过难的作业易造成家长代劳。

（7）让家长批改作业。某些教师每天都让家长批改孩子作业，如果家长没有批改，教师会在班级群里点名。

（8）布置超过学生能力的制作任务，如制作"电脑小报"（需电脑图文排版），易造成学生请文印店帮忙设计排版的情况出现。

（9）节假日作业。作业特别多。（剥夺了学生的休闲权）

5. 如何批阅作业

"四有四必"——有发必收，有收必批，有批必评，有错必纠。

相关研究：布置作业没有批改的效应值只有 0.28；有批改分数的作业效应值上升至 0.78；有批语形式的作业效应值最高达 0.83。

作业评语的建议：有效的评语不等于表扬，有效的评语要清晰区分正误，有效的评语要提出改进意见，激励学生自我构建知识，引发师生互动交流。

6. 如何用好作业

（1）让作业成为促进学生自主学习的桥梁。（信息技术；翻转课堂；网络资源）

（2）让作业成为改正错误的学习资源。（错题集；错题库）

（3）让作业成为学生获得成功的体验。

作业的相关方及其主体责任：

学生——求知；素养；个性发展；升学（做作业）

教师——职业；事业；专业发展（布置并批阅作业）

学校——育人；质量；社会效益（目标、课程、特色）

家长——使孩子健康幸福；望子成龙（养育、监护）

社会——传承（社会人、接班人）（合力、导向）

结论：别让学校承担学生作业方面的无限责任；教师要教育好学生，也要引导好家长；要真正把作业作为"教学研究"的主要内容；要从"育人"高度看待作业。

从作业开始——让作业成为学生自由飞翔的翅膀，而非束缚学生幸福成长的镣铐，学校应该是到处流淌着"奶和蜜"的地方。

第四章

工作室与
"学生成长"

第一节　我们的学生观

一、数学教育与我们的学生现状

谈到数学，很多人就想到奥林匹克数学竞赛。从竞赛获奖情况来看，近40年，我国获得的金牌数量在全球是首屈一指的，特别是2022第63届国际数学奥林匹克（IMO），中国队以6个满分的完美战绩夺魁！但是，我国却没有培养出多少在国际上有影响力的大数学家，整体上还处于一个跟在后面跑的水平。这不得不让人反思我们的数学教育。

（一）知识灌输

受传统应试教育理念的影响，一些数学教师仍然采用满堂灌的教法。学生对数学课堂有自己的想法和建议，得不到教师的支持和重视。教师总是担心学生没听懂，把知识点掰碎了反复讲，不给学生留出思考和实践的时间。这样做造成学生对教师的依赖，不利于提升学生的数学思维能力。以知识为中心的教学，强调的是掌握更多的数学公式，知道更多的数学结论、定理，学会更多的解题方法，练习得更加熟练。这样就导致要学习的内容特别多，教师只能加快讲的速度，减少学生自主思考和探究的时间。教师往往是直接告诉学生结论，让学生把解题思路记清楚，然后通过反复训练，让学生看到一个题目就能条件反射般地快速解答出来。在这样的数学教育中，学生的开放性思维得不到培养和锻炼，久而久之，思维就固化了，创新能力也没有了。

（二）教学评价

我们往往是通过一张试卷来测试学生对知识掌握的情况，以考试分数作为检验教育结果的标尺，缺乏科学测试学生思维水平和综合能力的办法，以知识为中心来教，也以知识和方法为中心去考，导致的结果就是教学背离了数学教育的根本价值。

（三）数学教材

好的数学教材，一方面要重视将现实生活中的问题概念化和抽象化，另一方面，要重视将数学方法应用到现实生活中。而我们很多版本的教材，往往不讲知识的来源以及该知识有什么应用价值，而是开门见山，直接列出几个公式，进行推导证明，然后给出一大堆习题。这样的教学导致学生学起来缺乏兴趣。

（四）小初衔接

当前的数学教育在小学与初中的衔接及课堂教学方面也存在一些问题。初中和小学的教学如同"铁路警察各管一段"：小学教师不去深入了解初中学生要学什么内容、初中教师是怎么教的、怎样让学生从能力和方法上适应初中的学习需求；初中教师也不太了解小学生认知规律和学习特点。初中到高中、高中到大学都存在这样的问题。每个学段的教师互相不怎么交流，各自按照课标和教材、按各自的理解去教，也不太关心学生后续的发展如何。这样就导致在内容衔接、思维模式转换等方面存在一定障碍，如在代数思维培养上，小学到初中的过渡衔接就显得有些突兀，不够自然。

二、学生观的转变

要改革中小学数学教育，必须首先弄明白，数学教育的真正目的和意义是什么。是学习数学知识还是培养数学学科的核心素养？毫无疑问，应该以后者为重点，应该把重点放在培养学生数学的抽象思维能力、逻辑推理能力、计算能力等方面。

（一）更新课堂教学理念

传统的教法是教师抛出一个问题，让学生简单思考后，教师教给学生一个以至几个解法，让学生学会并记住这个方法，然后通过习题举一反三加以训练巩固。这并不是正确的做法。正确的做法应该是先引导学生观察和思考，运用已经掌握的知识去分析问题、尝试解决问题，要给学生充足的时间，教师不要越俎代庖，要尽量让学生自己想办法解决问题，经历不断碰壁、不断尝试的过程，最终找到解决问题的办法。学生这次为了找到解决问题的办法花了半个小时，下次可能只需 20 分钟，再下次可能只需 10 分钟，慢慢地，就在脑子里建立起类似问题该如何分析、如何解决的通用思维。当然，采用这样的教学方式，需要教师减少讲授的内容，删去没必要讲的内容，减少机械重复的训练，梳理出最核心、最关键的东西教给学生，有些知识点没必要讲，学生通过自学也能掌握。

（二）改变教学内容

数学是源于生活，然后再慢慢抽象化、概念化的一门学科。学生刚接触这一学科时就教一些程式化、概念化、抽象化的内容，势必导致学起来枯燥乏味。所以在小学的低年段，在教学内容和方法方面，要更贴近学生的生活，通过讲一些孩子生活中常接触的东西让他们逐步建立数学概念，还要善于用游戏的方式，培养他们的学习兴趣和爱好，尽量不要过早地讲抽象的符号，因为对他们来说，从形象到抽象需要有一段时间来适应和过渡。

（三）要重视衔接教育

应在深入研究当下学生的认知能力的基础上，按照 12 年一贯制的思路来编写、编排数学教材。教材编写团队成员涵盖面要广，不仅要有专家学者，更要有一线的教师。教材由易到难、由具体到抽象，各学段有机衔接、自然过渡，这样才能循序渐进地培养和提升学生的思维能力和创新、创造力。同时，要加强数学学科与其他学科的横向联系。各学科互相整合，互通有无，才更有利于培养学生综合解决问题的能力。

（四）要建立新的评价体系

在目前的教育模式下培养出来的学生，数学基础比较扎实、知识体系也比较完整，但是在数学思维和分析、解决问题能力方面薄弱一些，其中一个重要原因就是目前的考试不能科学、准确地考查学生这些方面的能力和素养，考试评价起不到很好的导向作用。因此，我们就考虑如何改变考试的内容和方式，进而倒逼教学改革，是我们应思考的问题。

（五）方法灵活

作为教师，必须结合自己的个性特点及优势，始终围绕培养学生数学思维能力、自主学习能力、创造性思维能力、个性特长发展等多方面进行综合考虑。

数学教学，要真正把学生思维活跃起来。当学生真正学会了"思考""解决问题"时，哪里还需要担心考试成绩不好？

对此，教师要有充分的准备。

首先，要对整个初中和高中的教学内容和教材非常熟悉，对教材所涉及的各种知识和能力要非常清晰；

其次，要了解学生的具体情况，设置适合学生的问题情景；

最后，适时点评或引导学生，学生的想法有价值时要及时鼓励学生，当学生的思路偏离目标太远时要启发和引导学生回到正确的道路上来，以保证课堂的顺利和正常进行，即要有相当的课堂驾驭能力。

（六）以生为本：学会数学，学会思维

基于学生、依靠学生、激发学生、启发学生、指导学生。

1. 目标

数学教育目标包含两个方面：学会数学，学会思维。

其有以下几个层次的理解：

（1）学会数学知识，并会运用（包括运用意识与运用能力等）。实践中，唯有通过学生的思维，通过教师的展示、启发等才能获得成绩的提高。

（2）学会数学的思维方式（包括学会高手解题的思维方式与学会数学家的思维方式）。

（3）学会数学思维的同时，学会更一般的思维方式（包括策略等）。例如，让学生体会到观察是思维的起点，条件意识是逻辑思维的根基，等等，并在数学内外的场合中，能够自觉运用。

2. 教学基本对象

教学有两个基本对象：学生的思维，教师的思维。

（1）学生思维的基本要领：由思而悟（领悟）。

（2）教师思维的基本要领：激发、引导、指导、展现、明晰、释疑等。教师应做到：一讲思想，二讲操作。（想法的产生，思想的本质）

第二节 我们的培养观

一、培养深度学习，领悟数学思想

深度学习是指学习者以高阶思维的发展和实际问题的解决为目标，以整合的知识为内容，积极主动地、批判性地学习新知识，领悟其中蕴含的思想，并将它们融入原有的认知结构，且能将已有的知识迁移到新的情境中的一种学习。学生有思想才会有智慧；学生有智慧才会有创新。师生对数学的认识上升到哲理的高度才能洞察数学的本质，并对数学知识形成深透且广远的理解。数学思想和方法有助于教师正确把握教材。数学知识——显性的（几乎没有机会用，且很快就忘了）；思想方法——隐性的（深深地铭刻在头脑中，长期地、潜意识地影响人的工作、思维及生存方式）。

（一）抽象思想——数形结合思想

抽象思想，是指数学从现实的材料中抽象出数量关系和空间形式进行研究，而不是研究现实世界的具体存在的事物本身。

数学家华罗庚曾说过："数缺形时少直观，形少数时难入微。"

数与形的对立统一主要表现在数与形的互相转化和互相结合上。尤其是直角坐标系与几何的结合，是数形结合的完美体现。

小学数学阶段主要是利用各种直观手段理解和掌握知识、解决问题。

数学离不开解题，解题离不开解题策略。数学问题题型多样，灵活多变，要想在解题过程中化繁为简、化难为易，化未知为已知，准确、快速地使问题获得解决，必须掌握正确的解题策略。

随着新课改的不断深入和实施，小学数学思想方法与初中数学思想方法如何进行有效衔接，受到了教育教学行业的关注，也为数学教师带来了全新的要求和挑战。事实上，小学数学与初中数学都属于数学基础知识的学习阶段，但两者之间又具有不同的特征，中小学数学教师要做到知识衔接、思想衔接、经验衔接。

做好小学数学思想方法与初中数学思想方法之间的有效衔接，可以帮助刚步入初中阶段的学生消除对数学学习的恐惧，学好数学知识。上海大学数学教授王卿文在谈到如何学好数学中说："学习数学的诀窍：少、慢、精、深，先了解数学的方法，学好数学的八种数学能力和五种数学素养。"

例1：甲、乙两人分别从 A、B 两地同时相向出发，在离 B 地6千米处相遇后又继续前进，甲到 B 地，乙到 A 地后，都立即返回，又在离 A 地8千米处相遇，求 A、B 两地间的距离。

分析：从不同角度思考，利用数学结合思想。此题可以画线段图，如图4－2－1所示。

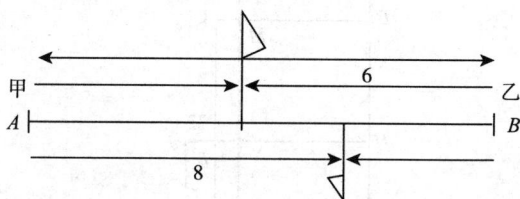

图4－2－1

方法一：从图中可知，从开始到第一次相遇两人共行了一个全程；从开始到第二次相遇两人共行了三个全程。当他们共行一个全程时，乙行了一个6千米；当他们共行三个全程时，乙则行了3个6千米。而乙从开始到第二次相遇时则共行了一个全程加8千米。所以一个全程就是 $18-8=10$ 千米。

方法二：设 A、B 两地间的距离为 x 千米，第二次相遇时乙走了 $(x+8)$ 千米。根据题意列方程得：$x+8=6\times3$ 解得 $x=10$。

例2：某人从 A 地去 B 地，如果每小时比原定的速度快6千米，提早5分钟到达；如果每小时比原定的速度慢5千米，则迟到6分钟。A、B 两地间的距离是多少千米？

方法一：设原定时间为 t 小时，根据每小时比原定的速度快6千米，提早5分钟，得出行 $6t$ 千米，需要 5 分钟 $=\frac{1}{12}$ 小时。加快速度后是：$6t\div\frac{1}{12}=72t$。再根据每小时比原定的速度慢5千米，迟到6分钟，得出行 $5t$ 千米，需要 6 分钟 $=\frac{1}{10}$ 小时。减慢后的速度是 $5t\div\frac{1}{10}=50t$。加快后的速度与减慢后的速度比是：$72t:50t=36:25$。

加快后的速度是：$(6+5)\div(36-25)\times36=36$ 千米。原定速度是 $36-6=30$ 千米，原定时间：$t=36\div72=0.5$ 小时。

A、B 两地间的距离是 $30 \times 0.5 = 15$ 千米。

方法二：长方形图来解答。构造矩形，宽表示时间，长表示速度，面积表示路程。如图 $4 - 2 - 2$ 所示，$BK = 6$ 分钟 $= \frac{1}{10}$ 小时，$BG = 5$ 分钟 $= 2$ 小时，$DH = 5$，$DE = 6$。设 $EF = a$，则 $CB = 72a$，$JK = 60a$。可得 $CL = 72a - 60a = 12a$，$a = \frac{5}{12}$，$CB = 72a = 30$，$AE = 36$。

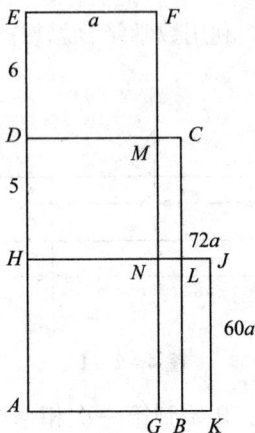

图 $4 - 2 - 2$

则矩形 $AEFG$ 的面积：$36a = 36 \times \frac{5}{12} = 15$。$A$、$B$ 两地间的距离是 15 千米。

方法三：设原定速度为 x 千米/小时，原定时间为 y 小时。根据题意列方程组得 $xy = (x + 6)\left(y - \frac{5}{60}\right) = (x - 5)\left(y + \frac{6}{60}\right)$

解得：$x = 30$，$y = \frac{1}{2}$，$xy = 15$。

（二）聚焦建模思想——发展核心素养

1. 数学课程的具体目标——问题解决

（1）初步学会从数学的角度发现问题和提出问题，综合运用数学知识解决简单的实际问题，增强应用意识，提高实践能力。

（2）获得分析问题和解决问题的一些基本方法，体验解决问题方法的多样性，发展创新意识。

（3）学会与他人合作交流。

（4）初步形成评价与反思的意识。

数学模型思想：把所考察的实际问题转化为数学问题，构造相应的数学模型，通过对数学模型的研究，使实际问题得以解决。简单地说，数学模型方法就是通过构造数学模型来研究原问题的一种数学方法。模型的数学思想方法贯穿在整个小学到初中的数学知识过程中，我们在教学中，要善于利用一题多解多种模型思想。

中学数学中常用的数学模型具体讲有方程模型、函数模型、几何模型、三角模型、不等式模型和统计模型等。

例 3：（八年级数学方程组中的鸡兔同笼问题）"今有雉兔同笼，上有三十五头，下有九十四足，问雉兔各几何？这四句话的意思是：有若干只鸡兔同在一个笼子里，从上面数，有 35 个头；从下面数，有 94 只脚。求笼中各有几只鸡和兔？

该题被义务教育课程标准实验教科书人教版数学五年级上册选为补充教材，并且被部分五、六年级的课外习题所用，及选用在义务教育课程标准实验教科书北师大版数学八年级上册"应用二元一次方程组——鸡兔同笼"中。

此题可以根据学生年龄特点用不同的方法解答。

方法一：摆一摆、画一画（二年级学生）。

此题对于二年级学生来说，因为有两个未知数，解答起来很困难，所以采用画图的方法，如图 4 - 2 - 3 所示。

第一步，先画 35 个头。

第二步，每个头画两只脚。

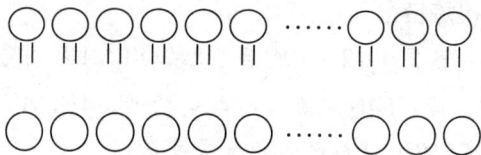

图 4 - 2 - 3

剩下的 24 只脚可以分给 12 个头，每个头可以画两只脚。由此可得 4 只脚的是兔子，2 只脚的是鸡。兔有 12 只，鸡有 35 - 12 = 23 只。

方法二：假设法（五六年级学生）。

假设全部是鸡，一共 35 × 2 = 70 只脚，但实际上少算了 94 - 70 = 24 只脚。因为每只兔少算了 2 只脚，那么共有多少只兔呢？24 ÷ 2 = 12 只，则鸡有 35 - 12 = 23 只。

假设全部是兔，一共 35 × 4 = 140 只脚，但实际上多算了 140 - 94 = 46 只脚。因为每只鸡多算了 2 只脚，那么共有多少只鸡呢？46 ÷ 2 = 23 只，则兔有

$35-23=12$ 只。

方法三：砍腿法。

先砍掉每只鸡、兔的两脚，则鸡没脚，兔还有两只脚，则脚的总数就是 24。这 24 只脚就是砍掉脚后的兔子的脚。兔的只数：$24\div2=12$ 只，则鸡有 $35-12=23$ 只。

方法四：金鸡独立。

兔两个后脚着地，前脚抬起；鸡一个脚着地，一个脚抬起。则脚的数量是原来的一半：$94\div2=47$ 只。现在鸡有一只脚，兔有两只脚。脚数与头相差：$47-35=12$ 个，就是兔子只数。鸡有 $35-12=23$ 只。

方法五：一元一次方程法（七年级）。

解：设鸡有 x 只。

列方程得：$2x+4(35-x)=94$

解得 $x=23$，则兔 $35-23=12$ 只。

方法六：二元一次方程组法（八年级）。

解：设鸡有 x 只，兔有 y 只。

列方程组得：$\begin{cases}x+y=35\\2x+4y=94\end{cases}$

解得 $\begin{cases}x=23\\y=12\end{cases}$，则鸡有 23 只，兔有 12 只。

2. 探索问题，提炼模型

（类型一）例4：如图 4-2-4 所示，已知 Rt$\triangle ABC$ 中，$\angle CAB=90°$，$AB=AC$，$\angle FAG=45°$，将 $\angle FAG$ 绕点 A 顺时针旋转，AF，AG 分别与直线 BC 交于点 D，E，探究 DE，BD，CE 之间的数量关系。

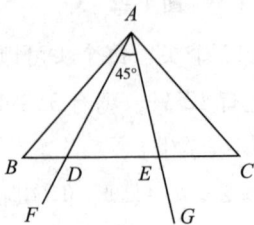

图 4-2-4

（1）当∠FAG在∠CAB的内部旋转时，如图4－2－5所示。

解法一：

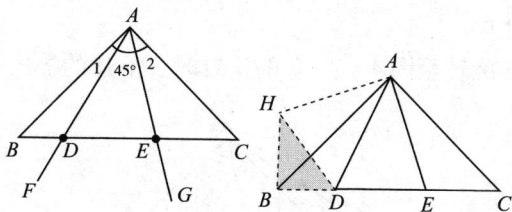

图4－2－5

$$\begin{cases} AB = AC \\ \angle 1 + \angle 2 = \angle DAE \end{cases} \xrightarrow[\text{旋转}]{\text{联想}} \xrightarrow{\text{构造}} \text{全等三角形} \xrightarrow{\text{实现}} \text{线段转移}$$

思路如下：

$$\triangle ACE \xrightarrow[\text{旋转} 90°]{\text{绕} A \text{顺时针}} \triangle ABH \xrightarrow{\text{连接} DH}$$

$$\triangle ACE \cong \triangle ABH \xrightarrow{\text{线段转移}} CE = BH$$

$$\xrightarrow{\angle ABH = 45°} \angle HBD = 90°$$

$$\xrightarrow{\text{SAS}} \triangle AHD \cong \triangle AED \xrightarrow{\text{线段转移}} DE = DH$$

在 Rt△BDH 中，∵ $BH^2 + BD^2 = DH^2$

∴ $DE^2 = BD^2 + EC^2$

解法二：（图4－2－6）

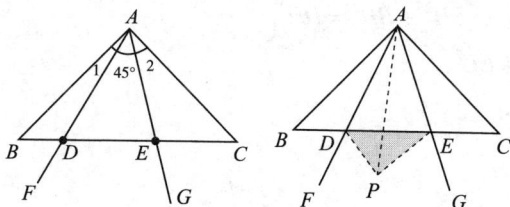

图4－2－6

$$\text{等腰直角三角} \xrightarrow[\text{翻折}]{\text{联想}} \xrightarrow{\text{构造}} \text{全等三角形} \xrightarrow{\text{实现}} \text{线段转移}$$

思路如下：

$$\triangle ABD \xrightarrow{\text{沿} AD \text{翻折}} \triangle APD \xrightarrow{\text{连接} PE}$$

$$\triangle ABD \cong \triangle APD \xrightarrow{\text{线段转移}} DB = DP$$

$$\xrightarrow{\text{SAS}} \triangle APE \cong \triangle ACE \xrightarrow{\text{线段转移}} CE = PE \longrightarrow \angle DPE = 90°$$

在 Rt$\triangle DPE$ 中，有 $DP^2 + EP^2 = DE^2$

$\therefore DE^2 = BD^2 + EC^2$

（2）当绕点 A 旋转至图 4-2-7 的位置时，上述的等式还成立吗？

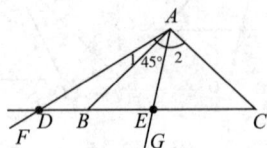

图 4-2-7

解法一：（图 4-2-8）

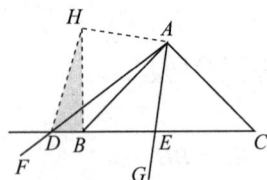

图 4-2-8

$$\triangle ACE \xrightarrow[\text{旋转}90°]{\text{绕}A\text{顺时针}} \triangle ABH \xrightarrow{\text{线段转移}} CE = BH$$

$$\xrightarrow{\text{连接}DH} \angle HBD = 90° \xrightarrow{\text{SAS}} \triangle AHD \cong \triangle AED$$

$$\xrightarrow{\text{线段转移}} DE = DH$$

在 Rt$\triangle BDH$ 中，$BH^2 + BD^2 = DH^2$

$\therefore DE^2 = BD^2 + EC^2$

解法二：（图 4-2-9）

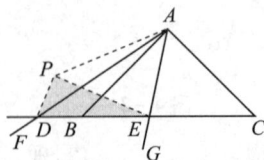

图 4-2-9

$$\triangle ABD \xrightarrow{\text{沿}AD\text{翻折}} \triangle APD \xrightarrow{\text{线段转移}} DB = DP$$

$$\xrightarrow{\text{连接}EP} \angle APD = 135° \xrightarrow{\text{SAS}} \triangle APE \cong \triangle ACE$$

$$\xrightarrow{\text{线段转移}} EP = EC \longrightarrow \angle DPE = 90°$$

在 Rt$\triangle DPE$ 中，$DP^2 + EP^2 = DE^2$

即：$DE^2 = BD^2 + EC^2$

3. 图形演变，引申拓展

（类型二）例5：正方形 $ABCD$，$\angle EAF = 45°$，AE，AF 与边 BC，CD 所在的直线分别交于 E，F，连接 EF，如图 4 - 2 - 10 和图 4 - 2 - 11 所示，探究 EF，BE，DF 之间的数量关系。

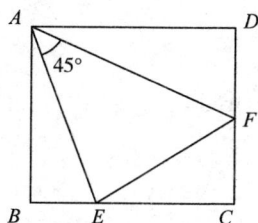

图 4 - 2 - 10

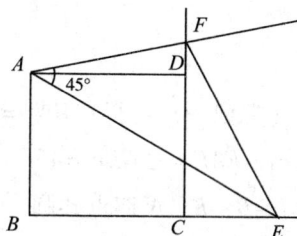

图 4 - 2 - 11

解法一：（图 4 - 2 - 12）

$$\triangle ADF \xrightarrow[\text{旋转}90°]{\text{绕}A\text{顺时针}} \triangle ABG \xrightarrow{\text{线段转移}} DF = BG$$

$$\xrightarrow[\angle ABC + \angle ABG = 180°]{\angle D = \angle ABG = \angle ABC = 90°} G，B，E \text{三点共线}$$

$$\xrightarrow{\text{SAS}} \triangle AEG \cong \triangle AEF \xrightarrow{\text{线段转移}} EF = EG$$

$\therefore EG = BE + BG = BE + DF$

$\therefore EF = BE + DF$ 　　结论①

证明中可得 EA 平分 $\angle BEF$，FA 平分 $\angle DFE$ 　　结论②

$C_{\triangle CEF} = 2AB$；$S_{\triangle AEF} = S_{\triangle ABE} + S_{\triangle ADF}$ 　　结论③

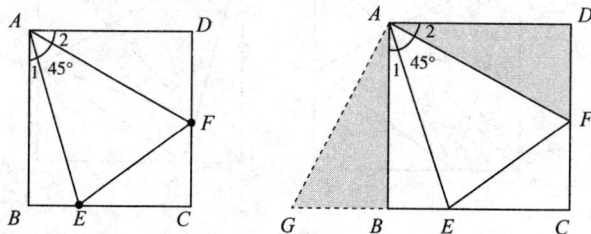

图 4 - 2 - 12

解法二：

连接 BD 分别交 AE，AF 于 M，N，连接 EN，FM，如图 4 - 2 - 13 所示。

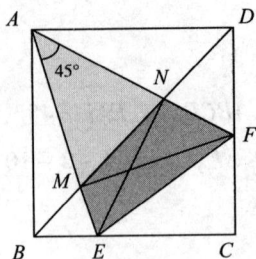

图 4 - 2 - 13

由（类型一）可得：$MN^2 = MB^2 + DN^2$　　　结论④

易知 $\angle EAF = \angle NBE = 45°$

$\therefore A$，B，E，N 四点共圆

$\therefore \angle AEN = \angle ABN = 45°$

又 $\angle EAN = 45°$；同理：$\angle AFM = 45°$，如图 4 - 2 - 14 所示。

$\triangle ANE$ 为等腰直角三角形，$\therefore \dfrac{AE}{AN} = \sqrt{2}$　　　结论⑤

$\triangle AMF$ 为等腰直角三角形，$\therefore \dfrac{AF}{AM} = \sqrt{2}$

$\triangle AMN \backsim \triangle AFE$　　　结论⑥

$\begin{cases} \dfrac{EF}{NM} = \sqrt{2} \\ S_{\triangle AEF} = 2S_{\triangle AMN} \end{cases}$　　　结论⑦

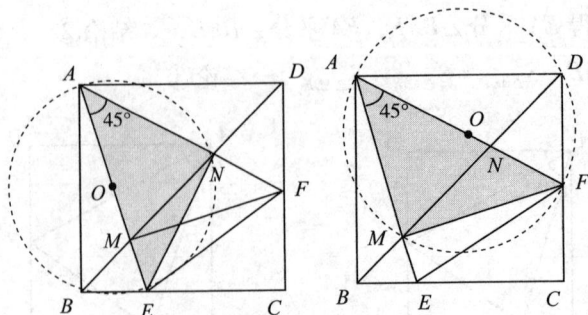

图 4 - 2 - 14

4. 类比猜想，联想拓展

（类型三）例 6：四边形 $ABCD$ 中，$AB = AD$，$\angle ABC + \angle ADC = 180°$，$\angle EAF = \dfrac{1}{2} \angle BAD$，$AE$，$AF$ 与边 BC，CD 所在直线分别相交于 E，F，连接 EF，如图 $4-2-15$ 和图 $4-2-16$ 所示，试猜想 EF，BE，DF 之间的数量关系。

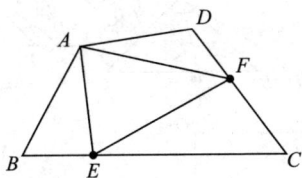

图 $4-2-15$

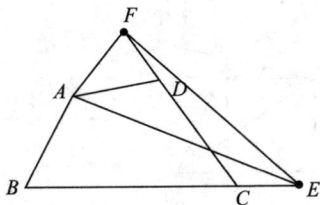

图 $4-2-16$

展示类比图：（图 $4-2-17$，图 $4-2-18$）

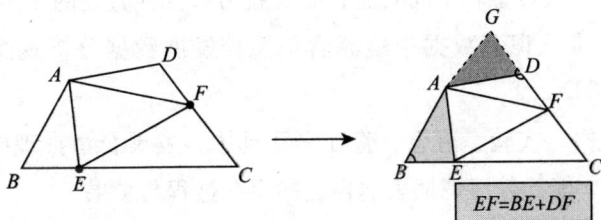

图 $4-2-17$

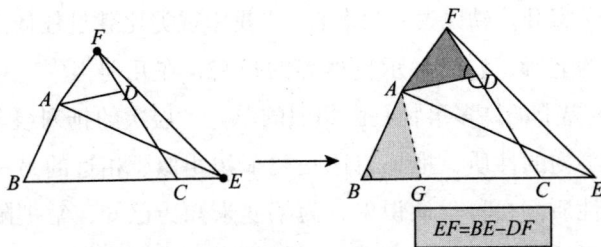

图 $4-2-18$

抓住基本图形，举一反三，领略"一图一世界"的风采，如图4-2-19所示。

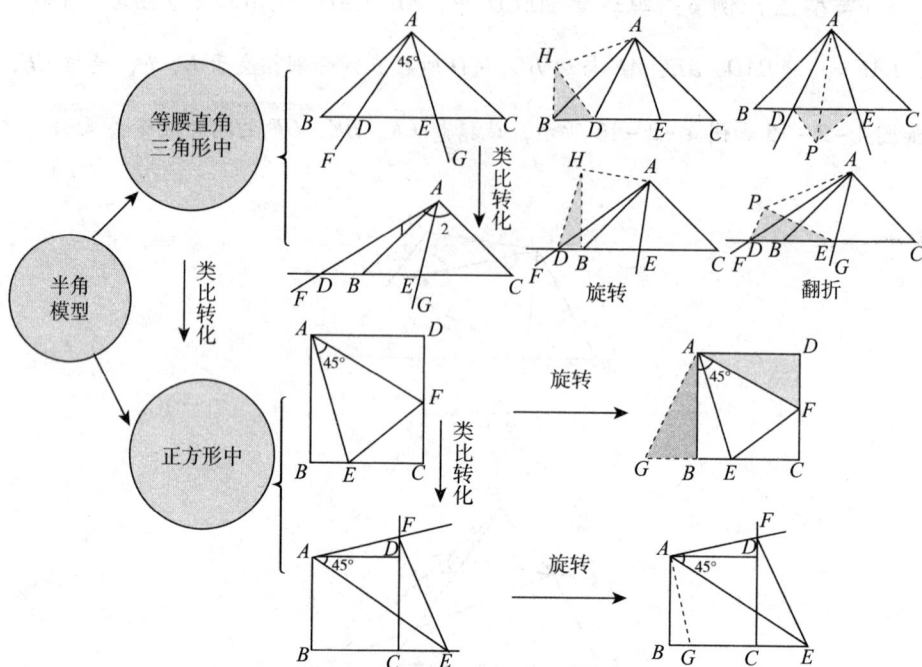

图 4 - 2 - 19

5. 数学思考

（1）初步形成数感和空间观念，感受符号和几何直观的作用。

（2）进一步认识到数据中蕴涵着信息，发展数据分析观念；感受随机现象。

（3）在观察、实验、猜想、验证等活动中，发展合情推理能力，能进行有条理的思考，能比较清楚地表达自己的思考过程与结果。

（4）会独立思考，体会一些数学的基本思想，学会猜想与验证。

（三）类比思维推理验证

德国天文学家开普勒说过一段名言："我珍视类比胜过任何别的东西，它是我最可信赖的老师，它能揭示自然界的秘密，在几何当中，它应该是最不容忽视的。"世界上的许多事物是由相似的单元、层次的排列组合而来的。因此可从某一类事物的性质，推想与这一类事物相似、相近的另一类事物是否也具有类似的性质。在科学认识中，为了变未知为已知，常把陌生的对象和熟悉的对象相对比，从中启发思路，提供线索，起到触类旁通的作用。康德说："每当理智缺乏可靠论证的思路时，类比这个方法往往能指引我们前进。"

很多知识用类比去研究，省时、省力，令人记忆深刻。

类比的应用比比皆是。例如，从万有引力定律推想静电力的平方反比定律，即库仑定律；卢瑟福在发现原子核存在以后，通过与太阳系行星结构的类比，提出了关于原子核结构的行星模型；欧几里得用类比的方法从勾股定理推出欧几里得定理。在初中数学中，从整数的因数分解到整式的因式分解；从分数的基本性质到分式的基本性质；从三角形的全等到三角形的相似；等等都是类比思维的应用。

类比推理：类比是通过对两个研究对象的比较，根据它们某些方面（属性、结构、内容、地位、关系、特征、形式等）的相同或相类似之处，推出他们在其他方面也可能相同或相类似的一种推理方法。其一般公式为：A 具有 a、b、c、d 属性，B 具有 a'、b'、c' 属性，所以，B 也可能具有 d' 属性。（其中 a、b、c、d 和 a'、b'、c'、d' 相同或相似）

例7：（兔子问题）假定一对大兔子每月能生一对小兔子，且每对新生的小兔子经过一个月可以长成一对大兔子，具备繁殖能力，如果不发生死亡，且每次均生下一雌一雄，问一年后共有多少对兔子？

分析：刚开始只有一对小兔子，没有繁殖能力，所以还是一对；一个月后小兔子成年，但兔子总数还是一对；两个月后成年兔子生下一对小兔子，共有两对；三个月后，小兔子成年，原成年兔子再次生下一对小兔子，总数变为 3 对；四个月后，上个月的小兔子成年，上个月的 2 对成年兔子生下 2 对小兔子，总数变为 5 对；依次类推……

可以作出如图 4 - 2 - 20 所示的图示。

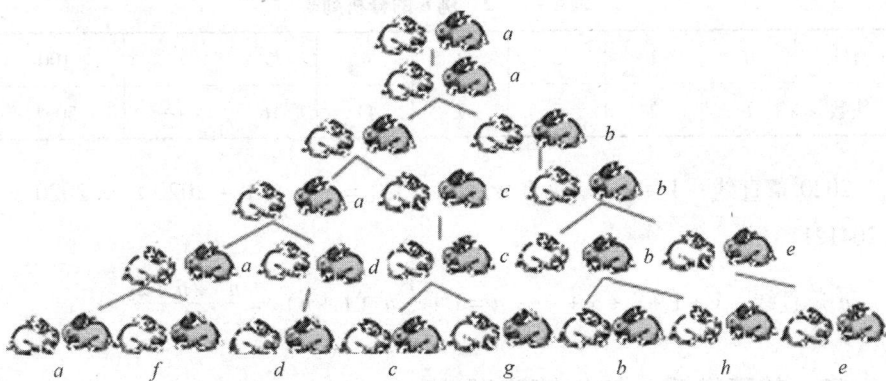

图 4 - 2 - 20

181

可以列出表 4 - 2 - 1：

表 4 - 2 - 1　例 7 的分析列表

时间（月）	0	1	2	3	4	5	6	7	8	9	10	11	12
初生兔子（对）	1	0	1	1	2	3	5	8	13	21	34	55	89
成熟兔子（对）	0	1	1	2	3	5	8	13	21	34	55	89	144
兔子总数（对）	1	1	2	3	5	8	13	21	34	55	89	144	233

表中 1，1，2，3，5，8，13，…构成一个序列，这个数列有一个特点：前两项之和等于后一项。

例 8：100 条直线最多能将平面分成多少个部分？2020 条直线呢？n 条直线呢？

直线条数	分得的块数
0	1
1	1 + 1
2	1 + 1 + 2
3	1 + 1 + 2 + 3
4	1 + 1 + 2 + 3 + 4
	…
100	1 + 1 + 2 + 3 + 4 + ⋯ + 99 + 100 = 5051

列表如下：

表 4 - 2 - 2　例 8 的分析列表

直线	0	1	2	3	4	5	…	100
块数	1	2	4	7	11	16	…	5051

2020 条直线：$1 + 1 + 2 + 3 + ⋯ + 2020 = 1 + (1 + 2020) × 2020 ÷ 2 = 2041211$

n 条直线：$1 + 1 + 2 + 3 + ⋯ + n = 1 + \frac{1}{2}n(1 + n) = \frac{n^2 + n + 2}{2}$

二、善于发现，转化策略衔接

（一）发现式教学与转化策略

发现学习：布鲁纳指出，用自己的头脑亲自获得知识的一切形式都可以称为发现学习。课堂教学下的发现学习不局限于对未知世界的发现，更重要的是引导学生凭借自己的力量对人类文化知识的"再发现"。

发现式教学法是基于布鲁纳的发现学习而提出的，是通过教师的启发引导，学生运用已有的知识和经验探索发现获取新的知识，发现新规律，解决新问题，掌握新方法，形成新思想的学习活动的一种教学方法。

发现式教学法程序是铺垫设疑、探索发现、讨论总结、实践应用。

铺垫设疑就是以旧引新，为学生创设探索的情境。

探索发现就是执旧索新，学生运用已有的知识和经验自主探索，发现新知识。

讨论总结就是结构更新，也就是学生构建新的认知结构，同化新知识，更新原有认知结构。

实践应用就是学生运用获取的新知识，形成的新思想，掌握的新方法，探索解决问题，在解决问题中再探索，再发现，在实践应用中创新。

数学核心素养强调：数学教学要以情开路，通过实验、猜想、分析、推理，把学生带进深奥而又精彩的数学世界，让学生感受数学结构的美丽，享受数学思维的乐趣，品味数学推理的精致，逐步使学生能够用数学的眼光观察世界，用数学的思维思考世界，用数学的语言表达世界。

转化策略就是把一个实际问题通过某种转化、归结为一个熟悉的数学问题，把一个较复杂的问题转化、归结为一个较简单的问题，或已经解决的问题，或易于解决的问题。它是数学思想方法渗透中的重要环节。

教师在平时的教学中，要重视数学思想方法的渗透和教学，做好数学思想的衔接工作，帮助学生掌握转化策略的数学思想方法的解题技巧，并引导学生将其应用到实际的解决数学问题之中，为学生今后的数学学习奠定良好的基础。

（二）转化策略的实施

1. 图形计算中的转化

例9：如图 4 – 2 – 21 所示，已知大正方形 ABCD 和小正方形 CEFH，且正方形 ABCD 每边长为 10 厘米，则图中阴影（三角形 BFD）部分的面积是多少平方厘米？

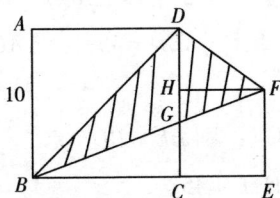

图 4 – 2 – 21

本题缺少条件，无法使用常规方法。

可以发现：梯形 *DCEF* 面积 = 三角形 *BEF* 面积，梯形 *DCEF* 面积 – 公共面积 = 三角形 *BEF* 面积 – 公共面积，三角形 *DGF* 面积 = 三角形 *BCG* 面积，三角形 *DBF* 面积 = 三角形 *BCD* 面积 = $10 \times 10 \div 2 = 50$ 平方厘米。

启示：以上图形计算中的转化策略就是数学思想的渗透的衔接，我们中小学数学教师要站在培养学生核心素养的高度，组织教学和安排训练，通过创设问题情境，让学生发现和提出问题，培养创新思维。数学教育家弗赖登塔尔对数学教学有两个重要观点，一是"再创造"，二是"数学化"。中学所学数学知识是已经形成的完备结构，不可能有创新，但教师的教学过程可引导学生经历类似于数学家发现规律的过程，也就是"再创造"。

2. 构造法

例10：如图 4 – 2 – 22 所示，已知 *AD* 是 △*ABC* 的角平分线，*AB* = 6，*AC* = 4，*CD* = 3，求 *DB* 的长。

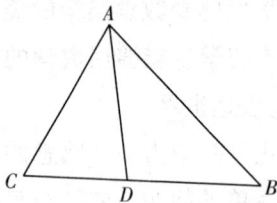
图 4 – 2 – 22

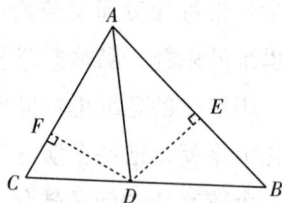
图 4 – 2 – 23

分析：如图 4 – 2 – 23 所示，过 *D* 作 *AC*、*AB* 的垂线段 *DF* 和 *DE*，可得 *DF* = *DE*

$$S_{\triangle ABD} = \frac{1}{2} AB \cdot DE, \quad S_{\triangle ADC} = \frac{1}{2} AC \cdot DF, \quad DE = DF$$

$$S_{\triangle ABD} : S_{\triangle ACD} = AB : AC$$

$$S_{\triangle ABD} : S_{\triangle ACD} = BD : DC$$

$AB : AC = BD : DC \quad 6 : 4 = BD : 3 \quad BD = 4.5$

如图 4 – 2 – 24 所示，在 △*ABC* 中，∠*ACB* = 90°，*D* 为 *AB* 的中点，*E* 在 *BC* 上且满足 *BE* = *AD*，*AE* = 5，∠*AED* = 45°，求 *AC* 的长。

解法一：（图 4 – 2 – 24）

∵ *BE* = *DA*，*D* 为 *AB* 中点，则 *BE* = *BD*

∴ ∠*BDE* = ∠*BED* = ∠*DAE* + 45°

∵ ∠*AEB* = ∠*EAC* + 90° = ∠*DEB* + 45°

$\therefore \angle DEB = \angle EAC + 45°$

$\therefore \angle EAC = \angle DAE$

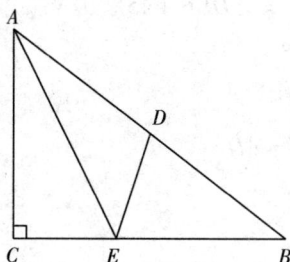

图 4 - 2 - 24

$\therefore AE$ 是 $\triangle ABC$ 的角平分线

$\therefore \dfrac{AB}{AC} = \dfrac{BE}{CE}$

$\because D$ 是 AB 的中点，$BE = AD$

$\therefore BE = \dfrac{1}{2} AB$

又 $\because \dfrac{AB}{AC} = \dfrac{BE}{CE}$

$\therefore \dfrac{EC}{AC} = \dfrac{BE}{AB} = \dfrac{1}{2}$

$\therefore AC = 2CE$

在 $\text{Rt}\triangle ACE$ 中，由勾股定理得

$AE^2 = AC^2 + CE^2$

$5^2 = (2CE)^2 + CE^2$

$CE = \sqrt{5}$，$AC = 2\sqrt{5}$

解法二：（图 4 - 2 - 25）

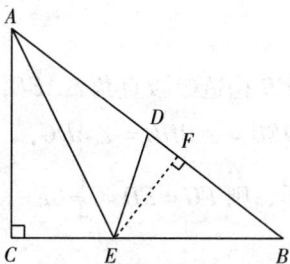

图 4 - 2 - 25

∵ $BE = DA$，D 为 AB 中点，则 $BE = BD$

∴ $\angle BDE = \angle BED = \angle DAE + 45°$

∵ $\angle AEB = \angle EAC + 90° = \angle DEB + 45°$

∴ $\angle DEB = \angle EAC + 45°$

∴ $\angle EAC = \angle DAE$

∵ D 是 AB 的中点，$BE = AD$

∴ $BE = \frac{1}{2}AB$

设 $BE = a$，$EC = b$，$AC = h$，则 $AB = 2a$；过 E 作 AB 边上的高 EF.

因 AE 是三角形 ABC 的角平分线，则 $FE = EC = b$

∵ $S_{\triangle ABC} = S_{\triangle AEC} + S_{\triangle AEB}$

∴ $\frac{1}{2}(b+a)h = \frac{1}{2}bh + \frac{1}{2} \times 2a \cdot b$

$h = 2b$

在 Rt$\triangle ACE$ 中，由勾股定理得

$AE^2 = AC^2 + CE^2$

$5^2 = (2b)^2 + b^2$

$b = \sqrt{5}$，$h = 2\sqrt{5}$

解法三：（图 4 − 2 − 26、图 4 − 2 − 27）

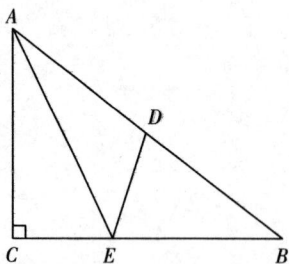

图 4 − 2 − 26

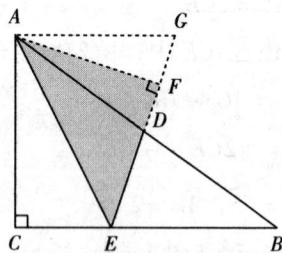

图 4 − 2 − 27

∵ $\angle AED = 45°$，延长 ED 构造等腰直角 $\triangle AEF$，过 A 点作 AG 平行于 CB，与 EF 交于 G，得 $\angle G = \angle DEB = \angle BDE = \angle ADG$，

∴ $\triangle ADG$ 是等腰三角形，则 $FG = FD = \frac{1}{4}GE$

∵ $AE = 5$，在等腰直角三角形 AEF 中，由勾股定理得 $AF = \frac{5}{2}\sqrt{2} = FE = $

$3GF$，$GF = \dfrac{5}{6}\sqrt{2}$，求得 $AG = \dfrac{5}{3}\sqrt{5} = EB = BD = AD$，

设 $CE = x$，则 $BC = x + \dfrac{5}{3}\sqrt{5}$，

在 Rt 三角形 ACE 中，$AC^2 = 5^2 - x^2$，

在 Rt 三角形 ACB 中，$AC^2 = AB^2 - BC^2 = \left(\dfrac{5}{3}\sqrt{5} \times 2\right)^2 - \left(x + \dfrac{5}{3}\sqrt{5}\right)^2$

$\therefore 5^2 - x^2 = \left(\dfrac{5}{3}\sqrt{5} \times 2\right)^2 - \left(x + \dfrac{5}{3}\sqrt{5}\right)^2$，解得 $x = \sqrt{5}$，$AC = 2\sqrt{5}$

解法四：（图 4-2-28、图 4-2-29）

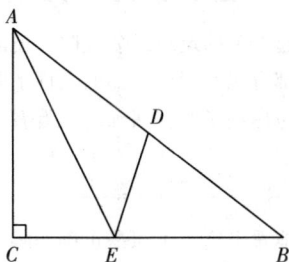

图 4-2-28

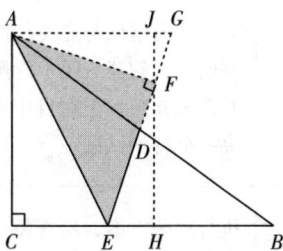

图 4-2-29

构造等腰 Rt$\triangle AFE$，延长 ED 到 G，使 $ED = DG$，连接 AG

$AE = 5$，有 $AF = \dfrac{5}{2}\sqrt{2}$，$DF = \dfrac{5}{6}\sqrt{2}$，过点 F 作 AC 的平行线，交 AG 于 J，

BC 于 H，在 Rt$\triangle EFH$ 中，$\angle FEH = \angle ADF$，

$\therefore EH : HF = 1 : 3$，设 $EH = x$，则 $HF = 3x$．在 Rt$\triangle FHE$ 中，由勾股定理

得 $EF^2 = x^2 + (3x)^2$，$\left(\dfrac{5}{2}\sqrt{2}\right) = 10x^2$，$x = \dfrac{\sqrt{5}}{2}$，$\therefore AC = 2\sqrt{5}$

三、开放课堂，解题后的思考

艺术的魅力在创造，课堂教学中的创造就是倡导课堂的开放性，即动态生成。因此教师在课堂上不能机械地执行预案，而应时刻关注学生的学情，根据师生、生生互动的情况，顺着学生的思路，因势利导地调整教学过程，发现学生思维的闪亮点，设计和组织后续的教学活动，只有这样才真正体现教师为主导、学生为主体地位。

学数学必然解题，学好数学必然要学会解题。时下普遍解题现象是：为解题而解题，重数量轻质量，重结果轻过程，重模仿轻理解，重训练轻反思。这

种"题海战术"的解题，其效果和效率很不理想。如何解放"题海战术"，做到举一反三、触类旁通？一种有效的方法是在解题中学习解题。这方面，我们可以从世界著名数学家和数学教育家波利亚的"怎样解题表"得到启发。

表 4－2－3 是波利亚解题表的简介：

表 4－2－3　波利亚解题表的简介

步骤	具体问题
理解题目	未知量是什么？条件是什么？条件是否足以确定未知量？画个草图，引入适当的符号。
拟订方案	见过这道题或与之类似的题目吗？能联想起有关的定理或公式吗？还能以不同的方式叙述它吗？能解出这道题目的一部分吗？用到全部的条件了吗？再看看未知数？把题目中所有关键的概念都考虑到了吗？回到定义看看？先解决一个特例试试？
执行方案	执行解题方案，检查每一个步骤，能清楚地看出这个步骤是正确的吗？能否证明它是正确的？
检查回顾	能检验这个结果吗？能以不同的方式推导出这个结果吗？能在别的什么题目中利用这个结果或这种方法吗？

整个解题表的各个部分均由问题组成，这些问题问的不是别人，而是解题者，我们称为"解题提示语"。提示语的作用在于启发问题分析，诱发解题"念头"，促使解题反思，重视解题后的思考，从而解决问题，并学会解决问题。

（一）开放课堂

1. 关注差异

课堂教学中，教师应关心爱护每一位学生，真正做到关注学生间的个体差异（在学习方式、类型、起点上的不同），应该设置问题的梯度，顺应学生多元化的发展，教师应引入一些开放性的问题，让学生能够多角度、多层次、多侧面地解答，从而促进学生的个性发展。

数学题从构成数学习题系统的四要素（条件、依据、方法、结论）出发，定性地分为四类：

（1）条件开放题：如果寻求的答案是数学题的条件。

（2）策略开放题：如果寻求的答案是依据或方法。

（3）结论开放题：如果寻求的答案是结论。

（4）综合开放题：如果数学题的条件、解题策略或结论都要求解题者在给定的情景中自行设定与寻找。

数学的解题策略，依据归纳方式不同还有很多种，无论何种方法，其目的都是引导孩子更好地解决数学问题。掌握策略，便可以多角度观察题目，多维度思考题目，从而轻松实现一题多解，并在一题多解的过程中，反作用于孩子的思维活动，增强孩子学习数学的信心和兴趣。

设计意图：培养学生创新意识、创造能力。

一题多解：

例11：某工程由甲单独做63天，再由乙单独接着做28天可以完成。如果甲乙两人合作需要48天完成。现在甲先单独做42天，然后再由乙单独接着做，还需要多少天可以完成？

方法一：代换法。

甲63天 + 乙28天 = "1"

甲48天 + 乙48天 = "1"

甲42天 + 乙？天 = "1"

甲（63 – 48）天的工作量 = 乙（48 – 28）天的工作量

甲15天的工作量 = 乙20天的工作量

甲3天的工作量 = 乙4天的工作量

甲6天的工作量 = 乙8天的工作量   乙要（48 + 8）=56天。

方法二：假设法。

设甲乙合作28天，则完成的工作量为

$$\frac{1}{48} \times 28 = \frac{7}{12},$$

$1 - \frac{7}{12} = \frac{5}{12}$是甲（63 – 28）天单独完成的。

甲的工作效率：$\frac{5}{12} \div 35 = \frac{1}{84}$

乙的工作效率：$\frac{1}{48} - \frac{1}{84} = \frac{1}{112}$

可以求出甲先做42天，再由乙单独做还需要：$\left(1 - \frac{1}{84} \times 42\right) \div \frac{1}{112} = 56$天。

方法三：方程法。

解：设甲每天完成 $\dfrac{1}{x}$，乙每天完成 $\dfrac{1}{y}$，根据题意列方程组 $\begin{cases} \dfrac{1}{x}+\dfrac{1}{y}=\dfrac{1}{48} \\ \dfrac{63}{x}+\dfrac{28}{y}=1 \end{cases}$

解得 $x=84$，$y=112$，还需要的天数为 $\left(1-\dfrac{1}{84}\times42\right)\div\dfrac{1}{112}=56$ 天。

一题多解：

如图 4-2-30 所示，△ABD、△ACE 均为等边三角形，B、A、C 共线，你能得到哪些结论？

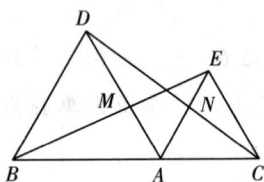

图 4-2-30

△BAE≌△DAC

$BE=DC$

∠EBA=∠CDA

∠BEA=∠DCA

BE 与 DC 交角为 60°

△BAM≌△DAN

$AM=AN$

△MAN 是等边三角形（图 4-2-31）

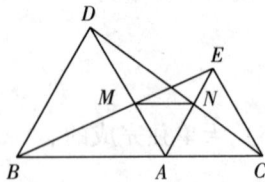

图 4-2-31

△EAM≌△CAN

$EM=CN$

OA 平分∠BOC（图 4-2-32）

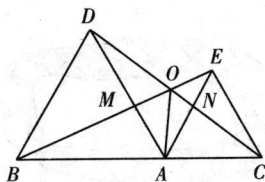

图 4 – 2 – 32

当 A、B、C 不共线：

变式一：（图 4 – 2 – 33）

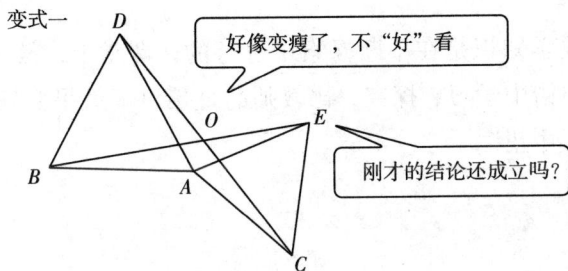

变式一

好像变瘦了，不"好"看

刚才的结论还成立吗？

图 4 – 2 – 33

变式二：（图 4 – 2 – 34）

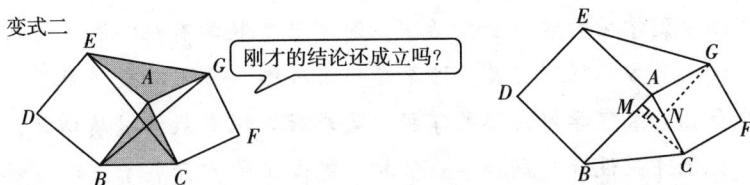

变式二

刚才的结论还成立吗？

图 4 – 2 – 34

$\triangle AEC$ 绕着旋转点 A 逆时针旋转 90 度得到 $\triangle ABG$

$EC = BG$，$EC \perp BG$

$\triangle ABC$ 与 $\triangle AEG$ 面积相等

变式三：

① 园林小路，曲径通幽，如图 4 – 2 – 35 所示，小路由白色的正方形大理石和黑色的三角形大理石铺成。已知中间的所有正方形的面积之和是 a 平方米，内圈的所有三角形的面积之和是 b 平方米。这条小路共占地多少平方米？

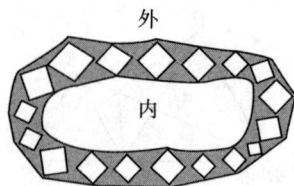

图 4 - 2 - 35

② 由①知外圈的所有面积之和等于内圈的所有三角形面积之和。这条小路的面积为 $(a+2b)$ 平方米。

2. 巧借错误

学生获得数学知识是在不断探索中进行的，课堂上，教师应借助错误，创设情境，在纠错中学习、探究，比教师的直接讲解效果要好得多。这也是我们所说的"误中悟"。

【附】

"双减"背景下"五育融合误中悟"的新课堂教学
——以"一元二次方程的应用（生活中的面积问题）"的教学设计为例

当今社会的发展与教育的变革要求切实将"德、智、体、美、劳"五个方面有机融合到学生的学习和生活中，通过日常教学有机渗透、浸入和潜移默化，让学生多方面得到发展，培养健全的人格。而"双减"背景下，基于减轻学生负担，落实学习目标的掌握，要求数学课堂教学提质增效，创新课堂模式，优化作业设计，减轻学业负担。笔者工作室开展了深圳市教育科学规划 2021 年度课题《初中数学课题教学中"五育融合"策略研究》的研究，对"双减"背景下"五育融合误中悟"的新课堂教学进行了初步尝试。下面以"一元二次方程的应用（生活中的面积问题）"的课堂教学设计为例，说明"双减"背景下"五育融合误中悟"方式的新课堂教学设计。

一、内容和内容解析

1. 内容

一元二次方程的应用（生活中的面积问题）。

2. 内容解析

（1）内容的本质。

最优化构建一元二次方程求解面积问题。

（2）蕴涵的思想方法。

本节内容通过观察、探究、交流等教学活动，培养学生提出问题、分析问题和解决问题的能力；本节内容也是学生运用化归思想、数形结合思想、数学建模思想的良好素材。

（3）知识的上下位关系。

"一元二次方程的应用"是北师大版九年级上册第二章一元二次方程单元第六节实际应用问题。本节从最基础、最简单的面积问题进行深入研究，同时体验方程解的合理性。一元二次方程与一元一次方程、分式方程一脉相承，同时，本节为将来学习二次函数解决实际问题做好方法迁移，因此，它具有承上启下的作用。

（4）育人价值。

在利用一元二次方程解决生活中面积问题的应用过程中培养学生细心观察、认真分析、严谨论证的良好思维习惯；使学生通过体验数学活动来源于生活又服务于生活，增强对问题的感性认知，建立数学对象之间、数学与现实世界之间的逻辑联系，形成数学的好奇心与想象力，享受数学学习的乐趣，培养学生直观想象和逻辑推理的数学核心素养，乐学善学和勇于探究的综合核心素养，让学生通过数学的眼光与思维，理解自然现象背后的数学原理。

（5）教学重点。

用方程思想解决实际问题需要学生构建一元二次方程，能够通过计算思维将各种信息约简和形式化，进行问题求解与系统设计，多样化求解，且能在不同实际问题中进行迁移应用。因此本节课的重点是多样化列一元二次方程解简单应用题，并引导学生形成个人的最优化求解方案。

二、目标和目标解析

1. 目标

（1）会选用合理的方法解决一元二次方程的面积问题。

（2）会根据实际面积问题中的数量关系列一元二次方程解应用题。

（3）能根据具有问题中的实际意义，检验结果是否合理。

2. 目标分析

达成上述目标的标志如下：

达成目标（1）的标志是：学生经历多样化构建一元二次方程求解实际问题的过程，能够通过计算思维将各种信息约简和形式化，进行问题求解与系统设计，多样化解决面积问题，并且能最优化解决不同类型的面积问题。

达成目标（2）的标志是：学生在应用一元二次方程求解面积问题的过程当中，能够从客观现象中发现数量关系与空间形式，抽象出数学的研究对象，将问题中的数量关系用符号运算、形式推理形成数学表示，分析、解决数学问题和实际问题。

达成目标（3）的标志是：学生能结合客观现实，理解方程解的实际意义。

三、雾区难点分析

1. 雾区分析

为什么要学习一元二次方程，裱画问题"加减"的本质、围墙问题设元的选择，这些都是本节课的雾区。

2. 难点分析

学生一般能够分析简单规则图形中的数量关系，但是对于稍复杂的图形，学生往往不能准确分析其数量关系，故而不能利用已经掌握的基本图形中的数量关系求解问题。同时，方程思想仅是求解实际问题的方法，学生容易忽视方程中"元"的实际意义。因此，本节课的难点是寻找等量关系构建方程，以及对方程的解在实际情境中的合理理解。

3. 误点预判

对题干分析不准确引发的误点。例如，裱画外嵌误解为在画纸内镶，裁纸折盒时将表面积误解为底面积，等等。未考虑方程解的实际意义引发的误点，如未舍去不符合实际问题的方程解。

四、支持条件分析

通过希沃白板教学平台将教学课件展示在学生面前，同时印发助学案便于学生分析问题、解决问题；通过 PPT 动画设置，把几何图形动态性展示出来，直观形象地体现几何问题的实质之处，利用展台把学生作品、解题过程投影出来，以生评生、集体学习、集体订正。

环节 1：博学情境（博贯近思，情境导学）

博学就是厚植知识的根基，厘清知识的本源和背景，让知识根植于广博、深厚、肥沃的情境土壤之中，生根、发芽、开花、结果，为新知的生成搭建厚博的平台，为知识培根。情境是指影响事物发生或对机体行为产生影响的环境和条件，是呈现给学生刺激性的数学信息，引起学生学习数学兴趣，唤起学生强烈的问题意识。使学生全心投入、全神贯注、沉浸陶醉，获取信息、博观约取、博贯近思。创设博贯现实生活、近思已有知识经验、合当前主题的情境，诱导学生入境、观察、联想。

（教师布境、激情、导思；学生入境、动情、启思）

情境：校园艺术展即将开展，小陈计划在一张矩形卡纸上绘制一篇四格漫画参展。为了美观，她决定在卡纸四周贴上等宽的金色贴纸，如图 4 - 2 - 36 所示。

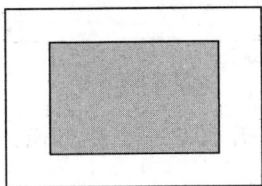

图 4 - 2 - 36

导语：观察情境，联系有关学过的知识和已有的经验，寻找情境中蕴含的数学问题。同学们，请你们睁开数学的慧眼，透过纷繁复杂，看清实质！

设计意图：引导学生身临其境，回顾已学过的相关知识和已有的数学活动经验，并在纷繁复杂的迷雾中用数学的眼光观察世界，寻找问题，培养发现数学问题的能力。

环节 2：审问疑雾（审视雾区，生疑发问）

从雾区出发，目标导向，设置若干层层递进、聚焦目标性"大问题"的子问题，即问题串。雾失楼台，月迷津渡，桃源望断无寻处。

激发学生生疑破雾，积极提出问题，鼓励学生从数学的视角，即形状、大小、度量、运算等，根据情境提出数学问题。学生可能提出各种各样的数学问题，鼓励学生大胆展示问题，教师引导聚焦本课的核心问题。

（教师追问、导向、诱发、鼓励；学生质疑、迷茫、困惑、发问）

导语：通过对情境的观察、联想、思考，已知矩形卡纸长为 8cm，宽为 6cm，不妨设金色贴纸的宽为 $x$cm，据此每人至少提出一个数学问题。

请同学们展开想象，大胆探索。

问题 1：所需的金色贴纸总长度为 $(28 - 4x)$ cm

问题 2：所需的金色贴纸的总面积为 $(-4x^2 + 28x)$ cm^2

问题 3：裱画后的画纸总面积为 48cm^2

问题 4：裱画后的绘画区域是一个矩形面，面积为 $[48 - (-4x^2 + 28x)]$ cm^2

问题 5：裱画后的绘画区域是一个矩形面，面积为 $(8-2x)(6-2x)$ cm^2，如图 4-2-37 所示。

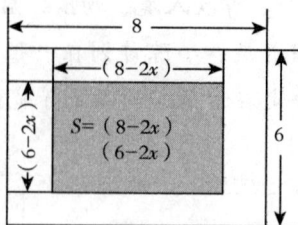

图 4-2-37

核心问题：裱画后的总面积是一个矩形面，对于所有的裱画情境都适用吗？

设计意图： 激发学生生疑破雾，积极提出问题，鼓励学生从数学的视角（形状、大小、度量、运算、关系等），根据情境提出数学问题，培养学生提出问题的能力和用数学的眼光观察世界的能力，培养学生独立思考、批评质疑、勇于探究的理性思维和科学精神，提升学生直观想象、数学抽象的数学核心素养。

环节 3：慎思试误（独立慎思，大胆试误）

慎思就是要深思而慎取。问过以后还要通过自己的思维活动来仔细考察、思考、分析，以数学悟感为基础，充分发挥好奇心与想象力，大胆试误，积极寻求有效的问题解决方案，借助证据和合理推理形式进行有效论证。这一系列过程就是参悟的过程，参悟是以悟感为基础的。

（学生直面"核心问题"，独立思考、自主探究、直觉猜想、大胆试误；教师明察雾情、聚焦误点、助力破雾、诊断点拨）

导语：下面我们自主探究问题：若绘画面积为 24cm^2，你能求出金色贴纸的宽吗？你还能提出哪些问题呢？你能解决新问题吗？请同学们开启思维的闸门，让思维自然流淌！

方程 1：$(8-2x)(6-2x)=24$，解得 $x_1=6$（舍），$x_2=1$

方程 2：$48-(-4x^2+28x)=24$，解得 $x_1=6$（舍），$x_2=1$

方程 3：$(-4x^2+28x)+24=48$，解得 $x_1=6$（舍），$x_2=1$

问题 1：若绘画面积为 35cm^2，此时的金色贴纸的宽是多少？

$(8-2x)(6-2x)=35$，解得 $x_1=6.5$（舍），$x_2=0.5$

问题 2：若绘画面积为 80cm^2，此时的金色贴纸的宽是多少？

$(8-2x)(6-2x)=80$，解得 $x_1=8$（舍），$x_2=-1$（舍）

设计意图： 学生利用数量关系，构建一元二次方程并尝试求解实际问题，通过对题目进行变式练习，对解法进行验证，进而渗透分类意识，感受用归纳验证的方式探寻解决问题的思路，由不严谨逐步向严谨过渡，渐进提高分析问题的能力，涵育数学运算、逻辑推理的数学核心素养，尝试用数学的思维思考。

环节4：明辨顿悟（合作明辨，互启顿悟）

鼓励学生积极发表自己的意见，合作交流，讨论争辩，批判质疑，进行思维碰撞，产生思想火花，互相启迪，互相审误，互启灵感，诱发顿悟，获得发现，生成成果。对试误分别展开讨论，逐个审误，进行辨析，合作明辨，分析原理，参悟顿悟，寻求证明方法，引导学生给出严谨的推理论证过程。

（学生交流观点、讨论明辨、互启顿悟、论证跟进；教师参与交流、收集成果、评价激励、帮助提炼）

导语：同学们，此刻，正适合我们分享彼此的探究结果，互相学习，集思广益。

刚才大家分别从"绘画面积 = 24""绘画面积 + 金色贴纸面积 = 总面积 48"两个数量关系列出三个不同的方程求解实际问题，这几个方程都适合用来解答吗？请同学们积极发言。

生1：都适合。方程1和方程2都是以绘画面积列方程，方程1是根据绘画面积是矩形，用该矩形的长（$8 - 2x$）×宽（$6 - 2x$）= 绘画面积列方程，而方程2是根据画纸总面积 - 金色贴纸面积，剩余面积就是绘画面积列方程。方程3与方程2是同一个数量关系，数量关系变式为金色贴纸面积 + 绘画面积 = 画纸总面积。

生2：都适合。通过比较方程的解，它们的答案是一致的。

师：至此，我们用一元二次方程基本解决了裱画问题，可以发现，根据不同数量关系列方程，我们会有多种方程形式。同时，解方程我们会得到两个方程解，同学们为什么要舍去其中的6呢？

生：当 $x = 6$ 时，金色贴纸的宽贴满整个画纸，没有绘画面积了。

师：比较原题与新提出的问题1、问题2，你发现了什么？

生3：画纸面积48cm²，原问题和问题1符合实际；

生4：画纸面积48cm²，问题2贴完金色贴纸后绘画画纸面积为80cm²不符合实际，可以改成贴完金色贴纸后画纸总面积为80cm²（问题3）；

师：生4说得非常好！同学们能解决这个新问题吗？

生5：$(8+2x)(6+2x)=80$，解得 $x_1=-8$（舍），$x_2=1$；

生6：$48+2\times[6x+(8+x)x]=80$，解得 $x_1=-2\sqrt{13}-7$（舍），$x_2=-2\sqrt{13}+7$；

生7：$48+2\times[6x+(8+2x)x]=80$，解得 $x_1=-8$（舍），$x_2=1$；

生8：$4x^2+28x=80-48$，解得 $x_1=-8$（舍），$x_2=1$.

师：通过本节学习，同学们已经能用不同的方法求解裱画面积问题，请同学们观察老师随机选上来的几份解答，你发现了什么？

生9：生6的求解错了，方程中金色贴纸的面积算错了。

师：生9点评得很到位！通过解决刚刚的新问题，比较这几个方程，同学们觉得哪个方程"更快更好"？说说你的理由。

生10：利用最后的面积形状为矩形，用矩形面积公式＝长×宽列方程比较快。

生11：利用绘画面积、金色贴纸面积与总面积之间数量关系也可以解决问题，但金色贴纸的面积算起来比较慢，还容易出错。

师生总结：利用规则图形的面积公式，将公式中的数据用代数式表示，可以快速求解面积问题。

师：刚刚我们修改了问题2，使得问题3有解，比较原题干和最后的问题3，你还能发现什么？

生12：原题干绘画面积比原面积小，问题3总面积比原面积大。

生13：原题干金色贴纸贴在原来画纸上，问题3贴纸贴在画纸外面。

生14：原题干裱画后得到的矩形面积缩小了，问题3裱画后得到的矩形面积扩大了。

师生总结：裱画问题有诀窍，内缩外扩要比较，新面积与原面积，如果变大往外扩，如果变小往内缩。

设计意图：通过学生解法展示，以生评生，促进学生之间互相学习，互相帮助，在思维碰撞中互相成就，互相发展。结合图形，帮助学生理清知识之间的联系，让学生有思想地应用所学知识解决实际问题，认识数学的严谨性，培养解决问题的能力，增强用数学的思维思考、用数学的语言表达的数学素养，提升数学运算、逻辑推理的数学核心素养。通过变式训练，突破本节课的难点。

环节5：笃行温焐（主动笃行，焐熟技能）

在学生获得顿悟后，精心设计适当的变式训练，注重基础性、探究性、实践性、综合性的作业，体现有关、有用、有趣。巩固误中悟的成果，使所悟固化为本领和素养，即悟中固。探寻"误之雾"的归因，探求"悟之固"的途径，从"雾下误"到"误中悟"，再到"悟后焙"。

（教师提供变式、组织训练、巡察学情、评价矫正；学生实操练习、迁移体验、焙熟技能、提升思维）

例1：爱好折纸的小陈收到一些漂亮的鹅卵石，可惜她没有一个合适的盒子可以收纳，但她发现许多长为8cm，宽为6cm的彩色矩形卡纸，她决定，在四个角上裁去四个全等的小正方形，制作一个底面积为24cm²的无盖长方体，既能收纳，也可以展示这些漂亮的鹅卵石，请问，小陈要裁去的小正方形的边长是多少？

师生活动：师生共同分析解答，教师板书（1），学生板书（2）。对于（2）要关注学生的不同解法。

解：设裁去的小正方形的边长是$x$cm，依题意得

$(8-2x)(6-2x) = 24$

解得$x_1 = 6$（舍），$x_2 = 1$

答：裁去的小正方形的边长为1cm.

设计意图：使学生熟悉利用矩形公式构建一元二次方程求解实际问题的方法，并明晰折纸成盒问题的"矩形"是底面积图形。

练习：如图4-2-38所示，有一张长32cm，宽16cm的长方形硬纸片，裁去角上2个小正方形和2个小长方形（图中阴影部分）之后，恰好折成如图所示的有盖纸盒。若纸盒的底面积是130cm²，求纸盒的高。

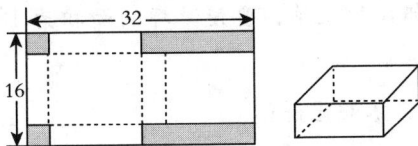

图4-2-38

解：设纸盒的高为$x$cm，依题意得（列方程即可）

师生活动：学生独立思考并分析原因。

设计意图：通过辨析让学生进一步掌握利用矩形公式构建一元二次方程求解实际问题的方法，更加准确地明晰折纸成盒问题的"矩形"是底面积图形。

例2：如图4-2-39所示，园丁小陈每天要为一块长8cm，宽6cm的矩

形实验地喷洒营养剂，为免踩踏育苗，小陈决定在实验地中间横竖修两条等宽的小路，与实验员协商后，要使试验种植面积为35m²，则修建小路时，小路宽应为多少米？

图4-2-39

解：设小路的宽为xm，则下列方程正确的有：

① $28x + 6x + 35 = 8 \times 6$

② $8x + 6x - x^2 + 35 = 8 \times 6$

③ $8x + x(6 - x) + 35 = 8 \times 6$

④ $(8 - x)(6 - x) = 35$

师生活动：教师引导学生认真观察，学生小组合作，由学生代表分析，其他学生或点评或补充，得出：整体思想与平移思想都可构建一元二次方程模型解决小路面积问题。

解：设小路的宽为 xm，则上述方程正确的有②③④。

设计意图：引导学生多样化构建一元二次方程求解实际问题，能够通过计算思维将各种信息约简和形式化，进行问题求解与系统设计，多样化解决面积问题，并且分析归纳出最优化解法；通过变式训练，突破本节课的重点。

练习：如图4-2-40所示，在宽为12m，长为20m的矩形地面上修筑同样宽的道路，余下的部分种上草，要使草坪的面积为 $180m^2$，道路的宽应是多少？

解：设路宽为 xm，依题意得：_____.

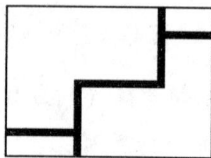

图4-2-40

设计意图：通过练习让学生进一步掌握利用平移思想构建矩形模型，进而构建一元二次方程最优化求解小路问题。

例3：老陈家有一片荒地，退休后，他计划用家里 35m 长的篱笆靠墙（墙长 18m）围成一个面积为 150m^2 的矩形养鸡场。建造图纸如图 4-2-41 所示，则图中 AB 实际应为多少米？

解法①：设 AB 的长为 x 米（图 4-2-41），依题意得

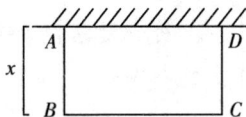

图 4-2-41

解得

答：

解法②：设 BC 的长为 y 米（图 4-2-42），依题意得

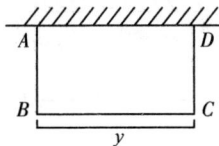

图 4-2-42

解得

答：

师生活动：引导学生多样化构建一元二次方程求解实际问题，能够通过计算思维将各种信息约简和形式化，进行问题求解与系统设计，多样化解决面积问题，引导学生形成个人的最优化求解方案。

解法①：设 AB 的长为 x 米，依题意得 $x(35-2x)=150$

解得 $x_1=10$，$x_2=7.5$

当 $x=10$ 时，$AD=35-2x=15<18$，符合题意。

当 $x=7.5$ 时，$AD=35-2x=20>18$，不符合题意，舍去。

$\therefore AB = 10$（m）

答：AB 的长为 10 米。

解法②：设 BC 的长为 y 米，依题意得 $y \times \dfrac{35-y}{2} = 150$

解得 $y_1 = 15$，$y_2 = 20$

当 $y = 20$ 时，$AD = 20 > 18$，不符合题意，舍去。

当 $y = 20$ 时，$AD = 15 < 18$，符合题意。

所以 $AB = 10$（m）

答：AB 的长为 10 米。

设计意图：通过比较让学生利用矩形公式，多样化设元构建一元二次方程求解实际问题，根据自身实际，基于快速列方程或快速舍根的需求，个性化形成个人最优化求解方法；通过变式训练，突破本节课的重点。

练习：如图 4-2-43 所示，有一面积为 $100 \mathrm{m}^2$ 的长方形鸡场，鸡场的一边靠墙（墙长 18m），另三边用竹篱笆围成，但其中一边开了一个小门，门宽 1m，如果竹篱笆的长为 29m，鸡场的长与宽各为多少米？

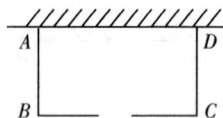

图 4-2-43

设计意图：通过练习让学生进一步掌握基于封闭矩形模型，利用面积公式构建一元二次方程求解围墙问题的方法。

环节 6：反思悟道（反思凝练，涵育素养）

"反思"属于元认知的范畴，元认知的理论认为，反思性学习就是学习者对自身学习活动的过程，以及活动过程中所涉及的有关的信息、思维、结果等学习特征的反向思考。

（学生反思过程、触及本质、解构建构；教师重构结构、揭示本质、评价指导）

请同学们回顾本节课的学习。

我们研究了什么问题？

研究这个问题的基本过程是怎样的？

它的本质是什么？

从中你学习到了哪些数学思想方法？

利用本节学习到的内容，你能帮助有困惑的同学解决问题吗？如何做？

本节所学，你觉得可以应用于解决生活中的哪些问题呢？

师生活动：学生主动反思本节课的学习过程、建立知识探究架构、触及公式本质、凝练思想方法；教师在学生反思的基础上揭示学习本质，对学生进行评价指导，引导学生在数学实际应用中互相成就，互相发展。

设计意图：通过对课堂的提炼，概括本节课的主要内容，进一步悟过程、悟方法、悟思想、悟结构、悟本质，同时，融合德、智、体、美、劳五育升华教学。

五、作业设计

(1) 完成课本第57页"复习题"知识技能第8、9题与数学理解第11题。

(2) 利用本节学习的方法与内容，结合生活，组编一道一元二次方程应用题。

3. 适时拓展

(1) 数学课堂上的动态生成，特别要注意抓住生成的契机，挖出深层的意蕴，适时加以拓展。

(2) 这样必能激发学生的学习兴趣和热情，从而促进学生体会到数学内在的美。

以"平行四边形判定（一）"线上线下设计为例

【教学过程】

任务一：画出平行四边形（图4-2-44）

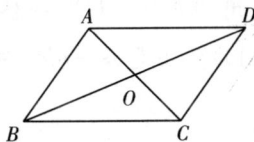

图4-2-44

(线下尺规作图，线上几何画板)

(1) 如何证明你画的是平行四边形？（定义判定）

(2) 平行四边形有哪些性质？（边，角，对角线，对称性）

(3) 你能说出上述三条性质的逆命题吗？逆命题是真命题吗？

(支架，猜测)

平行四边形的定义：两组对边分别平行的四边形叫做平行四边形

性质:
- 边
  - 平行四边形的对边平行且相等
  - 对边平行且相等的四边形是平行四边形?
  - ∵ 四边形 $ABCD$ 是平行四边形，∴ $AB\underline{\parallel}CD$，$AD\underline{\parallel}BC$
- 角
  - 平行四边形的对角相等，邻角互补
  - 对角相等且邻角互补的四边形是平行四边形?
  - ∵ 四边形 $ABCD$ 是平行边形
  - ∴ $\angle A = \angle C$，$\angle D = \angle B$
  - $\angle A + \angle B = 180°$，$\angle A + \angle D = 180°\cdots$
- 对角线
  - 平行四边形的对角线互相平分
  - 对角线互相平分的四边形是平行四边形?
  - ∵ 四边形 $ABCD$ 是平行边形，∴ $OA = OC$，$OB = OD$
- 对角线
  - 平行四边形是中心对称图形

任务二：补画平行四边形

实际问题：小明同学在生物实验室做实验时，不小心碰碎了一块实验用的平行四边形的玻璃片，只剩下如图所示部分，他想去割一块赔给学校，带上玻璃剩下部分去玻璃店不安全，于是他想把原来的平行四边形重新在纸上画出来，然后带上图纸去就行了，可原来的平行四边形怎么画出呢？(A，B，C 为三顶点，即找出第四个顶点 D)

小组合作：所有同学先自己作图（3分钟）。

（线下用尺规作图，线上用"几何画板"软件作图）

小组交流作图方法，你们的画法是否一样？能找到多少种补画方法？（5分钟）（图 4-2-45）

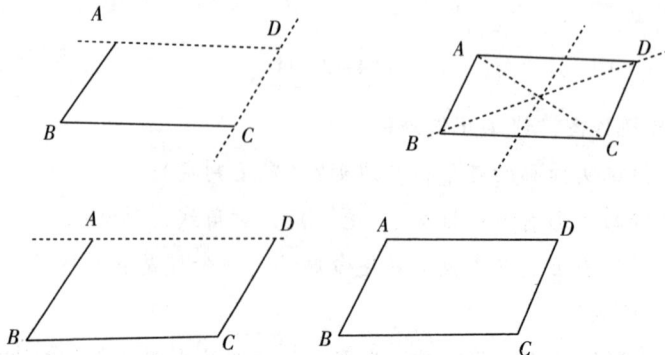

图 4-2-45

任务三：证明补画的四边形是平行四边形

自主论证：

（1）尝试证明，先引导学生正确写出已知、求证，再采用先由学生独立思考再小组内交流方式进行说理证明。（8分钟）

（2）小组汇报，学生展示证明过程。（线下手写过程投影，线上手写板采集）（7分钟）

小组展示：线下小组展示一种做法（实物投影），线上小组展示一种做法（"classin 分发小黑板"授权），还有不同做法继续展示，直到展示完毕。（5分钟）

任务四：自我检测分层反馈

（1）定理再现，快速问答。

（2）混淆干扰，反例辨析。

（3）简单应用，一题多解。

（线上快速反馈，数据记录；线下互评互改，同侪互助）

任务五：反思小结

畅所欲言：

（1）判定一个四边形是平行四边形的方法有哪几种？这些方法是从什么角度去考虑的？

（2）我们是通过什么方法得出平行四边形的这几种判定方法的？这样的探索过程对你有什么启发？（图4-2-46）

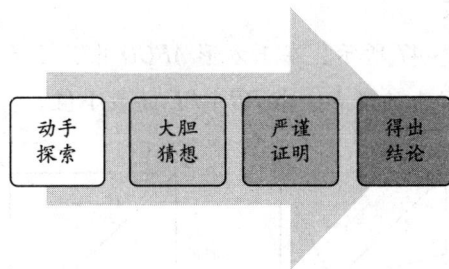

动手探索 → 大胆猜想 → 严谨证明 → 得出结论

图4-2-46

【教学评价】

效果评价：不仅要关注学生知识和技能的理解和掌握，更要关注他们情感与态度的形成与发展。

过程评价：关注在学习过程中的变化与发展。

多元评价：把自我评价、生生互评、小组评价、教师评价结合起来，实现评价主体的多样化。

本节课抓住生成的契机，挖出深层的意蕴，素养导向，单元内容重构。

（1）探索"核心素养—课程标准—单元设计—课时计划"的素养导向单元设计模式，尝试整合教材，重构内容。

（2）双线融合，云端课型探索：云端学校的"线上线下"双师教学模式，在不同学科不同内容教学中有不同的适切场景，探索 $1+1>2$ 的优化匹配。

（3）学程记录，数据经验比对：学习过程的线上数据化记录与线下经验化判断，在同一节课中得以比对，对教学反思有何不同支持，激发学生的学习兴趣和热情，从而促进学生体会到数学内在的美。

（二）重视解题后的思考

在数学教学中，解题是重要的练习方式之一。若能将提升学生分析问题和解决问题的能力贯穿在解题教学中，核心素养的培养就真正落到实处。

掌握方法四层次：①简单模仿（依葫芦画瓢，初试牛刀）；②变式练习（针对性、代表性、层次性、拓展性）从易到难，从简到繁，从直接到间接，从显性到隐含；③自觉分析（通过对比，抓本质，找共性，看规律）；④自发领悟（领悟实质，举一反三），也是解题后的思考。

难题解决四步骤：审查问题、梳理思路、解题呈现、审视检验。

解题水平三境界：一题多解、多题一解、发现规律。

解题后的八思：思本质、思规律、思推广、思归类、思解法、思错漏、思成败、思交流。

1. 解题后思本质

例1：如图 $4-2-47$ 所示，在正方形 $ABCD$ 中，边长为 4，E 是 AB 边的中点，P 是对角线 AC 上的动点，求 $PB+PE$ 的最小值。

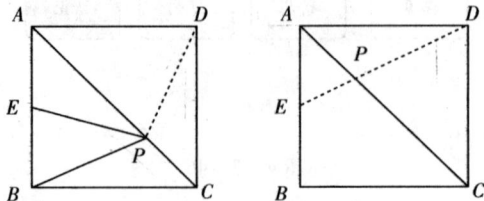

图 $4-2-47$

解：依题意，点 B 关于 AC 对称的点为 D，连接 ED

则 $PB+PE=PE+PD$

$\therefore PB+PE$ 的最小值为 ED

∵ 正方形 $ABCD$ 边长为4，E 是 AB 中点

∴ $AE = 2$，$AD = 4$

∴ $ED = \sqrt{AE^2 + AD^2} = 2\sqrt{5}$.

2. 解题后思规律

例2：如图 4 – 2 – 48 所示，在 $\square ABCD$ 中，$EF \parallel AD$，$CH \parallel CD$，EF、GH 相交于 O，图中共有多少个平行四边形？

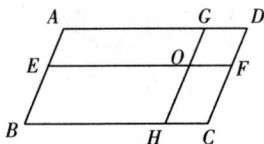

图 4 – 2 – 48

解：$\square ABCD$ 中，有 $AB \parallel CD$，$AD \parallel BC$

∵ $EF \parallel AD$，$GH \parallel CD$

∴ $AB \parallel CD \parallel GH$，$AD \parallel BC \parallel EF$

∴ 图中共有9个平行四边形

分别是 $\square ABCD$，$\square ABHG$，$\square GHCD$

$\square AEFD$，$\square AEOG$，$\square GOFD$

$\square EBCF$，$\square EBHO$，$\square OHCF$

3. 解题之后思推广

例3：如图 4 – 2 – 49 所示，在正方形 $ABCD$ 中，E、F 是边 BC、CD 上两点，且 $\angle EAF = 45°$，则线段 BE、EF、FD 的数量关系如何？

说明：延长 FD 至点 G，使 $DG = BE$，连接 AG（实际上是 $\triangle ABE$ 绕点 A 旋转 $90°$ 至 $\triangle ADG$），可证明 $\triangle EAF \cong \triangle GAF$，则 $EF = GF = BE + DF$.

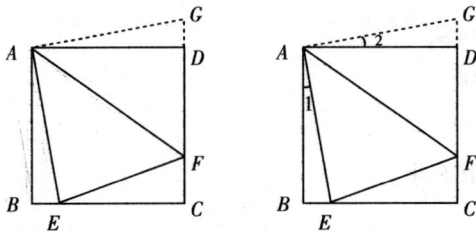

图 4 – 2 – 49

解：在正方形 $ABCD$ 中，有 $AB = AD$，$\angle B = \angle ADC = 90° = \angle ADG$

在 $\triangle ABE$ 和 $\triangle ADG$ 中，

$$\because \begin{cases} AB = AD \\ \angle B = \angle ADG \\ BE = DG \end{cases}$$

$\therefore \triangle ABE \cong \triangle ADG$（SAS）

$\therefore \angle 1 = \angle 2$，$AE = AG$

$\because \angle BAD = 90°$，$\angle EAF = 45°$

$\therefore \angle 1 + \angle DAF = 45°$

$\therefore \angle 2 + \angle DAF = 45°$

即 $\angle GAF = 45° = \angle EAF$

在 $\triangle EAF$ 和 $\triangle GAF$ 中，

$$\because \begin{cases} AE = AG \\ \angle EAF = \angle GAF \\ AF = AF \end{cases}$$

$\therefore \triangle EAF \cong \triangle GAF$（SAS）

$\therefore EF = GF = GD + DF = BE + DF$

例 4：如图 $4-2-50$ 所示，在 $\triangle ABC$ 中，$AB = AC$，$\angle BAC = 90°$，D、E 是 BC 边上的两点，$\angle DAE = 45°$，则 $DE^2 = BD^2 + CE^2$.

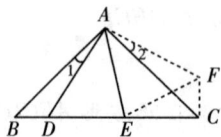

图 $4-2-50$

解：过 C 作 $CF \perp BC$，$FC = BD$

$\because AB = AC$，$\angle BAC = 90°$

$\therefore \angle B = \angle ACB = 45°$

又 $\because \angle ECF = 90°$

$\therefore \angle ACF = 45° = \angle B$

在 $\triangle ABD$ 和 $\triangle ACF$ 中，

$$\because \begin{cases} AB = AC \\ \angle B = \angle ACF \\ BD = CF \end{cases}$$

$\therefore \triangle ABD \cong \triangle ACF$（SAS）

$\therefore \angle 1 = \angle 2$，$AD = AF$

$\because \angle DAE = 45°$，$\angle BAC = 90°$

$\therefore \angle 1 + \angle EAC = 45°$

$\therefore \angle 2 + \angle EAC = 45°$

即 $\angle FAE = 45° = \angle DAE$

在 $\triangle FAE$ 和 $\triangle DAE$ 中，

$\therefore \begin{cases} AF = AD \\ \angle FAE = \angle DAE \\ AE = AE \end{cases}$

$\therefore \triangle FAE \cong \triangle DAE$（SAS）

$\therefore DE = EF$

在 $\mathrm{Rt}\triangle EFC$ 中，

有 $EF^2 = CF^2 + CE^2$

又 $\because CF = BD$

$\therefore DE^2 = BD^2 + CE^2$

变式 1： 如图 4-2-51 所示，当点 D 在 CB 的延长线上，点 E 在线段 BC 上时，其他条件不变，是否有类似的结论成立？

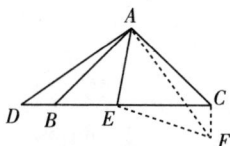

图 4-2-51

变式 2： 如图 4-2-52 所示，当点 E 在 CB 的延长线上时，其他条件不变，是否有类似的结论成立？

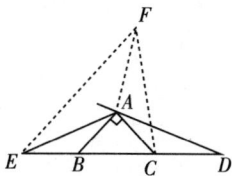

图 4-2-52

4. 解题之后思归类

例 5： 如图 4-2-53 所示，$ABCD$ 是矩形纸片，将 $\triangle BCD$ 沿 BD 折叠到 $\triangle BC'D$，BC' 交 AD 于点 E，已知 $AB = 6$，$BC = 8$，求折叠重叠部分的面积。

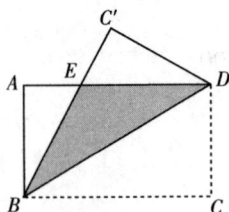

图 4 - 2 - 53

解：∵ $ABCD$ 是矩形

∴ $\angle A = \angle C = \angle C' = 90°$，

$AB = CD = C'D = 6$

$BC = BC' = 8$

在 $\triangle EAB$ 和 $\triangle EC'D$ 中，

$∵ \begin{cases} \angle A = \angle C' \\ \angle AEB = \angle C'ED \\ AB = C'D \end{cases}$

∴ $\triangle EAB \cong \triangle EC'D$（AAS）

∴ $AE = EC'$

设 $AE = EC' = x$，则 $BE = 8 - x$

在 $Rt\triangle ABE$ 中，

$BE^2 = AB^2 + AE^2$

即 $(8 - x)^2 = 6^2 + x^2$

解得 $x = \dfrac{7}{4}$

∴ $ED = 8 - x = \dfrac{25}{4}$

∴ $S_{\triangle BED} = \dfrac{1}{2} \cdot ED \cdot AB$

$= \dfrac{1}{2} \times \dfrac{25}{4} \times 6$

$= \dfrac{75}{4}$

5. 解题之后思解法

例6：如图 4 - 2 - 54 所示，在 $\triangle ABC$ 中，D 是 AB 边的中点，$\angle ACB = 90°$，E、F 是 BC、AC 边上的点，且 $\angle EDF = 90°$，求证：$EF^2 = BE^2 + AF^2$.

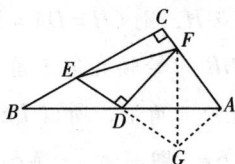

图 4 - 2 - 54

证明：延长 ED 至点 G，使得 $ED = DG$

连接 AG，FG

∵ D 是 AB 的中点

∴ $BD = AD$

在 △BED 和 △AGD 中，

$$\because \begin{cases} BD = AD \\ \angle BDE = \angle ADG \\ ED = DG \end{cases}$$

∴ △$BED \cong$ △AGD（SAS）

∴ $BE = AG$，$\angle B = \angle DAG$

∵ $\angle C = 90°$

∴ $\angle B + \angle CAB = 90°$

∴ $\angle BAG + \angle CAB = \angle CAG = 90°$

∴ 在 Rt△FAG 中，

$GF^2 = AF^2 + AG^2 = AF^2 + BE^2$

∵ $ED = GD$，$FD \perp EG$

∴ $EF = FG$

∴ $EF^2 = AF^2 + BE^2$

6. 解题之后思错漏

例7：如图 4 - 2 - 55 所示，在梯形 $ABCD$ 中，$AB /\!/ CD$，$\angle A = 90°$，$AB = 6$，$CD = 4$，$AD = 2$，在梯形中作一个矩形 $AEFG$，使点 E 在 AB 上，点 G 在 AD 上。

（1）设 $EF = x$，试把矩形 $AEFG$ 的面积 y 表示成关于 x 的函数；

（2）求出当 EF 取何值时，矩形面积 y 有最大值，并求出这个最大值。

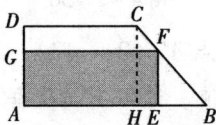

图 4 - 2 - 55

解：过点 C 作 $CH \perp AB$ 于点 H，则 $CH = DA = 2$，$AH = CD = 4$，$HB = AB - AH = 2$，所以 $CH = HB$，因此 $\triangle CHB$ 为等腰直角三角形，所以 $\angle B = 45°$，而 $\angle FEB = 90°$，所以 $\triangle FEB$ 也是等腰直角三角形，所以 $BE = EF = x$，$AE = 6 - x$。于是 $y = AE \cdot EF = x(6 - x) = -x^2 + 6x$，即 $y = -x^2 + 6x$，且 $0 < x \leq 2$. $y = -x^2 + 6x = -(x - 3)^2 + 9$，当 $0 < x \leq 2$，图象是对称轴左边的一部分，由图象可知，当 $x = 2$ 时，y 有最大值。即当 $EF = 2$ 时，矩形面积 y 有最大值，最大值是 8。

7. 解题之后思成败

习题做完之后，教师应引导学生从多个层次反思。例如，反思解题过程，想解题采用的方法；反思解题思路是如何形成的，想解题依据的原理；反思解题有无其他方法，哪种方法更好，想多种途径，培养求异思维；反思能否变通一下题目而变成另一道习题，想一题多变，促使思维发散。当然，如果发生错解或百思不解，更应进行反思错解或思路受阻的根源是什么，是知识问题、是方法问题还是策略问题，解答同类问题应注意哪些事项，做到"吃一堑，长一智"，不断完善自己。

8. 解题之后思交流

在解题之后，教师应组织学生交流彼此的解法。例如，向他人宣讲自己的解法，倾听同学的解法，把各种解法放在一起对比、评价，取长补短，促使学生在交流的过程中学会合作、学会交流。

例 8：要在街道旁修建一个奶站，向居民区 A、B 提供牛奶，奶站建在什么地方，才能使从 A、B 到它的距离之和最短？小聪根据实际情况，以街道旁为 x 轴，建立了如图 $4 - 2 - 56$ 所示的平面直角坐标系，测得 A 点的坐标为 $(0, 3)$，B 点的坐标为 $(6, 5)$，则从 A、B 两点到奶站距离之和的最小值是_____.

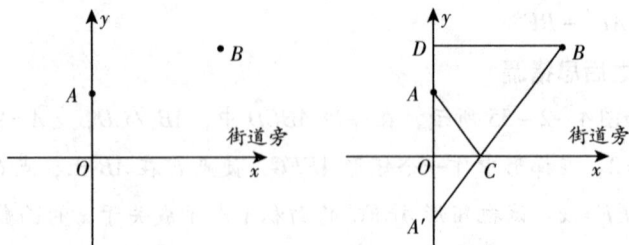

图 $4 - 2 - 56$

解：取点 A 关于 x 轴对称点 $A'(0, -3)$，连 $A'B$ 交 x 轴于点 C。此时 $AC + BC = A'C + BC = A'B$ 是最小值。过 B 作 BD 垂直 y 轴于点 D。

在 $Rt\triangle A'BD$ 中，$A'D = 8$，$BD = 6$，则 $A'B = 10$.

例9： 如图4-2-57所示，在边长为2m的正方形ABCD中，点Q为BC边的中点，点P为对角线AC上一动点，连接PB、PQ，则△PBQ周长的最小值为_____ cm（结果不取近似值）.

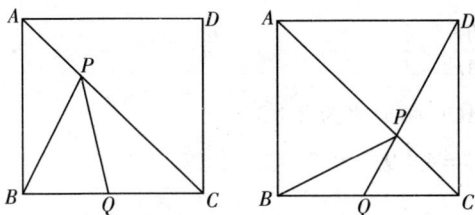

图4-2-57

解： 因为B关于直线AC的对称点是D，所以连接DQ，交AC于点P。

则△PBQ周长 $= BP + PQ + BQ = DP + PQ + 1 = DQ + 1 = \sqrt{5} + 1$.

例10： 如图4-5-58所示，点D是⊙O的直径CA延长线上一点，点B在⊙O上，且 $AB = AD = AO$.

（1）求证：BD是⊙O的切线；

（2）若点E是劣弧BC上一点，AE与BC相交于点F，且△BEF的面积为8，$\cos\angle BFA = \dfrac{2}{3}$，求△ACF的面积。

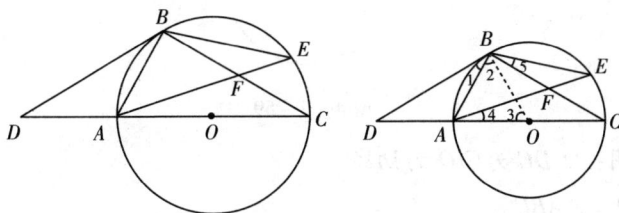

图4-2-58

（1）证明：连OB

∵ $AB = AD = AO$

∴ $\angle D = \angle 1$，$\angle 2 = \angle 3$

∵ $\angle D + \angle 1 + \angle 2 + \angle 3 = 180°$

∴ $\angle 1 + \angle 2 = 90°$

∴ $OB \perp DB$

又∵ OB为半径

∴ BD是⊙O的切线

（2）解：∵ ∠4 = ∠5，∠C = ∠E

∴ △ACF ∽ △BEF

∵ $\cos \angle BFA = \dfrac{2}{3}$，∠ABF = 90°

∴ $\cos \angle BFA = \dfrac{BF}{AF} = \dfrac{2}{3}$

∴ △BEF 与 △ACF 相似比为 2 : 3

故 $S_{\triangle BEF} : S_{\triangle ACF} = 4 : 9$

∵ $S_{\triangle BEF} = 8$

∴ $S_{\triangle ACF} = 18$

例 11：如图 4 - 2 - 59 所示，AB 是 ⊙O 的直径，AB = 10，DC 切 ⊙O 于点 C，AD⊥DC，垂足为 D，AD 交 ⊙O 于点 E。

（1）求证：AC 平分 ∠BAD；

（2）若 $\sin \angle BEC = \dfrac{3}{5}$，求 DC 的长。

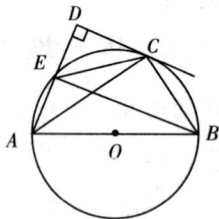

图 4 - 2 - 59

（1）证明：∵ DC 为 ⊙O 的切线

∴ ∠ACD = ∠ABC

∵ ∠D = ∠ACB = 90°

∴ ∠CAD = ∠BAC

即 AC 平分 ∠BAD

（2）解：∵ ∠BEC = ∠BAC = ∠CAD

∴ $\sin \angle BAC = \dfrac{3}{5}$

∵ AB = 10

∴ BC = 6，AC = 8

∵ $\sin \angle CAD = \dfrac{3}{5}$

$$\therefore DC = AC \cdot \frac{3}{5} = \frac{24}{5}$$

例 12： 如图 4-2-60 所示，△ABC 内接于半圆，AB 是直径，过 A 作直线 MN，若 ∠MAC = ∠ABC，

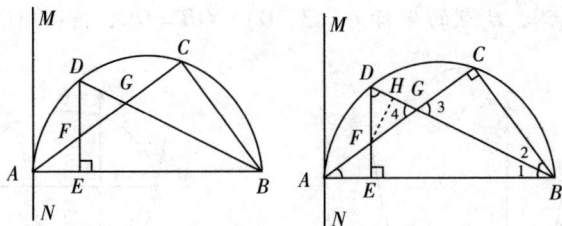

图 4-2-60

（1）求证：MN 是半圆的切线；

（2）设 D 是弧 AC 的中点，连接 BD 交 AC 于 G，过 D 作 DE⊥AB 于 E，交 AC 于 F，求证：FD = FG；

（3）若△DFG 的面积为 4.5，且 DG = 3，GC = 4，试求△BCG 的面积。

（1）证明：∵ ∠BAC + ∠ABC = 90°

∠MAC = ∠ABC

∴ ∠BAC + ∠MAC = 90°

∴ MN⊥AB

∵ AB 是直径

∴ MN 是半径的切线；

（2）∵ D 为弧 AC 中点，

∴ ∠1 = ∠2

∴ ∠D = ∠3　又∵ ∠3 = ∠4　∴ ∠D = ∠4

故 FD = FG；

（3）过 F 作 FH⊥DG 于点 H

∴ △FGH ∽ △BGC

由△FDG 为等腰△知 $GH = \frac{1}{2}DG = 1.5$

$$\therefore \frac{GH}{GC} = \frac{1.5}{4} = \frac{3}{8}$$

$$\therefore S_{\triangle FGH} : S_{\triangle BGC} = \frac{9}{64}$$

$$\because S_{\triangle FGH} = \frac{9}{4} \quad \therefore S_{\triangle BCC} = \frac{9}{4} \times \frac{64}{9} = 16$$

例 13：如图 4 - 2 - 61 所示，在平面直角坐标系中，二次函数 $y = ax^2 + bx + c$（$a > 0$）的图象的顶点为 D 点，与 y 轴交于 C 点，与 x 轴交于 A、B 两点，A 点在原点的左侧，B 点的坐标为（3，0），$OB = OC$，$\tan \angle ACO = \frac{1}{3}$.

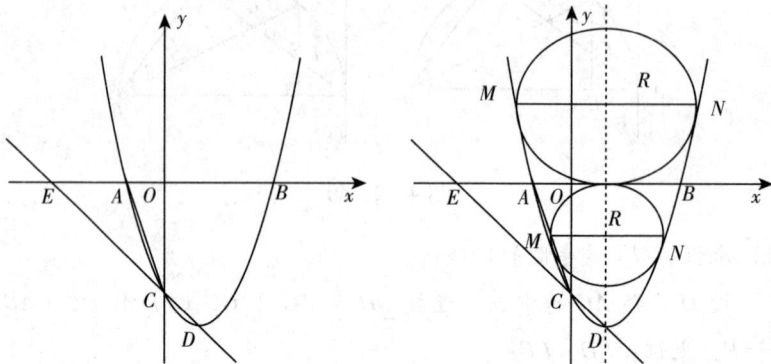

图 4 - 2 - 61

（1）求这个二次函数的表达式。

（2）经过 C、D 两点的直线，与 x 轴交于点 E，在该抛物线上是否存在这样的点 F，使以点 A、C、E、F 为顶点的四边形为平行四边形？若存在，请求出点 F 的坐标；若不存在，请说明理由。

（3）若平行于 x 轴的直线与该抛物线交于 M、N 两点，且以 MN 为直径的圆与 x 轴相切，求该圆半径的长度。

解：（1）B（3，0）　A（-1，0）　C（0，-3）

$$\therefore y = x^2 - 2x - 3$$

（2）$\because E$（-3，0），以点 A、C、E、F 为顶点的四边形为平行四边形，满足条件的 F 点坐标为（2，-3），（-2，-3），（-4，3），经检验，只有（2，-3）在抛物线上

$$\therefore F（2，-3）$$

（3）（i）当以 MN 为直径的圆在 x 轴下方，N（$R+1$，$-R$），代入 $y = x^2 - 2x - 3$ 得 $R = \dfrac{-1 + \sqrt{17}}{2}$

（ii）当圆在 x 轴上方，N（$R+1$，R），代入得 $R = \dfrac{1 + \sqrt{17}}{2}$

故该圆半径为 $\dfrac{-1+\sqrt{17}}{2}$ 或 $\dfrac{1+\sqrt{17}}{2}$

例14：如图 $4-2-62$ 所示，在平面直角坐标系中，二次函数的图象的顶点为 D 点。与 y 轴交于 C 点，与 x 轴交于 A、B 两点，A 点在原点的左侧，B 点的坐标为 $(3, 0)$，$OB = OC$，$\tan\angle ACO = \dfrac{1}{3}$. 若点 $G(2, y)$ 是该抛物线上一点，点 P 是直线 AG 下方的抛物线上一动点，当点 P 运动到什么位置时，$\triangle APG$ 的面积最大？求出此时 P 点的坐标和 $\triangle APG$ 的最大面积。

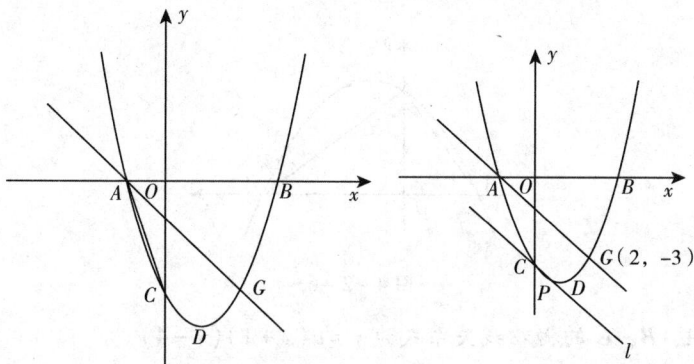

图 $4-2-62$

解：当 P 到直线 AG 的距离是最大时，$\triangle APG$ 的面积最大。

此时，过 P 点且平行于 AG 的直线与抛物线只且只有一个交点

设直线 l 解析式为 $y = -x + b$

故 $\begin{cases} y = -x + b \\ y = x^2 - 2x - 3 \end{cases}$ 只有一个解，知 $b = -\dfrac{13}{4}$

$\therefore x^2 - 2x - 3 = -x - \dfrac{13}{4}$

$x^2 - x + \dfrac{1}{4} = 0$

$\left(x - \dfrac{1}{2}\right)^2 = 0 \quad x = \dfrac{1}{2}$

故 $P\left(\dfrac{1}{2}, -\dfrac{15}{4}\right)$

例15：已知：Rt$\triangle ABC$ 的斜边长为 5，斜边上的高为 2，将这个直角三角形放置在平面直角坐标系中，使其斜边 AB 与 x 轴重合（其中 $OA < OB$），直角顶点 C 落在 y 轴正半轴上，如图 $4-2-63$ 所示。

(1) 求线段 OA、OB 的长和经过点 A、B、C 的抛物线的关系式。

解：由 $AC \perp BC$，$CO \perp AB$ 知

如设 $OA = x$，则 $BO = 5 - x$

$\therefore OC^2 = OA \cdot OB$

$\therefore 2^2 = x(5 - x)$

$\therefore x_1 = 1$，$x_2 = 4$（舍）

$\because OA < OB$，故取 $OA = x_1 = 1$

$\therefore A(-1, 0)$，$C(0, 2)$，$B(4, 0)$

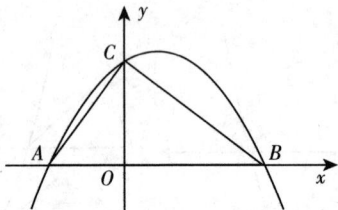

图 4-2-63

设过 A，B，C 的抛物线关系式为 $y = a(x+1)(x-4)$

把 $C(0, 2)$ 代入上式得 $a = -\dfrac{1}{2}$

$\therefore y = -\dfrac{1}{2}(x+1)(x-4)$。

(2) 如图 4-2-64 所示，点 D 的坐标为 $(2, 0)$，点 $P(m, n)$ 是该抛物线上的一个动点（其中 $m > 0$，$n > 0$），连接 DP 交 BC 于点 E。

① 当 $\triangle BDE$ 是等腰三角形时，直接写出此时点 E 的坐标；

② 又连接 CD、CP，$\triangle CDP$ 是否有最大面积？若有，求出 $\triangle CDP$ 的最大面积和此时点 P 的坐标；若没有，请说明理由。

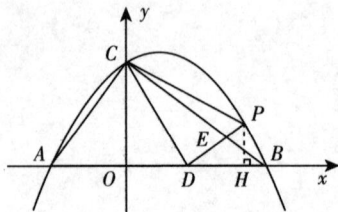

图 4-2-64

① (i) $ED = EB$，由三角形相似与三线合一知 $E\left(3, \dfrac{1}{2}\right)$.

218

（ⅱ）当 $BD=BE$ 时，$BE=2$，此时，$E\left(4-\dfrac{4\sqrt{5}}{5},\dfrac{2\sqrt{5}}{5}\right)$

（ⅲ）当 $DE=DB$ 时，$BE=\dfrac{8\sqrt{5}}{5}$，$E\left(\dfrac{4}{5},\dfrac{8}{5}\right)$

② 过 P 作 $PH\perp x$ 轴于点 H

$$S_{\triangle CDP}=S_{梯形COHP}-S_{\triangle COD}-S_{\triangle DPH}$$

$$=\frac{(n+2)\cdot m}{2}-\frac{2\times2}{2}-\frac{(m-2)\cdot n}{2}$$

$$=m+n-2=m-\frac{1}{2}(m+1)(m-4)-2$$

$$=-\frac{1}{2}m^2+\frac{5}{2}m=-\frac{1}{2}\left(m-\frac{5}{2}\right)^2+\frac{25}{8}$$

故当 $m=\dfrac{5}{2}$ 时，$S_{\triangle CDP}$ 面积最大，此时 $P\left(\dfrac{5}{2},\dfrac{21}{8}\right)$

例 16：如图 4-2-65 的图（1）所示，在 Rt$\triangle ABC$ 中，$\angle C=90°$，$AC=4$cm，$BC=3$cm，点 P 由点 B 出发沿 BA 方向向点 A 匀速运动，速度为 1cm/s；点 Q 由点 A 出发沿 AC 方向向点 C 匀速运动，速度为 2cm/s；连接 PQ。若设运动时间为 t（s）（$0<t<2$），解答下列问题：

（1）当 t 为何值时？$PQ\parallel BC$？

（2）设 $\triangle APQ$ 的面积为 y（cm^2），求 y 与 t 之间的函数关系。

（3）是否存在某一时刻 t，使线段 PQ 恰好把 $\triangle ABC$ 的周长和面积同时平分？若存在，求出此时 t 的值；若不存在，说明理由。

（4）如图 4-2-65 的图（2）所示，连接 PC，并把 $\triangle PQC$ 沿 AC 翻折，得到四边形 $PQP'C$，那么是否存在某一时刻 t，使四边形 $PQP'C$ 为菱形？若存在，求出此时 t 的值；若不存在，说明理由。

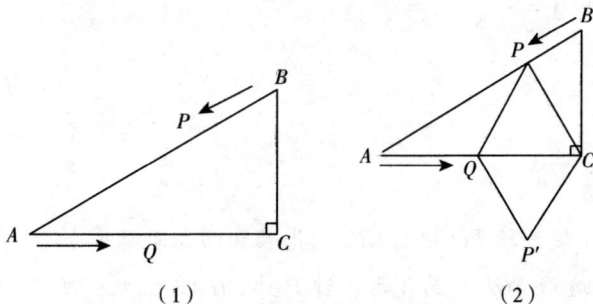

（1）　　　　　（2）

图 4-2-65

先在图上画辅助线用来帮助解题，如图 4 - 2 - 66 所示。

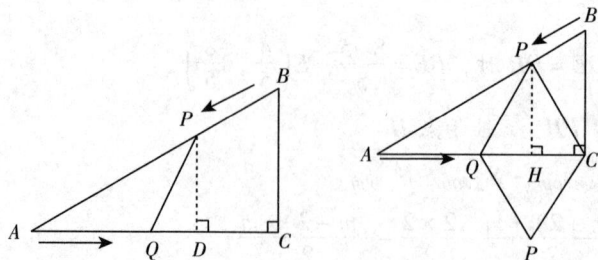

图 4 - 2 - 66

解：(1) 当 $PQ /\!/ BC$ 知：$\dfrac{AQ}{AP} = \dfrac{4}{5}$

故 $\dfrac{2t}{5 - t} = \dfrac{4}{5}$ $\therefore t = \dfrac{10}{7}$

(2) 过 P 作 $PD \perp AC$ 于点 D

由 $\triangle APD \backsim \triangle ABC$ 知

$PD = \dfrac{3}{5}(5 - t) = 3 - \dfrac{3}{5}t$

$\therefore S_{\triangle APQ} = \dfrac{1}{2}PD \cdot AQ = \dfrac{1}{2}\left(3 - \dfrac{3}{5}t\right) \cdot 2t = -\dfrac{3}{5}t^2 + 3t$

$\therefore y = -\dfrac{3}{5}t^2 + 3t$

(3) 当 PQ 把 $\triangle ABC$ 的周长平分

则 $AP + AQ = \dfrac{C_{\triangle ABC}}{2} = 6$

$\therefore 5 - t + 2t = 6$ $\therefore t = 1$

当 $t = 1$ 时，$y = -\dfrac{3}{5} + 3 = \dfrac{12}{5}$

又 $\because \dfrac{S_{\triangle ABC}}{2} = 3$

$\therefore 3 \neq \dfrac{12}{5}$

故不存在 t 使线段 PQ 把 $\triangle ABC$ 的周长和面积同时平分

(4) 当四边形 $PQP'C$ 为菱形，过 P 作 $PH \perp QC$ 于点 H

$\therefore H$ 为 QC 中点

$\therefore AH = 2 + t$

∵ $\triangle APH \backsim \triangle ABC$

∴ $\dfrac{AH}{AC} = \dfrac{AP}{AB}$

∴ $\dfrac{2+t}{4} = \dfrac{5-t}{5}$

∴ $t = \dfrac{10}{9}$

故 $t = \dfrac{10}{9}$ 时，四边形 $PQP'C$ 为菱形

第三节 我们的评价观

2022 年版课标明确提出："义务教育数学课程以习近平新时代中国特色社会主义思想为指导，落实立德树人根本任务，致力于实现义务教育阶段的培养目标，使得人人都能获得良好的数学教育，不同的人在数学上得到不同的发展，逐步形成适应终身发展需要的核心素养。"新课标中第四个基本理念指出："探索激励学习和改进教学的评价"，提出"通过学业质量标准的构建，融合'四基''四能'和核心素养的主要表现，形成阶段性评价的主要依据。采用多元的评价主体和多样的评价方式，鼓励学生自我监控学习的过程和结果"。2022 年版课标通过"学业质量""评价建议"部分阐述与评价相关的内容。学业质量以核心素养的学段表现为依据，以结构化的数学内容主题为载体，利用不同水平的情境和活动方式，对不同学段学生的学业水平提出要求。特别注重"四基"与核心素养的一致性，体现不同学段学生在知识技能、数学思想、数学活动经验以及核心素养方面的发展水平。"评价建议"提出了形式丰富、维度多元、主体多样的评价方式，以及评价结果运用等方面的具体要求，强调建立与核心素养一致的命题规划和方法。教育部颁布的《基础教育课程改革纲要（试行）》中明确指出："改变课程评价过分强调甄别与选拔的功能，发挥评价促进学生发展、教师提高和改进教学实践的功能""建立促进学生全面发展的评价体系"。评价不仅要关注学生的学业成绩，而且要发现和发展学生多方面的潜能，了解学生发展中的需求，帮助学生认识自我，建立自信。确立适应时代发展的学生评价观，是加强学生评价工作的首要任务。那么，教育工作者在实践中要树立哪些学生评价观呢？

一、"以人为本"的学生评价观

（一）学生是发展的人

（1）学生的身心发展是有规律的。学生的身心发展具有顺序性、阶段性、不平衡性、互补性、个别差异性等规律，这是经过现代科学和教育实践证实的。

（2）学生具有巨大的发展潜能。我们坚信每个学生都是可以积极成长的，是有培养前途的，是追求进步和完善的，是可以获得成功的，因而对教育好每一个学生应充满信心。我们不能因为学生的小错误就将学生的潜能完全否定，要看到学生未来的发展潜力，要帮助学生更好地发展。

（3）学生是处于发展过程中的人。学生是处于发展过程中的人，这也就意味着学生还是一个不成熟的人，是一个在教师指导下正在成长的人。学生是不是生活得很有趣味，是不是学得很好，是不是健康成长，是不是幸福快乐，都和他们所在的学校和所遇到的教师有极大的关系。

（二）学生是独特的人

（1）学生是完整的人。学生并不是单纯的、抽象的学习者，而是有着丰富个性的、完整的人。在教育活动中，作为完整的人而存在的学生，不仅具备全部的智慧和人格力量，而且体验着全部的教育生活。要把学生作为完整的人来对待，就必须反对那种割裂人的完整性的做法，还学生一个完整的生活世界，丰富学生的精神生活，给予学生全面展现个性力量的时间和空间。

（2）每个学生都有自身的独特性。教育的生机和活力，就在于促进学生的个性健康发展。这也是学生自身发展的落脚点和最终体现。素质教育要求教师正视学生的个别差异，克服按照统一标准和尺度去衡量学生，追求完全趋同、整齐划一的弊端，必须根据学生各个方面的情况因材施教。这就要求教师在教育过程中贯彻因材施教的教学原则，"一把钥匙开一把锁"，调动每一个学生的积极性、主动性，使他们成为不同领域内各有所长、有所成就的人。

（3）学生与成人之间存在着巨大的差异。学生和成人之间存在很大差别，学生的观察、思考、选择和体验，都和成人有明显不同。所以，"应当把成人看作成人，把孩子看作孩子"。教师在教学中，往往用自己的视角和观念思考和评价学生的想法和行为，这样不但不能达到预期的教学效果，反而会扼杀学生的想象力，伤害学生的心灵。

（三）学生是具有独立意义的人

（1）每个学生都是独立于教师的头脑之外，不以教师的意志为转移的客观存在。教师必须尊重学生的个体独立性，不能把自己的个人意志强加于学生的思想之上，要客观看待学生的成长与成才，把学生当作不以自己的意志为转移的客观存在，当作具有独立性的人来看待，因势利导地进行教育，促进学生个体的健康成长。

（2）学生是学习的主体。素质教育强调学生在学习活动中是认识的主体、实践的主体和发展的主体，是学习的主人。教育的根本目的在于促进学生主体性的发展。

（3）学生是权责的主体。学生在教育系统中既享有一定的法律权利并承担一定的法律责任，也享受着特定的伦理权利并承担一定的伦理责任。学校和教师要保护学生的合法权利，引导学生学会对学习、对生活、对自己、对他人负责，学会承担责任。

二、发展性学生评价观

全面发展的学生观：学生是学习的主体，学生是完整的人；学生是有发展潜力的人；学生是一个整体；学生是有差异的人。以人为本的学生观：以学生作为教育的出发点；以促进学生全面发展为目标；必须面向全体学生。学生评价有诊断、反馈、导向、激励、甄别等功能，而这些功能都可以服务于学生的发展。每一位学生都是"未完成"的人，是正在成长的人，具有鲜明的发展性。在他们的身上，蕴含着巨大的发展潜能。这是教育的资源和财富，应加以引导从而促进其发展，通过教育不断培育和扶植他们身上的"生长点"，把他们存在着的多种潜在发展可能变成现实。

发展性学生评价的一个重要原则即激励性。激励是指发动和维持动机达到目标的心理过程。激励性原则指通过评价使学生从中得到鼓励、得到自信，以呵护学生的自尊心和自信心，使其形成积极的自我形象，同时得到有针对性的指导，从而促进其进一步发展。自信心是极其重要的，我们要通过发展性评价着力培养学生的自信心。

联合国教科文组织在《教育——财富蕴藏其中》一书中指出：未来社会的四大支柱是——"学会认知""学会做事""学会共同生活"和"学会生存"。"四个学会"要靠学生不断获取、不断更新和不断运用知识，持续性地自我发展来实现。因此，不仅要求学生掌握具体领域的核心知识，更要求学生具有对学习的个人责任感和进取心以及合作精神。全面发展性学生评价包含两个方面的内容：一是它强调全人的发展，即对学生全面素质进行评价，所追求的是全体学生在德、智、体、美、劳诸方面的全面而主动的发展。它综合教育内容，加强各科的渗透关系；综合教育进程，达到学业成就评价、思想品德评价和情感态度评价的统一；综合认识活动，达到知识、能力、智能的整体优化。二是它强调全体学生的发展，即在评价过程中体现教育均等性原则，对每一个学生实行等距离教育。教师对各类学生进行关怀，使每个学生都能感受到教师的温暖，都能有尽可能多的机会处于活动的中心地位，发挥潜能，得到全面发展。

三、形成性学生评价观

布鲁姆特别强调与终结性评价相对的形成性评价，即在教育过程中对学生知识掌握和能力发展的及时评价。他希望用这种以目标达成度为中心的教育评价去替代传统的等级化与甄别为主的评价。

形成性评价的主要目的不是选拔少数优秀学生，而是发现每个学生的潜能，促进学生的学习，并为教师提供反馈。形成性评价重视从学生的日常表现中提取信息的技术，通过收集学生日常学习的情况和教师指导的情况，以及课堂教学气氛的信息，帮助教师了解每个学生的学习情况和学习需要，随时调整教学内容和方法，从而提高课堂教学效率。

形成性评价观还注重评价的生活化、情境化和内在化，提倡评价贴近学生生活实际，成为学生自然学习环境的一部分，而不是强制外加的内容。评价与日常学习的界限得到化解，评价在轻松的日常生活中不露痕迹地进行，学生在评价中快乐地成长。

四、多元性学生评价观

首先，多元性学生评价表现为评价主体的多元性，即评价主体从单向转为多向，增强评价主体间的双向选择、沟通和协商等方式的互动，强调被评价者成为评价主体中的一员，建立学生、教师、家长、管理者和专家等共同参与、交互作用的评价制度，以多渠道的反馈信息促进被评价者的发展。

其次，评价内容及标准存在着多元性，不用一把尺子衡量全体学生，而是采用以绝对标准为主，绝对标准、相对标准和个体标准相结合的多元化结构。注重学生综合素质的考察，不仅关注学生的成绩，而且关注学生创新、探究、合作与实践等能力的发展，以及良好的心理素质、学习兴趣与积极情感体验等方面的发展。评价标准的多元化，使不同风格和个性的学生都有可能被认可和赏识，使处在不同程度的学生都能清楚地看到自己的进步和不足。

再次，倡导评价方式的多样化也是我们应有的选择。我们要改变过于注重量化和纸笔测验的倾向，而将量化评价方法与质性评价方法相结合、终结性评价与形成性评价相结合、综合评价与单项评价相结合、他评与自评相结合、绝对评价与相对评价相结合，追求评价的科学性、实效性和可操作性。

【附1】 一、二年级无纸化评价测试

为全面贯彻落实国家"双减"政策，改进低年级教育教学评价方式，优化学生过程性评价的监测管理，秉承"兴趣比知识重要，过程比结果重要，信心比分数重要"的评价理念，6月24日，光明小学开展了一、二年级无纸化测试活动。全面考查学生一学期的知识学习和综合素质发展情况。

老师们发挥育人智慧，精心策划活动，考查学生学习中的语、数、体、音、美等知识综合运用能力和实践能力，基于课程标准，立足知识点，设计测评形式和活动方案。老师们集思广益，紧密筹备，精心布置各个场地，营造了一个轻松、有趣的测评环境，让孩子们能够尽情地在游戏中获得知识、在快乐中完成测评。

"数"你最棒，游乐无穷。"认数、写数小达人""计算小达人""小小理财家""解决问题小达人"侧重于对学生的计算能力、解决实际问题能力的考查，符合低年级学生的心理特点，形式多样，寓教于乐。孩子们在轻松愉快的氛围中学习成长。

本次测评活动创设情境，设置考核项，不仅让学生在趣味化、多样化的情境中灵活地运用所学知识，更锻炼了小朋友的想象力和临场应变能力，让孩子们在实践中不断感悟和探索，不断进步和成长。

一张张充满张力的综合素养评表。动手、动脑、合作、实践的闯关活动不仅展现了孩子们各科的学习成果，也丰富了孩子们的学习生活，让孩子们在轻松欢乐中体会到了学习的乐趣。

【附2】 班级数学文化建设的展板内容

课题"班级数学文化的建设"的研究报告

课题名称　　　　　　　班级数学文化的建设
课题类别　　　　　　　自然科学实验类（ZR）
申请人（课题组长）　　陈春健

指导教师　　　　　　　　张正华

所在学校　　　　　　　　翠园中学东晓校区

一、活动背景

全国优秀教师，广东省中学数学特级教师张正华，成立了劳模工作室，研究专题中小学生数学思维能力的培养及初中数学校园文化建设的实践。

翠园中学东晓校区是 2007 年创办的学校，以"人人得到尊重，个个获得发展"为办学宗旨，学校的办学理念为"绿色、智慧、晓我、和兴"。以"晓理、晓我、晓天下"的校训为培养目标。这几年来培养了很多出色的学生：吴同学荣获 CCTV "全国最会读书的少年"总决赛冠军，蒋同学获全国中学生柔道比赛中折桂；徐同学影视双栖发展；吴同学出版了多本校园小说；马、肖等同学获全国青少年五好小公民、"复兴中华，从我做起"主题教育征文全国一等奖；等等。

数学是思维体操，很多数学问题的解答往往就闪现在我们的灵机一动之中。传播数学文化可以激发我们学习的兴趣。数学在我们的生活中无处不在，如有用的数学知识，有趣的数学故事，还有传奇的数学名人名事。

二、活动意义和目的

1. 意义

数学文化包括：

（1）数学的历史、发展与应用。

（2）数学之奇、数学之妙。

（3）数学家的故事、数学思想。

（4）数学之美。

（5）数学家的创新精神。

（6）人类创造和积累的数学知识。

哇，原来数学这么神奇！所以我们要把它们搬到班上来，这就是班级数学文化建设！

2. 目的

何为数学文化？班级数学文化到底有多少奥妙，多么有趣？我们研究一下。我们要知道班级数学文化内容，了解班级数学文化建设的意义，班级数学文化在生活中的应用。老师如何将数学文化用于课堂教学？怎样建设班级数学文化？

三、探究的问题以及采取的方法

1. 研究的问题

（1）建设班级数学文化生活墙。

文化生活墙分为三部分：①墙面部分板块；②动手操作板块；③天花板板块。

主体内容：①数学有关知识的发展史；②围绕中小学数学内容让学生体验、操作、游戏；③围绕中小学数学内容建立数学文化欣赏的平台。

（2）举办各种数学活动，和其他同学进行知识交换。

（3）找出许多的数学故事和知识，分享，整理成册（数学书前 1/2 数学知识和故事）。

（4）从我们的教材中或课外资料中找出：数学之美、数学之趣、数学之妙、数学之奇、数学之问、数学校园的案例。

（5）收集数学界的传奇人物。他们通过自己的不断推敲，发现这些生活上貌似很简单的一件事，从数学的角度去看的话会完全不一样。

2. 采取的方法

（1）文献研究法：从书籍、网络中收集有关班级数学文化内容的资料。

（2）行动研究法：向专家请教，对于课堂之外的素材及学习场所，进行社会调查及建模实践。

（3）小组合作探究法：分成四组，分工协作。

四、研究进度安排和预期成果

1. 研究进度安排

（1）团队合作（2017 年 9 月）。分成四组，分工协作。由组长安排。

（2）网络搜索（2017 年 10 月至 11 月）。数学的魅力：螺旋的奥秘和等角螺线、植物花形与斐波那契数列、哥尼斯堡七桥问题与一笔画、数学与游戏。（绳结问题、绳扣问题、黄金分割与艺术）

（3）举办各种活动（2017 年 12 月至 2018 年 1 月）：元旦讲数学家故事、利用班会设计数学文化内容主题、数学游戏操作实验比赛。

（4）检查评比（2018 年 2 月）：每月更新数学墙内容。

（5）建立数学文化欣赏的平台（2018 年 3 月至 5 月）。以小组课件展示形式。

（6）（2018 年 6 月至 8 月）全面总结，撰写报告。

2. 预期成果成效

（1）学会数学文化资料的整理：检查资料、数据分类。学会整理的方法：

索引、卡片、剪贴等。

（2）数学文化行动策略：数学阅读，营造浓郁的数学文化氛围；智趣练习、锻炼思维、提高素养；智趣竞赛，丰富学生课余文化活动；实践活动，提高综合素质。

（3）建设数学园地搭建数学文化平台。内容包括设计的板面、背景、内容等。每一个月出一期数学园地。

① 开展专题"数学文化节"，用数学小报大 PK、计算大比拼、数学小论文竞赛、快乐数学游艺园、"智趣数学"竞赛、数学故事演讲会等形式多样的活动，丰富学生的课余生活，提升学生的数学素养，锻炼学生的思维能力。

② 充分利用微信公众号功能，及时上传学生在数学活动、数学竞赛中的影像，公布活动结果，展示他们积极向上的精神面貌，对表现突出的学生予以"宣传"，以达到激励表扬的作用。大家可以在这一空间内谈论某个数学问题的解题方法，形式互动氛围，真正使微信公众号成为师生、家校沟通又一个好的平台。

③ 数学中队角的布置，又让学生直观感受整个班级浓浓的数学文化味儿。经过一段时间的实践，班级 QQ 群、微信公众号、数学中队角已成为我们班级文化建设的主阵地。

（4）小论文之集。开展数学文化小论文竞赛。主要包括：数学文化的历史、数学文化的重要性、数学史话、数学欣赏、数学家故事、数学之美、数学之趣、数学之妙、数学之奇、数学之问、数学校园的案例。汇编成册。

五、完成本课题研究的条件分析

（1）自初一上学期期中考试以后，我班学生特别喜欢上张老师的数学课，特别喜欢数学。

（2）我们课题组的同学个个感受到了数学之奇、数学之美、数学之趣。张老师初一就安排校外辅导专家给我们做"数学文化史"讲座，让我们感觉数学太神奇了。

（3）老师还帮我们订了一本《数学百科全书》，我们太喜欢了。也可以通过学校网络、图书馆查询资料。

（4）张老师又成立了劳模创新工作室，组织我们探究实验测量，给我们开趣味数学讲座，等等。

六、活动评价

从选题、开题、实施、研究到结题，小组同学积极主动地参与此项活动，能及时将自己的活动过程和情况进行反馈，与指导老师经常保持联系。组内成员能较好地分工合作，基本达到研究目的，取得了比较好的研究结果。同时，在实践活动开展过程中，小组成员能够充分应用查找资料、采访专家、实验等多种研究方法，积极组织、参与社会宣传活动。在成果展示阶段，小组成员能充分畅谈自己的亲身感受并与别人分享自己的快乐。整个活动，培养了学生勤于思考、吃苦耐劳、团结合作的精神及严谨的治学态度；提高了学生的创新能力和科学素养；增强了学生对社会和自然的责任意识。

七、创新之处

（1）学生通过参与实践活动，认识到数学与我们的生活密切相关，生活中处处有数学。

（2）学生认识到数学的奇趣与应用，进行数学的历史文化赏析。数学好玩。

（3）活动得到了社区的支持和家长的配合，学校、社区也积极采纳了我们课题小组的一些好的建议。在家庭、学校和社会三结合的活动联动中，本次活动取得了圆满的成功，最终赢得了社会的广泛赞誉！

八、收获与体会

在整个实践活动中，学生能够以饱满的热情积极参与"探究勾股定理弘扬数学文化"的实践活动。学生开始关注数学文化，从小立志学好数学，弘扬我们的数学文化传统。我相信这是一个良好开端。学生们"玩数学""爱数学""探究数学"，走出教室，走出课本，根据自己的兴趣和特长选择探究的方向，通过观察、调查、收集、思考、讨论等方式走向自然、走向社会。

数学之美探究

数学之美：（图 4-3-1）

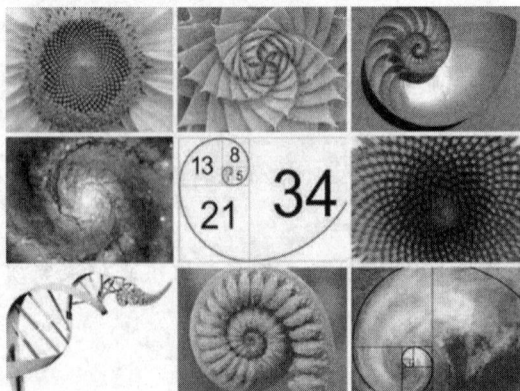

图 4-3-1

数学好玩：(图4-3-2)

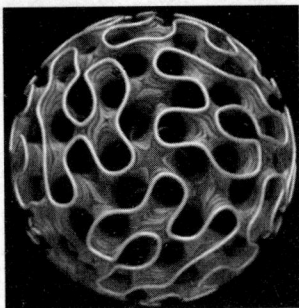

图 4 - 3 - 2

探究过程：

数学课组教学课件如图4-3-3～图4-3-16所示。

图 4 - 3 - 3

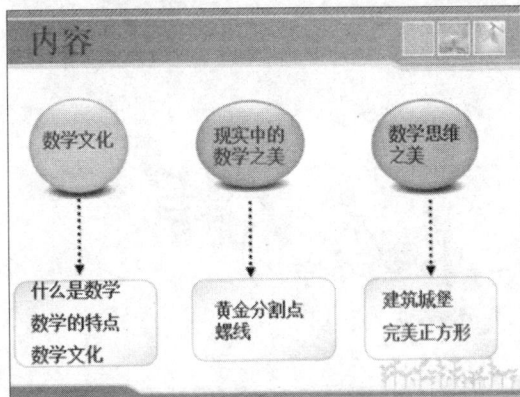

图 4 - 3 - 4

图 4 – 3 – 5

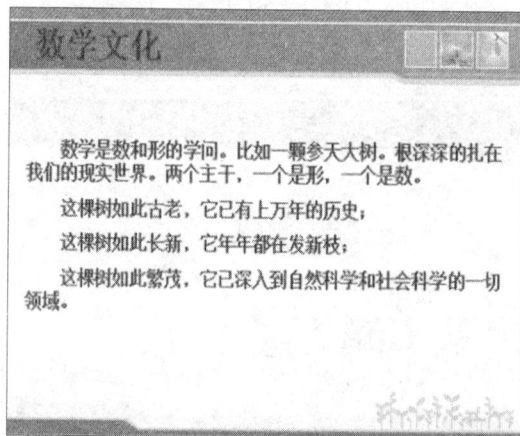

图 4 – 3 – 6

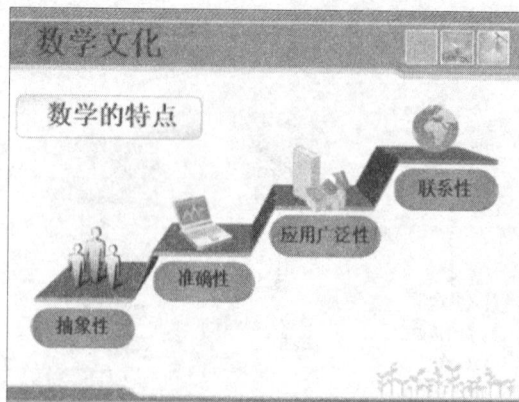

图 4 – 3 – 7

图 4 – 3 – 8

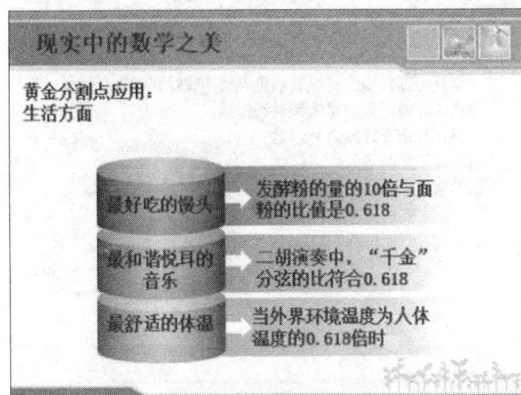

图 4 – 3 – 9

图 4 – 3 – 10

图 4 – 3 – 11

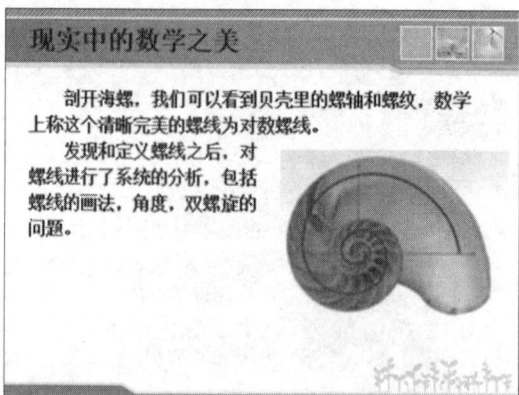

图 4 – 3 – 12

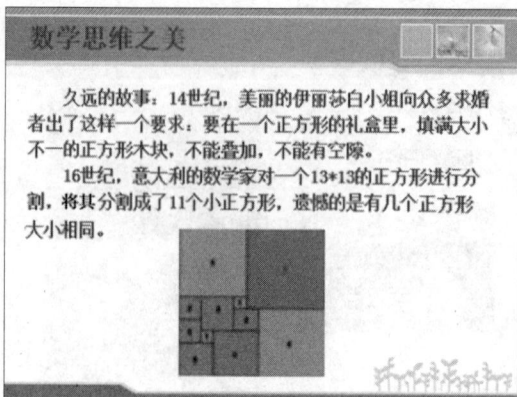

图 4 – 3 – 13

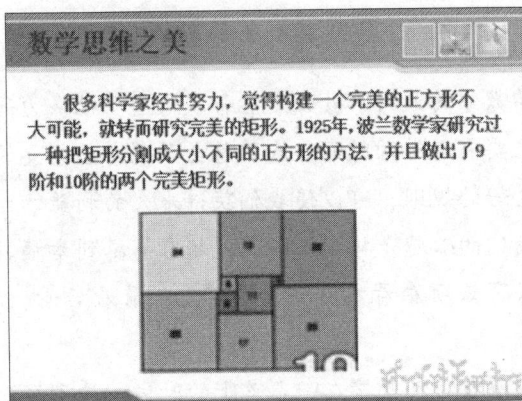

图 4 – 3 – 14

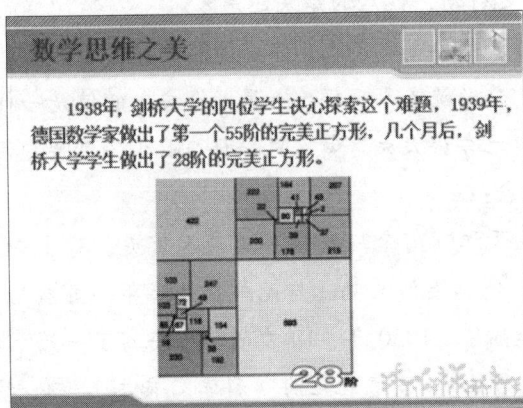

图 4 – 3 – 15

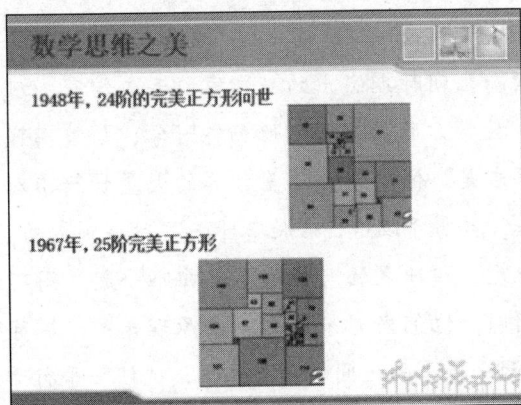

图 4 – 3 – 16

数学对人生的影响

发现规律：学数学的最大好处就是能帮我们省下很多力气。

顺应规律：只要有足够的时间，我们总会等到自己想要的东西。

创造规则：良好的规则，可以使我们获得永久的利益。

寻求真理：我们的心越是接近真理，就越容易感到幸福。

换位思考：教育必须左看右看，上看下看，前看后看，单纯地俯瞰是要出问题的。

变更思路：当所有的人都挤在一条路上的时候，就已经没有路了。

任何数乘零都等于 0。理想 × 行动 = 结果，我们所有的理想就是那个"任何数"，如果不付之行动，最后的结果还是零。

对称轴：告诉我们要平等待人，不能对任何一方有所偏袒。

分数的约分：分数就像人一样。如果两个分数的值是一样的（如 $2/3 = 6/9$），就不需要把自己夸得太大。做人也一样，我们不需要虚假的强大。

国内有名数学家：

华罗庚：出生于江苏省金坛县一个小商人家庭，从小喜欢数学，而且非常聪明。18 岁时，他感染伤寒病，与死神搏斗半年，虽然活了下来，却留下终身残疾——右腿瘸了。1930 年，19 岁的华罗庚写了一篇《苏家驹之代数的五次方程不成立的理由》，发表在上海《科学》杂志上。他对数论有很深的研究，得出了著名的华氏定理。抗日战争时期，华罗庚白天在西南联大任教，晚上在昏暗的油灯下研究。在这样艰苦的环境中，华罗庚写出了 20 多篇论文和厚厚的一本《堆垒素数论》。

祖冲之：我国南北朝时期杰出的数学家、天文学家，河北人。他从小就阅读了许多天文、数学方面的书籍。他勤奋好学，刻苦实践，博览当时的名家经典，坚持实事求是。他从亲自测量计算的大量资料中对比分析，发现过去历法的严重误差，并勇于改进，在他三十三岁时编制成功了《大明历》，开辟了历法史的新纪元。祖冲之还与他的儿子祖暅一起，用巧妙的方法解决了球体体积的计算问题。他们当时采用的一条原理是："幂势既同，则积不容异。"意即，位于两平行平面之间的两个立体，被任一平行于这两平面的平面所截，如果两个截面的面积恒相等，则这两个立体的体积相等。这一原理，在西方被称为卡瓦列利原理，但这是在祖氏以后一千多年才由卡氏发现的。为了纪念祖氏父子发现这一原理的重大贡献，大家也称这原理为"祖暅原理"。

刘徽：生于公元250年前后，是中国数学史上一个非常伟大的数学家，在世界数学史上也占有杰出的地位。他的杰作《九章算术注》《海岛算经》，是我国最宝贵的数学遗产。刘徽的一生是为数学刻苦探求的一生。他虽然地位低下，但人格高尚。他不是沽名钓誉的庸人，而是学而不厌的伟人，他给我们中华民族留下了宝贵的财富。

数学文化观现状调查

调查目的：通过了解当前初中生经过三年的数学学习后，对数学文化的了解程度，以及一线初中数学教师的数学观和数学教育观情况，反思当前教学存在的问题，设计相应的教学案例来改变这种现状。

调查方法：采用问卷调查和访谈的形式。

调查过程：本调查的对象以无记名的方式进行，辅之以个别访谈。为了让样本有代表性，笔者选取了我校初二年级的学生作为调查对象，共计发放问卷400份，回收有效问卷380份。又选取了三个年级的数学教师为调查对象，共计发放问卷20份，回收有效问卷14份。

中学生数学文化观现状调查结果见表4-3-1。

表4-3-1　中学生数学文化观现状调查结果统计表

题号	问题框	是（%）
1	你是否了解中国数学的发展历史？	3.02
2	你是否了解笛卡尔？	1.05
3	你是否了解古希腊的三大几何作图问题？	6.46
4	你是否了解《几何原本》的公理化思想？	0.62
5	你是否认为分类是重要的数学思想方法？	90.76
6	你是否了解方程思想？	68.76
7	你是否认为数学可以改变生活？	90.34
8	你是否认为数学是其他学科的基础？	87.89
9	你是否认为数学是从实际问题中抽象出来的？	75.06
10	你是否认为数学中存在对称美？	14.47
11	你是否认为数学可以简化实际问题？	30.15

题号	问题框	是（%）
12	你是否认为数学与艺术有关？	18.04
13	你是否认为数学会给你带来快乐？	21.65
14	你是否认为学习数学是一种负担，并且厌烦数学？	10.57
15	你是否认为你会学好数学？	55.15

数学文化节的开展

为传播优秀数学文化，提高学生的数学兴趣和数学素养，展示数学的内涵和魅力，学校举办一年一度的数学文化节。

数学文化节的活动分为三轮：

第一轮："数学基础闯关"

第二轮："能力素质挑战"

第三轮："数学文化交流"

前两轮是渗透数学文化的书面问题解答（数学之史、数学之美、数学之思、数学之用、数学之语）；第三轮是丰富多彩的数学文化活动，有讲座、游戏、小品猜谜、竞答、观影等。

（数学之史）童年回忆：毕达哥拉斯定理（我国称之为勾股定理）是数学中的一颗明珠。古希腊毕达哥拉斯学派认为"万物皆数"，他们常把数描绘成沙滩上的点子或小石子，根据点子或小石子排列的形状把整数进行分类。如 1，3，6，10，… 这些数叫做三角形数，则整数 55，364，1830 中，_____ 是三角形数。

（数学之美）以下是一道高考题。

例：古希腊人常用小石子在沙滩上摆成各种形状来研究数，如图 4 - 3 - 17 所示。

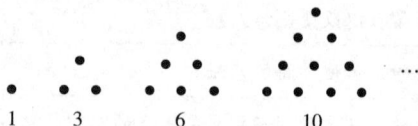

图 4 - 3 - 17

他们研究过图 4 - 3 - 17 中的 1，3，6，10，…，由于这些数能呈三角形，将其称为三角形数；类似地，成图 4 - 3 - 18 中的 1，4，9，16，…这样的数为正方形数。下列数中既是三角形数又是正方形数的是（　　　）。

　A. 289　　　　　　B. 1024　　　　　　C. 1225　　　　　　D. 1378

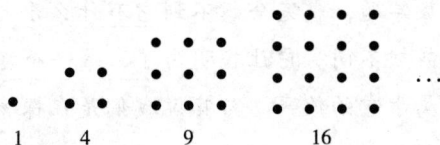

1　　　4　　　　9　　　　16　　　…

图 4 - 3 - 18

（数学之思）指出下列结论是否正确（对的打"√"，错的打"×"）：

1. 对任意正整数 n，$n^2 < 5n + 1$（　　　）

2. 对任意正整数 n，$n^2 + 3n$ 都是质数（　　　）

3. 对任意正整数 n，$n^2 + n + 41$ 都是质数（　　　）

（数学之用）问题新编"鸡兔同笼"是传统的命题：笼中鸡兔若干，数一数有 35 个头，94 只脚。问有鸡，兔各有几只？

（数学之语）盲文鼻祖：1829 年，法国盲人路易·布莱尔发明了点字，用 6 个点（凸或不凸）构成的点阵中凸点的个数和位置表示不同的符号，形成了现代盲文。所有 6 点阵共可表示（　　　）个不同的符号（没有任何凸点的不计数），如图 4 - 3 - 19 所示。

盲文符号	●○○○	●○○○	●●○○	●●○○	●○○○	●●○○	●●○○	●○○○
声母	a	b	c	d	n	o	p	q
盲文符号	●○	●○	●●	●●	●○	●●	●●	●○
声母	e	f	g	h	r	s	t	u
盲文符号	●○	●●	●●	●●	●○	●●	●●	●○
声母	i	j	k	l	v	w	x	y
盲文符号	●○	●●	●●	●●	●○	●●	●●	●○
声母				m				z

图 4 - 3 - 19

数学小论文

我与数学

关于这次的课题，因为是第一次做，所以我们大家都有许多的感触。这次探索的课题带给我们的不仅仅只有结果，它还教会了我们许多的道理。大家都知道我们这人年龄段的人，大多数都觉得学习是乏味的，特别是数学！每天看着已经厌倦的数学题，我完全想不到它有什么乐趣。但这次探索的课题带给我们的感觉却截然不同。它让我明白了，每一个题目都有着独特的魅力。每一个定理都有属于它的故事。与其说我们是在探索数学题，不如说是在发现生活中的数学。

我与数学文化

在我们数学科组活动中，我查询了许多有关数学文化的资料，有华罗庚的故事以及华氏定律，还有一些著名的国外数学家。以前从来没有听说过的名字，查询后就了解了许多，从而增长了我的知识。在观看有关数学文化的PPT时，我看见了许多个数学游戏，有一些以前解不出来的题目，看完后发现解题思路竟可以如此灵活。很多人认为数学是枯燥的、无聊的。但看完PPT上所演示的游戏，我便对数学产生了极大的兴趣。通过这些活动，我不仅对数学文化产生了兴趣，还了解了许多数学文化，更亲近数学文化。

数学之妙

什么是数学？百科全书上是这么定义的："数学是研究数量、结构、变化以及空间模型等概念的一门学科。透过抽象化和逻辑推理的使用，由计数、计算、量度和对物体形状及运动的观察中产生。"可能你仍然不明白何为数学。通俗地说，数学就是一门关于计算的课程。

那么，数学到底体现在哪里呢？事实上，我们的生活中，数学无处不在。精密的数学竟然能跟拿袜子扯上边。关于拿多少只袜子能配成对的问题，答案是并非两只。我敢担保在冬季黑蒙蒙的早上，如果我从装着黑色和蓝色袜子的抽屉里拿出两只，它们肯定无法配成一对。但是，如果我从抽屉里拿出3只袜子，我敢说肯定会有一双颜色是一样的。不管成对的那双袜子是黑色还是蓝色，最终，都会有一双颜色一样。当然，只有当袜子是两种颜色时，这种情况才成立。如果抽屉里有3种颜色的袜子，如蓝色、黑色和白色，你要想拿出一双颜色一样的，则至少要取出4只袜子。如果抽屉里有10种不同颜色的袜子，你就必须拿出11只……根据上述情况总结出来的数学规则是：如果你有 N 种类型的袜子，你必须取出 $(N+1)$ 只，才能确保有一双完全一样。

数学就应该在生活中学习。有人说，现在书本上的知识都和实际联系不大。这说明他们的知识迁移能力还没有得到充分的锻炼。正因为学了不能够很好地理解并运用于日常生活中，才使得很多人对数学不重视。希望同学们在生活中学数学，在生活中用数学，数学与生活密不可分，学深了、学透了，自然会发现，其实数学很有用处。

总之，数学在生活中无处不在。生活中处处有数学，生活中处处藏着数学的奥妙。数学，就像一座高峰，直插云霄。刚刚开始攀登时，感觉很轻松，但我们爬得越高，山峰就变得越陡，让人感到恐惧。这时候，只有真正喜爱数学的人才有勇气继续攀登下去。所以，站在数学的高峰上的人，都是发自内心喜欢数学的。记住，站在峰脚的人是望不到峰顶的。

数学之奇

著名数学家华罗庚说过："宇宙之大，粒子之微，火箭之速，化工之巧，地球之变，生物之谜，日月之繁，无处不用到数学。"特别是二十一世纪的今天，数学的应用更是无所不在。那么，我们如何从小打下坚实的数学基础，究竟什么样的课堂教学才适合新一代的学生呢？我认为，在课堂中，由学生去担任学习的主角，才是我们的心愿。那么，数学活动课就是让我们充分体现自主学习的一种教学方式。

活动课上，在老师的指导下，我们分成小组，通过自己动手去测量、拼凑、剪切、计算，去探索发现的规律、掌握数学知识。这样，既培养了我们的动手能力，又提高了我们的思维能力，而且让我们初步尝到了数学家研究问题成功时的滋味，使我们对数学的学习兴趣倍增。

数学对称美

数学中对称性处处可见，如几何中的轴对称、中心对称；代数中多项式方程虚根的成对出现，函数与反函数图象的关系（关于直线 xyz 对称）等都显现出对称性。对称性能给人美观舒适之感。四边形的形状是多种多样的，但最完美的是正方形，因为它的对称轴比任何四边形都多，而且是中心对称图形。这些性质使正方形获得了人们的喜爱和广泛应用。例如，人们用边长为单位长度的正方形面积作为度量其他图形面积的基本单位。人们也喜欢用正方形图案美化环境。比如，用正方形地板砖铺室内外地面，不仅美观大方，而且施工简单易行。

数学中的美，不是以艺术家所用的色彩、线条、旋律等形象语言表现出来，而是把自然规律抽象成一些概念、定理或公式，并通过演绎构成一幅现实世界与理想空间的完美图象。只有数学内在结构的美，才更令人心驰神往与陶醉。它的博大精深与简明透彻都给观赏者以巨大的美的感染。如果在学习过程中，我们能与数学家们一起探索、发现，从中获得成功的喜悦和美的享受，那么我们就会不断深入其中，欣赏和创造美。

数学展望

"一个没有现代数学的文化注定是要衰落的，一个没有现代数学的民族也是注定要衰落的。"数学对促进人的思维发展极其重要。有人说：数学是理性的音乐，音乐是感性的数学。不仅如此，数学是其他学科的基础，在当今社会，数学已独立成为"数学科学"。

【附3】 作业设计

创设问题情景，探索规律

问题1：在天平两侧的托盘中放有不同质量的砝码，如图4-3-20所示。

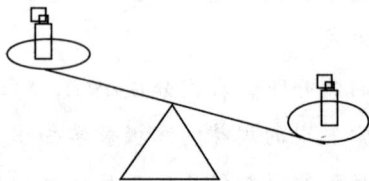

图4-3-20

右低左高说明右边的质量大于左边的质量。往两盘中加入相同质量的砝码，天平哪边高，哪边低？减去相同质量的砝码呢？

设计意图：数学源于生活，问题1的设计是为了从学生的生活经验出发，让学生感受生活中数学的存在，不仅激发学生学习兴趣，而且可以让学生直观地体会到不等关系的一些性质。

问题2：在不等式的两边加上或减去相同的数，不等号的方向改变吗？

例如，不等式7>4，1<3，不等式的两边都加5，都减5。不等号的方向改变吗？你能得出什么结论？再举几例试试，验证你所得的结论正确吗？（让学生先独立思考，后合作交流）

一般学生会得到：不等式的两边都加上（或减去）同一个数，不等号的方向不变。

这时可提出问题：把"数"的范围扩大到整式可以吗？

学生讨论可能得出结论：可以，因为整式的值就是实数。

让学生归纳总结：不等式的两边都加上（或减去）同一个整式，不等号的方向不变。（教师板书：不等式的基本性质1）

引导学生说出符号语言：

如果 $a<b$，那么 $a+c<b+c$，$a-c<b-c$

如果 $a>b$，那么 $a+c>b+c$，$a-c>b-c$（教师板书）

设计意图：类比等式的基本性质，研究不等式的性质，让学生体会数学思想方法中类比思想的应用，并训练学生从类比到猜想到验证的研究问题的方法，让学生在合作交流中完成任务，体会合作学习的乐趣。

问题3：若不等式两边同乘以或除以同一个数，不等号的方向改变吗？

如不等式 $2<3$，两边同乘以5，同除以5（即乘以 $\frac{1}{5}$），同乘以0，同乘以 -5，同除以 -5。你能得出什么结论？再举几例试试，验证你所得的结论正确吗？

【附4】　**宣传报导**

深圳市罗湖区翠园中学东晓校区"'一带一路'，在数字中运行——勾股定理再探究"，入选了于11月12至15日在珠海国际会展中心举行的"第四届中国教育创新成果公益博览会"，深圳市罗湖区教育局应邀参加此次活动，展示"罗湖教改"探索成果。参与"Hi China! 中华文化日"5G核心素养展示评选活动，并获三等奖。

该课题由全国优秀教师、广东省特级教师张正华老师指导，也是弘扬数学文化的一个新的课题。在答辩环节中，三个学生非常机智地回答了评委提出的各个问题，给评委专家留下了深刻的印象。